ARCHIVOS DEL PRESIDENTE JOSÉ AZCONA

Notas de Prensa — noviembre y diciembre de 1985

MERENDÓN

COLECCIÓN

Tegucigalpa, Honduras, enero de 2024

NOTA DEL EDITOR

Estos volúmenes del archivo José Azcona Hoyo de la Colección Merendón nacen de los documentos que dejó mi papá al fallecer. Hubiese sido su voluntad que la información fuese compartida con todas las personas que deseen acceder a la misma.

La colección incluye un registro de publicaciones periódicas contemporáneas con los hechos, informes de gobierno, y otros documentos anexos. La edición que hoy publicamos contiene los archivos de prensa de los diarios La Tribuna, El Heraldo, La Prensa y Tiempo de noviembre y diciembre de 1985.

El cuidado y divulgación de documentos históricos tiene dos componentes importantes. El primero, y condición necesaria para el segundo, es la conservación de la información para su posterior uso. La función primaria se ha logrado durante las décadas que este archivo ha estado bajo custodia de mi madre, Miriam Bocock de Azcona, y se espera lograr darle un hogar definitivo permanente.

La segunda función se cumple con la publicación de este archivo. El mismo se ha organizado, capturado digitalmente, convertido a texto, editado y publicado de una manera sistemática.

La intención es que el mismo sea accesible, a un costo económico, para quienes deseen conocer mejor este importante periodo de la historia de Honduras.

Adicionalmente, que sirva de fuente para investigadores que se interesen en los temas cubiertos por el mismo. Un complemento importante es que se pretende tener estas obras en una edición disponible de forma permanente, para garantizar el acceso al mismo a futuro.

Hemos cuidado de hacer edición para garantizar que no haya errores, y una facilidad de búsqueda, pero no se ha excluido ningún elemento. La intención no es distorsionar el archivo para favorecer o perjudicar imágenes, sino conservarlo y compartirlo en forma íntegra.

Agradezco a Alberto López (organización y digitalización inicial), Tesla Rodas y Jéssica Cordero (administradoras), Óscar Flores (correcciones), a Zona Creativa por el levantamiento del texto y a Juan Carlos Pagoaga, Andrea Rodríguez y Lilyana Gálvez (Diseño, artes y publicación).

José S. Azcona B.
Enero de 2024

Caravana por la visita del Ing. Azcona
Fin Campaña Electoral
Puerto Cortés, Nov. 16, 1985

Conduce: Doctor Dennis O. Coto. En cabina: Lina Guzmán de Coto, Carlos Coto, Regina Membreño Dinorah Ivette y Gisele. En la paila: Ángel Gabriel Guzmán, René Ayala, Isidro Membreño, Rene Ayala (hijo), Florencia Figueroa, Dinorah de Ayala, María Elena Henríquez y dos niños, Rosa Morales, Rosa Delia Morales y Patricia Monroy.

HONDUREÑOS

Estamos llegando a la recta final de este periodo político, donde ya pronto sabremos quien será el sucesor del Dr. Roberto Suazo Córdova.

Estamos en el momento de reflexión, en el momento decisivo y debemos de pensar bien cuál es el mejor candidato para gobernar esta QUERIDA HONDURAS. No miremos imagen física que esto no vale.

Yo quiero pedir a todos que dejemos de insultarnos, tanto entre los mismos correligionarios como contra los adversarios, porque debemos de reconocer primero QUE TODOS SOMOS HONDUREÑOS, vivimos en esta pequeña tierra, que antes que todo debemos pensar en cuidarla, engrandecerle y protegerla para que siempre vivamos en paz y tranquilidad para nuestro bienestar.

PROPAGANDA PARA LA CANDIDATURA DEL INGENIERO JOSÉ AZCONA HOYO – 1985

QUIEN QUIERA A AZCONA EN LA CIMA
LEA SU PROPAGANDA EN RIMA

MIENTRAS EL ADVERSARIO SE JABONA
YA SE BAÑO AZCONA

NADIE LE QUITARÁ LA CORONA
AL INGENIERO JOSÉ AZCONA

DE LA CRÍTICA FIZGONA
SE CARCAJEA CHEPE AZCONA

CON LA VICTORIA DE AZCONA
SE ACABO LA GREY MAMONA

CUANDO MANDE JOSÉ AZCONA
CON LA LEY SE PARANGONA

EL CATRACHO QUE RAZONA
SOLO PIENSA EN JOSÉ AZCONA

EL HIMNO DEL TRIUNFO ENTONA
LA ESTRELLA DE JOSÉ AZCONA

QUIEN HONRADAMENTE ACCIONA
DEBE ACOMPAÑAR A AZCONA

TODO EL QUE ES BUENA PERSONA
VENGASE CON AZCONA

A QUIEN EL TRIUNFO APASIONA
QUE SE ACERQUE CHEPE AZCONA

SI TE LLEVAN A "CHIRONA"
TE SACARÁ JOSÉ AZCONA

DICE UNA ANCIANA OCHENTONA:
"MI VOTO ES PARA CHEPE AZCONA"

SEGURO TRIUNFÓ PRECONA
LA POPULARIDAD DE AZCONA

EL TRIUNFO DE JOSÉ AZCONA
EN TODO EL PAÍS SE MENCIONA

SUYAPITA LA PATRONA
DARÁ EL TRIUNFO A JOSÉ AZCONA

EL POPULAR JOSÉ AZCONA
CON TODOS SE RELACIONA

LA HONRADÉZ DE JOSÉ AZCONA
CON LA LEY SE PARANGONA

MIENTRAS LA OPOSICIÓN SE DESMORONA
SE FORTALECE JOSÉ AZCONA

QUIEN SUPERARSE AMBICIONA
QUE SE VENGA CON AZCONA

EL GRAN PRESTIGIO DE AZCONA
A SU GRAN PARTIDO ABONA

LA OPOSICIÓN CIMARRONA
SIMPATIZA CON AZCONA

DEL PICACHO HASTA LA LEONA
SE OYE: ¡VIVA JOSÉ AZCONA!

¿POR QUÉ GANARÁ JOSÉ AZCONA?
PORQUE ES UNA BELLA PERSONA

HONDUREÑO REFLEXIONA
TU CANDIDATO ES AZCONA

EN TODA LA NORTEÑA ZONA
SOLO MANDA JOSÉ AZCONA

¿POR QUÉ QUEREMOS A AZCONA?
PORQUE CON LIMPIEZA ACCIONA

¡VIVA AZCONA!

AZCONA MUY OPTIMISTA

TEGUCIGALPA: Muy optimista confiando en que el electorado lo favorecería con el voto, el ingeniero José Azcona Hoyo llegó a votar a las diez de la mañana de ayer a la urna número 41, ubicada en la Escuela Superior del Profesorado, en la colonia Las Colinas de la capital.

Azcona llegó luciendo una guayabera color blanco y un pantalón oscuro, en compañía de un grupo de activistas, que con sus dedos le formaban sobre su cabeza la V de victoria.

El ingeniero José Azcona Hoyo había anunciado que iría a votar a las 7:30 de la mañana, pero retrasó su llegada a la urna hasta las 9:30 de la mañana.

"Cola, cola", le gritaron algunos de los ciudadanos que estaban haciendo fila en la mesa electoral 41. El ingeniero José Azcona Hoyo, ni corto ni perezoso, procedió de inmediato a formarse.

No le tocó esperar mucho. A eso de las 10 de la mañana ya estaba frente a los miembros de las mesas receptoras pronunciando en alta voz su nombre. Casualmente era miembro de la mesa el abogado César Batres, con quien cruzó un cordial saludo.

Al recibir su papeleta electoral, Azcona pasó de inmediato a la cortinita, se sentó en la silla-pupitre y gentilmente aguardó que los fotógrafos y camarógrafos estuvieran en sus mejores posiciones para captar el momento en que marcaría la cruz bajo su propia candidatura.

En declaraciones a los periodistas, el ingeniero Azcona manifestó su contento por la forma por la forma cívica en que los ciudadanos hondureños estaban ejerciendo el sufragio.

"Esto demuestra –dijo– que los hondureños desean vivir en un gobierno democrático".

"TIEMPO", 25 de noviembre, 1985

Al computarse 67 municipios
LIBERALES GANAN COMICIOS POR MUY ESCASA DIFERENCIA

- **Mejía Arellano encabezaba la votación de triunfadores parciales, aunque Azcona proclamó su triunfo a medianoche.**
- **Callejas se alzó como el aspirante individual con más calor popular.**

Una marcada pugna se desarrollaba hoy en hora de la madrugada entre los candidatos más representativos del Partido Liberal y del Partido Nacional a medida que iba avanzando el escrutinio de las distintas mesas electorales de todo el país. Si Azcona proclamaba su triunfo, Callejas acaparaba gran cantidad de sufragios superando a todos los candidatos, mientras el abogado Oscar Mejía Arellano surgía con fortaleza a medida que se conocían los datos.

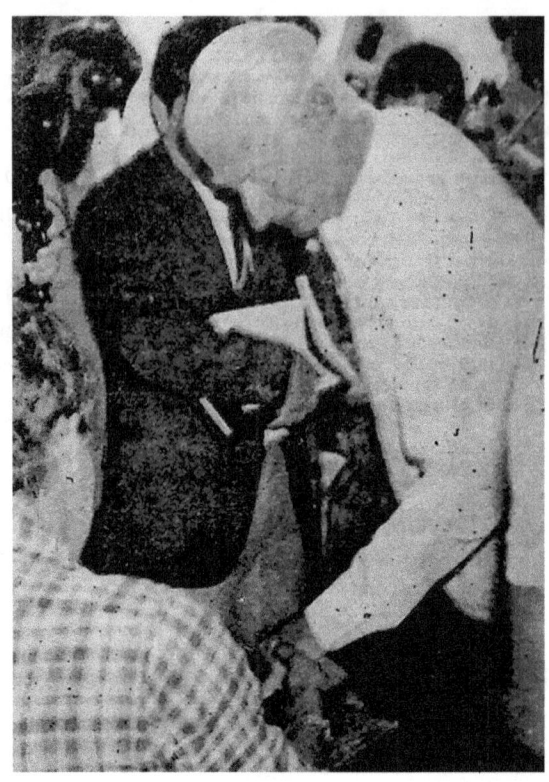

El ingeniero Azcona al momento de depositar el voto en las urnas.
"LA PRENSA", 25 de noviembre, 1985

Óscar Armando Ávila:
"El pueblo no repudió al P.L. sino que a Suazo Córdova"

SAN PEDRO SULA. El candidato a primer diputado suplente por el Movimiento Liberal Rodista de Cortés Oscar Armando Ávila calificó ayer la derrota del Movimiento Liberal Rodista como "insólita", aseverando que quizás sea un repudio del liberalismo hacia el coordinador general del movimiento rodista, presidido por el presidente de la República, Roberto Suazo Córdova.

Cuando eran las nueve de la noche, la derrota de Oscar Mejía Arellano dentro de las filas del liberalismo se mostraba palpablemente mientras que la sumatoria total de votos liberales contra los de su máximo adversario el Partido Nacional se mostraba relativamente corta.

Ávila fue de la opinión que los pocos fondos destinados a la campaña proselitista afectó de alguna manera "no entiendo por qué si me dediqué a cedular a todo el liberalismo de Cortés, hoy salimos con esos resultados, personalmente invirtió unos treinta y cinco mil lempiras y de las 20 mil reposiciones que efectué en mi bufete, si me hubieran pagado, hubiese ganado unos trescientos mil lempiras".

"Particularmente creo que Suazo Córdova hizo un buen gobierno, pero realmente el repudio del pueblo es contra él y no contra el Partido Liberal Rodista en donde seguiré militando", finalizó.

"LA PRENSA", 25 de noviembre, 1985

Azcona satisfecho ante el civismo del pueblo

TEGUCIGALPA. – El ingeniero José Azcona, candidato presidencial liberal, mostró su satisfacción por la forma en que se realizó el proceso eleccionario de Honduras, luego de haber depositado su voto, en la semana 31, ubicada en la Escuela Superior del Profesorado, en esta capital.

Azcona, como todos los hondureños con sus derechos, concurrió a la urna que le fue asignada a depositar su voto, cumpliendo así con un requisito establecido por las leyes nuestras.

Dijo Azcona que se sentía satisfecho al observar cómo los capitalinos y hondureños en general, demostraron su vocación democrática concurriendo a las urnas ubicadas en distintos locales del país.

El dirigente liberal se hizo acompañar de sus simpatizantes más cercanos al momento de dirigirse a la Escuela Superior del Profesorado, a depositar su voto para dar el ejemplo como buen ciudadano.

Representantes de distintos medios de comunicación del mundo, esperaron la presencia del candidato presidencial quien mostrando alegría inmensa en su rostro, aunque con nerviosismo, esperaba la hora de depositar su voto.

"Seré el futuro presidente de los hondureños", sin pretender pecar de inmodesto, pero dados los resultados en mi campaña proselitista me dan propiedad para hablar del triunfo en este proceso eleccionario.

Azcona, que se hizo acompañar del doctor Jorge Roberto Maradiaga, y varios vehículos con la identificación de la bandera azconista, contestaron las interrogantes de los periodistas, señalando que confía en el triunfo presidencial.

"LA PRENSA", 25 de noviembre, 1985

Callejistas tienen que aceptar veredicto del pueblo
AZCONA PRESIDENTE ELECTO; PARTIDO LIBERAL SALIÓ TRIUNFANTE

TEGUCIGALPA: El ingeniero José Azcona Hoyo es el que sucederá al presidente Roberto Suazo Córdova a partir del 27 de enero próximo, al ratificarse ayer el triunfo del Partido Liberal sobre el Partido Nacional, según los cómputos electorales reportados por el Tribunal de elecciones.

El total de votos válidos, a eso de las 8:10 de la noche, eran 1,047,403, repartidos así:

El Partido Liberal	519,394 votos
El Partido Nacional	459,080
El PINU	16,075
La Democracia Cristiana	20,860

Los votos del Partido Liberal están distribuidos así:

José Azcona Hoyo	263,870
Efraín Bú Girón	38,717
Oscar Mejía Arellano	186,612
Carlos Roberto Reina	27,716
Partido	2,479

Los resultados parciales por departamentos son:

Departamento	Partido Liberal	Partido Nacional
Atlántida	28,429	
Colón	23,220	
Comayagua	42,948	
Copán		32,340
Cortés	60,953	
Choluteca		30,245
El Paraíso	28,825	
Francisco Morazán	90,119	
Gracias a Dios		
Intibucá		17,445
Islas de la Bahía	2,557	
La Paz	13,564	
Lempira		22,716
Ocotepeque	9,743	
Olancho	27,401	
Santa Bárbara	27,165	
Valle		13,206

LOS VOTOS DEL PARTIDO NACIONAL:

Rafael Leonardo Callejas	423,046
Fernando Lardizábal	19,556
Juan Pablo Urrutia	15,366
Partido	1,118

TEGUCIGALPA. –El Partido Liberal ganó arrolladoramente en once departamentos del país, incluyendo algunos en donde históricamente la competencia ha sido dura con el Partido Nacional.

Los departamentos que registraron un triunfo liberal son Atlántida, Colón, Comayagua, Cortés, El Paraíso, Francisco Morazán, La Paz, Ocotepeque, Olancho, Santa Bárbara y Yoro.

El Partido Nacional solo pudo ganarle a los liberales en Copán, Choluteca, Intibucá, Islas de la Bahía, Lempira y Valle.

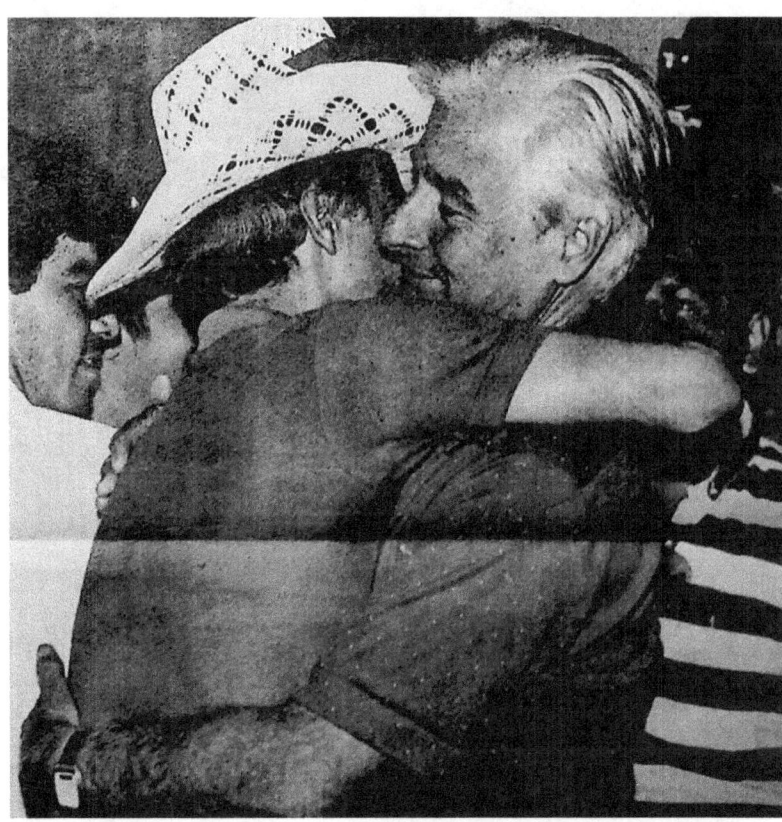

El candidato presidencial José Simón Azcona Hoyo es felicitado por un correligionario después de ser proclamado presidente electo de Honduras.

11

La tensión vivida por el presidente electo

El electo presidente de la República, ingeniero José Azcona Hoyo, siguió todas las incidencias del proceso electoral del domingo en las distintas instalaciones de la Alianza ALIPO-Azcona de Tegucigalpa, y allí los camarógrafos de "TIEMPO" captaron la emotividad del momento, su estado de ánimo que su rostro y ademanes reflejaban por la tensión vivida durante el desarrollo del plebiscito.

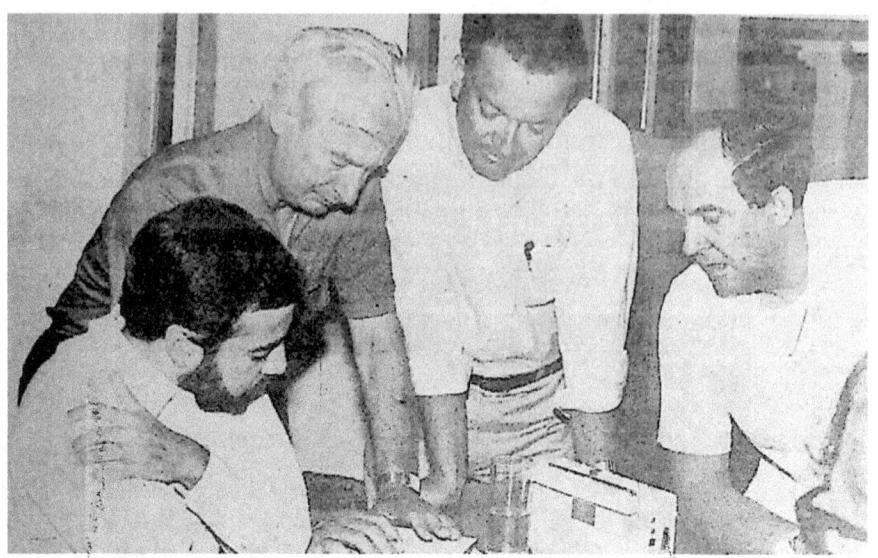

José Azcona Hoyo examina con un grupo de allegados los últimos datos del proceso electoral del domingo, y pese al cansancio de la jornada política su rostro muestra el optimismo del que ya se considera como el ganador de la contienda cívica.

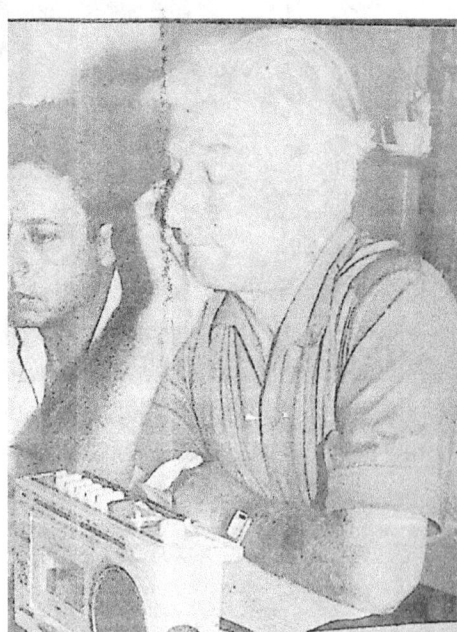

¿Preocupación?, ¿cansancio? O ambas cosas a la vez es lo que refleja el rostro del ingeniero José Azcona Hoyo cuando "pegado" a un radio seguía paso a paso el desarrollo de las votaciones del domingo.

En actitud pensativa, José Azcona Hoyo revisa datos que sobre el seguimiento del proceso le presenta el candidato a alcalde de Tegucigalpa, Silvio Larios.

El electo presidente de Honduras, José Azcona Hoyo, se da un fuerte abrazo con uno de sus seguidores, en un gesto de mutuas felicitaciones por la victoria electoral del domingo.

"TIEMPO", 26 de noviembre, 1985

Azcona hará un gobierno de integración: W. Hall

EL PROGRESO, Yoro. "El triunfo del Partido Liberal y el de su candidato más popular, el ingeniero José Azcona, representa un afianzamiento más para la democracia del país y un fortalecimiento para la paz en Centroamérica", opinó ayer aquí el primer diputado por el departamento de Yoro de la Alianza Azcona-ALIPO, William Hall Rivera.

El doctor Hall Rivera, quien proclamó como futuro presidente de Honduras al ingeniero Azcona en la última manifestación política celebrada por la Alianza Azcona-ALIPO en la ciudad de El Progreso, aseguró que el gobierno del ingeniero Azcona será un gobierno de integración nacional, el cual estará más dedicado a procurar el desarrollo del país que a hacer política.

"El pueblo hondureño, particularmente el del departamento de Yoro, ha confiado en el ingeniero Azcona porque está seguro que será un gobernante que se interesará por resolver los problemas del país, pues es un hombre tenaz y firme que no escatima horarios ni sacrificios en su lucha en pro del bienestar del pueblo y el progreso de su país", subrayó el por segunda vez diputado al Congreso Nacional, Hall Rivera.

"La confianza del pueblo hondureño a favor del ingeniero Azcona fue tal que en este departamento no solo ganó holgadamente el liberalismo, sino que también el azconismo le ganó con un amplio margen de ventaja al callejismo", acotó Hall Rivera.

Como se sabe, en el departamento de Yoro el Partido Liberal se alzó el triunfo con un total de 23,757 votos, contra 13,566 obtenidos por el Partido Nacional, ventaja que algunas encuestas radiales pronosticaban hasta ayer por la mañana de representar un respaldo del 66% en el triunfo del liberalismo a nivel nacional.

También cabe mencionar que fue en el departamento de Yoro donde el ingeniero Azcona lanzó su precandidatura presidencial y fue también allí mismo donde posteriormente lanzó su candidatura oficial, por lo que al parecer tales circunstancias influyeron para que el pueblo yoreño le manifestara su simpatía y confianza. (CAH)

William Hall Rivera
"TIEMPO", 26 de noviembre, 1985

AZCONA TAMBIÉN TRIUNFÓ EN CIUDAD DE RODAS ALVARADO

TEGUCIGALPA. El ingeniero José Azcona Hoyo triunfó en los comicios del domingo en la ciudad natal del extinto líder liberal Modesto Rodas Alvarado.

En la población de Sabanagrande localizada al sur del departamento de Francisco Morazán el candidato de la Alianza Azcona-ALIPO obtuvo 2093 votos ganados en forma individual a todos los demás aspirantes.

Mientras tanto, el candidato del denominado rodismo oficialista Óscar Mejía Arellano logró 1860, a pesar de la intensa campaña desarrollada en la ciudad natal de Rodas Alvarado.

La hija del extinto líder, Ana Joaquina Rodas Alvarado había llamado en los últimos días de campaña a los liberales a no votar bajo la fotografía de su padre "pues este ya está muerto y no puede hacer nada por solucionar los problemas del país".

Ana Joaquina llamó a los liberales a votar por el ingeniero José Azcona Hoyo.

El Partido Liberal con Azcona Hoyo a la cabeza ganó las elecciones en Sabanagrande con 4623 votos contra 1814 del Partido Nacional. (GP).

"TIEMPO", 26 de noviembre, 1985

EL PUEBLO SE PRONUNCIA:
JOSÉ AZCONA NUEVO PRESIDENTE

"LA PRENSA", 26 de noviembre, 1985

El triunfo es de Azcona: Ingeniero Gabriel Aguilar

Gabriel Aguilar

SAN PEDRO SULA (MIG.). – El candidato a la primera diputación por el departamento de Cortés, Gabriel Aguilar manifestó ayer, luego de conocer los resultados parciales de las elecciones "el triunfo de Azcona es indudable" pero también debe admirarse el crecimiento que ha tenido el Partido Nacional en este proceso electoral".

Dijo que con relación a las últimas elecciones el nacionalismo creció en más de un cien por ciento debía felicitarse a los candidatos triunfadores de tal partido.

Se le consultó sobre la posibilidad que el callejismo se convirtiera en una espina para el posible mandato del ingeniero José Azcona, quien se avizora como posible ganador y respondió "vamos a tener un Congreso bastante polarizado, pero realmente eso es lo que queremos nosotros los liberales, que el pueblo hondureño tenga su representación en el Poder Legislativo".

Sobre el total de votos escrutados hasta las nueve de la noche en donde se notaba una marcada diferencia entre los votos de José Azcona y Oscar Mejía Arellano comentó "la verdad es que nuestro candidato apenas ha sacado una décima parte de la cantidad de votos que ha sacado Azcona, pero de todas maneras el triunfo es del Partido Liberal".

"LA PRENSA", 26 de noviembre, 1985

Víctor Artiles
Nuevo gobierno debe suprimir la DNI

TEGUCIGALPA. – Los trabajadores organizados del país, en ceremonia especial, entregarán al futuro presidente antes de que tome posesión el "paquete" que contiene una serie de demandas sobre la participación de los obreros en los programas de desarrollo.

Asimismo, plantean la rectificación de algunos errores cometidos en la presente administración, como ser lo referente a la aplicación de la justicia.

El anuncio lo formuló a LA PRENSA el secretario de la CTH, Andrés Víctor Artiles, quien agregó que el nuevo gobierno debe suprimir la Dirección Nacional de Investigación (DNI), por una policía especializada.

Añade que se debe castigar sin distingo de clase ni colores políticos, aquellos que cometan irregularidades en perjuicio del pueblo, ya que en el país la ley solo es para los débiles.

Según Artiles, el próximo presidente tendrá que superar la gestión administrativa del presidente Roberto Suazo Córdova, especialmente en los aspectos de soberanía nacional.

El dirigente de los trabajadores, por otra parte, anunció que el nuevo mandatario será llamado por los obreros y campesinos para que conozca la inquietud en aras de un buen gobierno.

Presidente habemus...

Si bien al momento de redactar este editorial aún no se había proclamado con certeza oficial la victoria de uno de los aspirantes al solio presidencial, todo parecía indicar que el ciudadano José Azcona, candidato mayoritario dentro del Partido Liberal, tenía todas las de ganar en este trascendental evento cívico de los hondureños.

Para lograr esta victoria, que no fue fácil ni mucho menos, ya que el principal opositor al partido en el poder, el ciudadano Rafael Leonardo Callejas, dijo una batalla impresionante (alzándose con una votación individualmente superior a los de los otros presidenciables), el ganador necesitó la suma de los sufragios de los otros candidatos liberales, la cual se hizo en aplicación de las reformas a la Ley Electoral, derivadas del acuerdo político de abril del año en curso.

Después de un forcejeo cívico altamente reñido, y en una elección que sin exageraciones podemos calificar como realmente ejemplar, se confirmó la preminencia del exministro de Comunicaciones, quien logró el favor popular gracias a su sólida imagen como hombre honorable serio y trabajador que se opuso enérgicamente a los múltiples yerros de la administración y que anuncia un gobierno respetable en los cuatro años por venir.

Son enormes las tareas que esperan al próximo habitante de Casa Presidencial, y algunas de ellas tienen todos los visos de ser en verdad abrumadoras. Para solo citar las más agobiantes, mencionemos la inevitable confrontación que Honduras y El Salvador iniciará, a partir del próximo 10 de diciembre, ante la Corte Internacional de Justicia, con respecto al centenario diferendo fronterizo que divide a ambos países.

Lo anterior para no hablar del déficit fiscal, la corrupción, la ineficacia gubernamental, el exceso burocrático, la caída de las exportaciones, el desequilibrio en la balanza de pagos, etc.

Así, pues, no es precisamente una lotería lo que se ha ganado el nuevo primer mandatario de la Nación, y por ello el esfuerzo patriótico que habrá de realizar, junto con su equipo de gobierno, para sacar adelante a Honduras, tiene todas las características de un desafío colosal.

La primera tentación que el presidente electo deberá rechazar es la fácil predisposición al revanchismo y al ajusticiamiento político de sus adversarios, especialmente de aquellos que, dentro del actual gobierno, le atacaron con virulencia y sectarismo.

Ciertamente, no se trata de que el mandatario deje todo como está. Tal pretensión sería absurda, habida cuenta de que una nueva administración supone la estructuración de un nuevo equipo de gobierno, con secretarios de estado, jefes de organismos autónomos, directores generales, embajadores, etc., distintos a los que integraban el "ancien regime".

Pero sería lamentable que, en vez de limitarse a este tipo de cambios necesarios e inevitables en los altos círculos de la burocracia, se comenzara con destituciones masivas hasta en las casillas más modestas del presupuesto oficial.

Amén de ello, será infortunado que las energías y talentos del gobierno que nace, se malversaran e en campañas de rencor y persecución contra los que se van, en lugar de aplicarse a la formulación de soluciones realistas y efectivas a los grandes problemas que vive la Nación.

Creemos sinceramente en la ecuanimidad del presidente electo por el pueblo. Pero no ignoramos que, en su derredor, hay, como en todo equipo político, personas adictas al antagonismo, la revancha y un sentido desorbitado de pretendido ajuste de cuentas.

Son muchos los temas que LA PRENSA estima obligado abordar en esta alborada de un nuevo gobierno constitucional.

Pero, como es comprensible, lo haremos gradualmente, tanto por razones de espacio como para dar tiempo a la reflexión madura e inteligente de quienes ha captado el favor popular y adquirido, en consecuencia, una tremenda responsabilidad ante la conciencia nacional.

Por ahora, queremos congratular fervorosamente a nuestro pueblo por la muestra de madurez e inteligencia cívica que ofreció el 24 de noviembre.

Ha sido esta una lección para propios y extraños, que ha evidenciado, con la elocuencia incuestionable de los hechos, que este es un país de gente sensata, decidida a vivir en paz, democracia y libertad...

"LA PRENSA", 26 de noviembre, 1985

NO DEJARON QUE AZCONA HOYO EXPUSIERA ANTE OBSERVADORES

El presidente del PINU, Enrique Aguilar Cerrato, dialogando con observadores internacionales. (Foto Daniel Toledo)

TEGUCIGALPA. – El retiro airado de José Azcona Hoyo y la elocuente intervención de Carlos Roberto Reina fueron los hechos destacados en la conferencia brindada por algunos presidenciables ante observadores y periodistas locales e internacionales.

A la cita concurrieron únicamente Enrique Aguilar Cerrato (PINU), Hernán Corrales Padilla (Democracia Cristiana) y Carlos Roberto Reina (Liberal), excusándose los demás por haberse dedicado el sábado a dar los últimos retoques a sus respectivas campañas previo a las elecciones de ayer.

Por su parte, José Azcona Hoyo apareció en escena, pero el moderador de la conferencia, Roberto Suazo Tomé le comunicó que por no haber confirmado a tiempo su participación no le sería posible exponer.

Ello molestó a Azcona Hoyo que inmediatamente buscó la salida principal del hotel donde se desarrolló el acto mostrándose agraviado y retirándose inmediatamente del Centro de Cómputos del Tribunal Nacional de Elecciones donde se desarrolló el acto.

Suazo Tomé informó que Azcona Hoyo no confirmó a tiempo su participación y que por lo tanto quedaba fuera de agenda, dirigiéndose a la concurrencia únicamente Aguilar Cerrato, Corrales Padilla y Reina Idiáquez.

Los candidatos ocuparon el tiempo destinado para referirse a la problemática general del país y lo que representa para Honduras el fortalecimiento del sistema democrático en un contexto regional caracterizado por la tensión.

"LA PRENSA", 26 de noviembre, 1985

Azconismo barrió en El Progreso

La policía se mantuvo siempre vigilante para que las elecciones se desarrollaran en completa tranquilidad. (Foto Aguilar Aroche)

EL PROGRESO, YORO. – El señor Adalberto Aguilar Panchamé será el próximo alcalde de esta ciudad de acuerdo a los resultados de las elecciones del domingo en las que el movimiento azconista obtuvo una rotunda mayoría.

Las elecciones se llevaron a cabo en completa tranquilidad y orden en las 164 urnas instaladas en escuelas y colegios. La Fuerza de Seguridad Pública (FUSEP) que comanda el teniente Julio Alberto Hernández, jugó un papel importante para mantener el orden mediante una estricta vigilancia.

El pueblo se volcó de lleno a las urnas sin ningún incidente en una demostración de verdadero civismo. En esta ciudad el azconismo demostró pujanza al superar por gran mayoría en forma individual a los demás contendientes.

"LA PRENSA", 26 de noviembre, 1985

Individualmente Callejas ganó elecciones de Cortés

Jerónimo Sandoval, alcalde electo
de San Pedro Sula.

SAN PEDRO SULA (VRI). –Rafael Leonardo Callejas logró mayoría de votos directos en el departamento de Cortés y en esta ciudad, pero el Partido Liberal se alzó con la victoria a favor de Azcona Hoyo, apoyado en la suma del escrutinio de los otros tres candidatos liberales.

En esta ciudad, Callejas Romero logró acumular 49 mil 761 votos directos a su favor, contra 49 mil 57 obtenidos por Azcona Hoyo, estableciéndose una diferencia a favor del cabeza del MONARCA de 604 papeletas.

En todo el departamento de Cortés, de igual forma Rafael Leonardo Callejas registró una población electoral de 95 mil 813 ciudadanos, contra 90 mil 290 de Azcona Hoyo. La resta establece 5 mil 523 votos a favor de Callejas Romero en todo el departamento de Cortés.

Sin embargo, Azcona Hoyo se fue arriba con la ayuda aportada por sus correligionarios. En San Pedro Sula OMA lo apoyó con 17 mil 957 votos; M-LIDER con 4 mil 624 y Bú Girón con 1 mil 858 papeletas.

En esta misma ciudad, Callejas Romero registró 49 mil 761 papeletas a su favor, pero solo se benefició con 488 votos que le aportó Urrutia Raudales los 340 de Lardizábal Gilbert, para totalizar 50 mil 589, contra los 73 mil 492 que por suma logró Azcona, para beneficiarse con una diferencia de 22 mil 903 papeletas.

De igual forma ocurrió en todo el departamento de Cortés. Directamente Callejas sacó 95 mil 813 votos, más 1 mil 47 sumados por Lardizábal y 1 mil 550 por Urrutia Raudales, para totalizar 98 mil 410 papeletas escrutadas.

No obstante, Azcona Hoyo logró escrutar 90 mil 290 papeletas directas, pero OMA le sumó 22 mil 470, M-LIDER 9 mil 293 y Bú Girón 4 mil 048, para totalizar 126 mil 101, contra las 98 mil 410 que en todo el departamento fue la "sumatoria" a favor de Callejas, resultando una diferencia de 27 mil 691 votantes a favor de Azcona Hoyo con el respaldo de sus correligionarios aglutinados en otras corrientes liberales.

"LA PRENSA", 26 de noviembre, 1985

JOSÉ AZCONA: GANADOR DE ELECCIONES HONDUREÑAS

TEGUCIGALPA (ACAN-EFE). – El Partido Liberal, con José Azcona Hoyo a la cabeza, es el ganador de las elecciones generales practicadas en Honduras.

Cuando faltaban pocos municipios que escrutar, entre ellos la capital Tegucigalpa, el Partido Liberal tiene un seis por ciento de ventaja sobre su más inmediato seguidor, el Partido Nacional.

Tanto el Centro de Cómputo del Tribunal Nacional de Elecciones como otro particular rentado por una emisora, cuentan 1,253,666 votos escrutados en todo el país.

El Partido Liberal tiene 643,533 votos para un 51.3 por ciento. El Partido Nacional logra 566,665 sufragios para 45.2 por ciento.

La Democracia Cristiana ha sacado 23,648 votos, y el Partido Innovación y Unidad 19,820 sufragios, y en porcentajes la DC tiene 1.8 contra un 1.5 el Innovación.

Se han registrado, además, 18,099 votos en blanco y 16,568 nulos.

El doctor Rodimiro Zelaya, miembro del Movimiento Nacional Callejista, es el nuevo alcalde de Tegucigalpa, al ganar su corriente en la capital.

Los partidos salieron a la palestra tras dos graves crisis institucionales que les obligaron a firmar un pacto mediante el cual se permitió la proliferación de candidaturas bajo las banderas.

Así, el Partido Liberal presentó a José Azcona Hoyo que logra dentro del partido 342,519 votos, Oscar Mejía Arellano obtuvo 207,432, Efraín Bú Girón con 53,717 y el Movimiento Líder (M-LÍDER) con 37,750.

Los votos minoritarios serán sumados a los de Azcona para que con el gran total se enfrente a los candidatos de los otros partidos.

En el Partido Nacional se presentaron las candidaturas de Rafael Leonardo Callejas que ha capitalizado 531,582 votos, Fernando Lardizábal con 17,918 y Juan Pablo Urrutia con 15,583.

Sucede lo mismo que en los liberales, se reciben los votos de las minorías para un total frente a otros partidos.

"LA PRENSA", 26 de noviembre, 1985

"No más insultos entre liberales", dice Azcona

SAN PEDRO SULA. – El virtual presidente de la República, José Simón Azcona, declaró anoche que no está dispuesto a dialogar con las personas que se han bajado al insulto y la diatriba contra él.

Agregó que no tiene intención de tomar represalias contra aquellas personas que lo ofendieron, y que más bien procurará que entre los liberales "no nos sigamos mirando como enemigos".

Recordó que muchos de sus mismos correligionarios trataron de denigrarlo y que de ellos recibió más insultos, que de los propios nacionalistas, pero que no está dispuesto a continuar con una política que propicie las divergencias.

Censuró a algunos liberales oficialistas que están culpando a Suazo Córdova porque Oscar Mejía Arellano no fue el ganador y dijo que "eso ha sido muy grosero de parte de algunos dirigentes sampedranos".

Al referirse a Mejía Arellano expresó que es un hombre honesto y digno, merecedor de la presidencia de la República, pero que desafortunadamente fue impuesto como candidato y no logró despertar entusiasmo en el pueblo hondureño.

Manifestó que algunos dirigentes oficialistas de la zona norte fueron muy prepotentes durante la campaña, como el caso del candidato a alcalde, Marco Antonio Hepburn, que en una ocasión lo retó a través de los diarios a un duelo político para demostrar que le ganaba en esta ciudad.

Señaló que a él se le ha acusado de ser soberbio, pero que eso no es cierto, pues es una persona humilde.

Se le preguntó si es cierto que llega a la presidencia comprometido con ciertos sectores económicos y riéndose contestó que su único compromiso es con el pueblo que lo llevará al poder.

Se lamentó de que los oficialistas propiciaran el triunfo del callejismo en algunos lugares, ya que en vez de buscar la unidad del partido se dedicaron a atacarlo. Se refirió particularmente al caso de Tegucigalpa, donde tendrá que haber un alcalde nacionalista, que para él será un problema, aunque dijo que está dispuesto a darle su apoyo como gobernante.

Reconoció que Callejas logró captar una gran cantidad de votos, pero manifestó que esto se debió a que prácticamente estaba solo en su partido, mientras que él tuvo una maquinaria oficialista que le restó fuerza a su candidatura.

"LA PRENSA", 26 de noviembre, 1985

AZCONA SE PROCLAMA NUEVO PRESIDENTE DE HONDURAS

TEGUCIGALPA. – El candidato José Simón Azcona Hoyo se proclamó ayer aquí como nuevo presidente de los hondureños, tras el resultado final de las votaciones generales en el país.

El líder liberal se mantuvo toda la noche haciendo números para corroborar que él es el sucesor constitucional de Suazo Córdova en el poder de la nación.

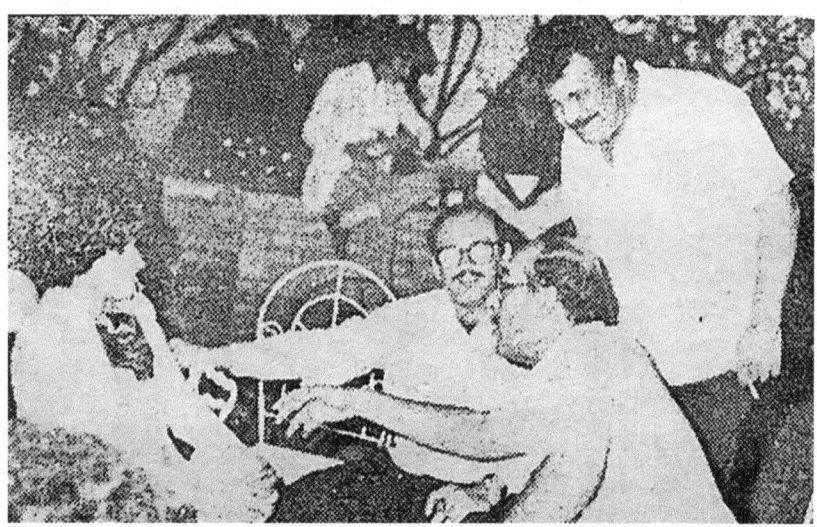

Modesto Rodas Baca, Ana Joaquina Rodas Baca y el licenciado Oscar Melara, en el momento en que celebran el triunfo del ingeniero José Azcona.

"Con la suma de los votos soy presidente indiscutiblemente", fue la primera expresión del líder liberal en una declaración exclusiva para LA PRENSA.

En ese mismo instante se produjo una masiva manifestación de júbilo entre sus más cercanos seguidores que se mantuvieron junto a él, computando paso a paso el resultado final de este evento cívico.

El dirigente liberal dijo con toda franqueza que sucedió lo que se había previsto, en el sentido de que Rafael Leonardo Callejas sacaría el 95 por ciento de los votos del Partido Nacional.

Destacó que "yo he estado peleando contra el oficialismo, mientras el hombre del MONARCA contaba con todos los simpatizantes del nacionalismo".

Abundando sobre el tema, agrega que "nosotros estábamos contra lo que significa el poder de la nación, entre tanto el callejismo quedaba a su antojo en la campaña".

Con base a la presente modalidad electoral repitió que conforme a la suma de los votos, tengo el derecho de ser proclamado presidente de la República.

Es de destacar que toda la noche del domingo el exponente liberal se mantuvo haciendo números y llevando su propio cómputo de votos.

En esa actividad participaron, además, el candidato alcalde por Tegucigalpa, Silvio Larios, y sus íntimos amigos que no cesaron en hacer estadísticas. En el marco de los acontecimientos se pudo apreciar la amplia sonrisa de triunfo de la esposa del presidenciable, doña Miriam de Azcona y su hija Miriam Elizabeth, que nunca se despegó de su padre para calorizarle en un momento tan significativo o de su vida.

También se pudo apreciar el alto índice de entusiasmo de Modesto y Ana Joaquina Rodas Baca, hijos de Modesto Rodas, que en toda la campaña se solidarizaron con el movimiento de Azcona.

La juventud también festejó la victoria de José Azcona. (Foto Oswaldo Ramos)

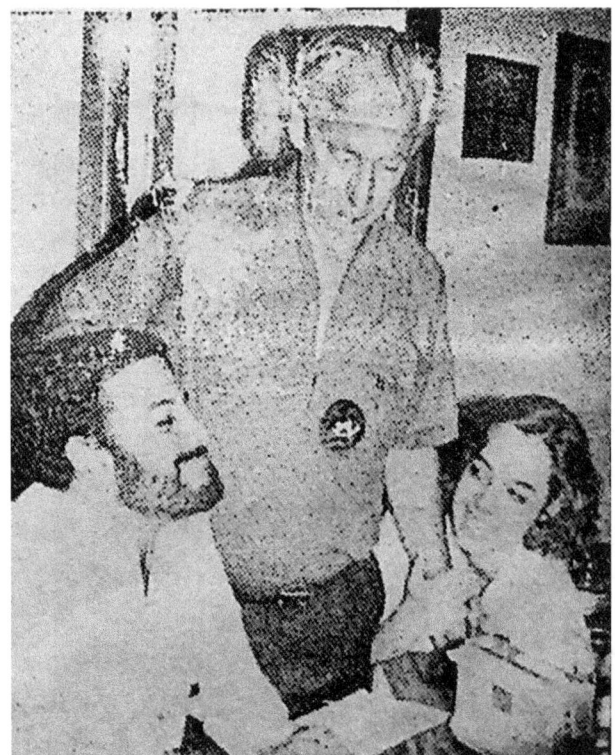

El nuevo presidente de los hondureños, pensativo, siguiendo con toda calma el resultado de la votación final, mientras su hija, Miriam Elizabeth se presenta con una amplia sonrisa de triunfo y el hijo menor del doctor Ramón Villeda Morales, Leo Villeda Bermúdez, no esconde su enorme satisfacción por el resultado del evento electoral. (Foto Oswaldo Ramos).

Gil Santos dispuesto a colaborar
*Mientras el pueblo de F.M. dio la espalda a Carlos Handal y a Alfaro

TEGUCIGALPA (Por María Orbelina López). − El exdirector del Servicio Civil, Max Gil Santos, declaró ayer que está dispuesto a colaborar con el gobierno de José Azcona Hoyo, tras conocerse que este se perfila como el sucesor de Roberto Suazo Córdova, con la sumatoria de votos arrojados en el proceso electoral.

Max Gil Santos fue consultado sobre el particular, en la sede del Consejo Central Ejecutivo del Partido Liberal, mientras atencionaba los informes de los resultados parciales proporcionados desde el interior del país al centro de cómputo instalado en un céntrico hotel.

Denotando gestos de resignación el extitular de la SEPCOT, Carlos Handal, y Gustavo Alfaro, se limitaron a decir que el Partido Liberal continuará en el poder por cuatro años más, ya sea con Azcona o Mejía Arellano.

"Me ganó Azcona en Sabanagrande", le dijo Alfaro a Gil Santos, al tiempo que le mostraba los papeles en que efectuó su propio cómputo; Alfaro se había postulado como diputado propietario por el departamento de Francisco Morazán.

Max Gil Santos

Mientras tanto, Carlos Handal, sin ninguna posibilidad de ocupar la quinta posición por la fórmula de Mejía Arellano, se le dejó observar una sonrisa nerviosa que no le dejó derretir los acostumbrados ataques al candidato disidente del Partido Liberal, Azcona Hoyo.

Las series discrepancias entre el fuerte hombre a suceder a Suazo Córdova son consideradas como un incidente en el camino, mas no es ninguna catástrofe, indicó Gil Santos.

Por otra parte, reconoció que el Partido Nacional es una fuerza política la cual no desconocemos y tampoco les extrañaba la pujanza alrededor del licenciado Rafael Leonardo Callejas.

Finalmente, manifestó que infortunadamente el Partido Liberal fue dividido a las urnas, pero que con la suma de votos logran vencer el fuerte adversario que logró capitalizar un gran sector de la sociedad hondureña.

Bueso dice estar feliz por triunfo de Azcona

SAN PEDRO SULA. – El diputado liberal oficialista Carlos Arturo Bueso dijo sentirse alegre por el triunfo del ingeniero José Simón Azcona, ya que "nuestros adversarios no son los mismos liberales, sino los nacionalistas".

Bueso que también aspira a la tercera diputación por Cortés en representación de su movimiento, agregó que ahora los rodistas seguidores de Mejía Arellano y los de Azcona podrán hacer una aplanadora en el Congreso Nacional para combatir a los nacionalistas.

El dirigente fue visto felicitando a dirigentes azconistas por el triunfo que obtuvieron en las elecciones y les manifestó que en realidad nunca han existido divisiones profundas entre corrientes liberales, pues todo fue parte del juego político y ahora que el partido ganó "debemos permanecer más unidos".

Un dirigente azconista dijo sentirse sorprendido de la actitud de Bueso, pues fue uno de los más empecinados en marginarlos cuando luchaban por lanzar a su candidato. Agregó que a lo mejor "Buesito anda buscando acomodo con el nuevo gobierno".

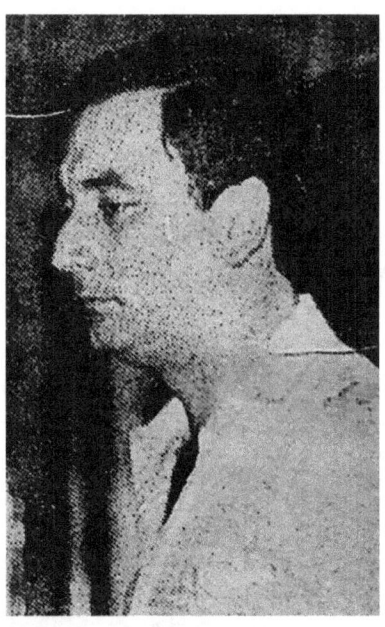

"LA PRENSA", 26 de noviembre, 1985

VOTAR SERÁ LO ÚLTIMO ÚTIL QUE QUIZA HAGA EN LA VIDA

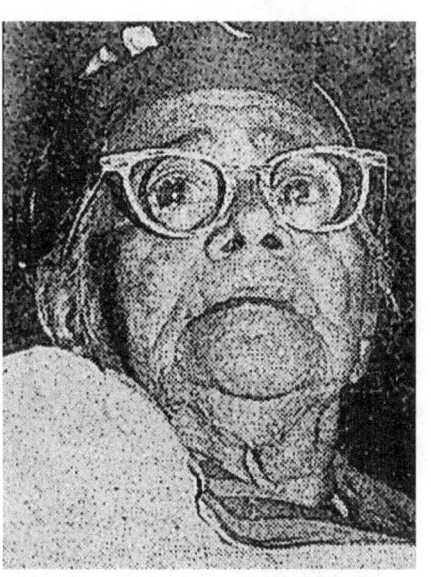

"Los cariístas me agarraron a disparos y hasta me hicieron bailar. No les bastó eso y me comieron mis gallinas". (E.B.)

Rafaela Susana Rodríguez Miralda, 95 años y residente en Campamento, Olancho, pese a tener que desplazarse en silla de ruedas por problemas en sus extremidades inferiores, ejerció el sufragio a sabiendas que quizá "sea lo último útil que haga en esta vida", de acuerdo a sus propias palabras.

La anciana narró que fue una de las víctimas del "cariísmo" y que en sus tiempos de mocedad "hasta me hicieron bailar con disparos a la tierra, solo porque mi color preferido siempre ha sido el rojo. Una vez había engalanado mi casa de ese rojo y me apalearon y hasta mis gallinas me comieron", lamentó.

Rodríguez Miralda manifestó ser madre de cinco hijos, pero que perdió la cuenta de los nietos.

Uno de sus hijos, Julio Rodríguez Ochoa, ya fallecido, le dejó envidiable cantidad de 21 retoños "y creo que todos sobreviven. Otra hija mujer que vive en la Costa está cundida... pero sinceramente que no sé cuántos tengo", afirmó.

Culpó al presidente de la República, Roberto Suazo Córdova, de manera enérgica por haber provocado, según ella, la división dentro del Partido Liberal, pero que quizá gracias a ello "yo me tuve que hacer Azconista y orgullosamente lo veré llegar a la Casa Presidencial antes de que me sorprenda la muerte".

Al preguntársele cuántas veces ha votado en su larga vida, sostuvo que ya ni recuerda "ese dato", pero ejerció el sufragio en la época del general Manuel Bonilla y antes de las presentes elecciones, cuando llegó Suazo Córdova al poder.

"Yo me siento feliz de haber votado, quizá sea lo último que haga en este mundo a favor de un proceso. Nosotros los liberales ganaremos las elecciones, los azconistas, los de OMA, los bugironistas y los de Reina. Todos somos liberales y llegaremos unidos a la próxima elección... no sé qué año será, pero lo haremos", concluyó. (E.B.)

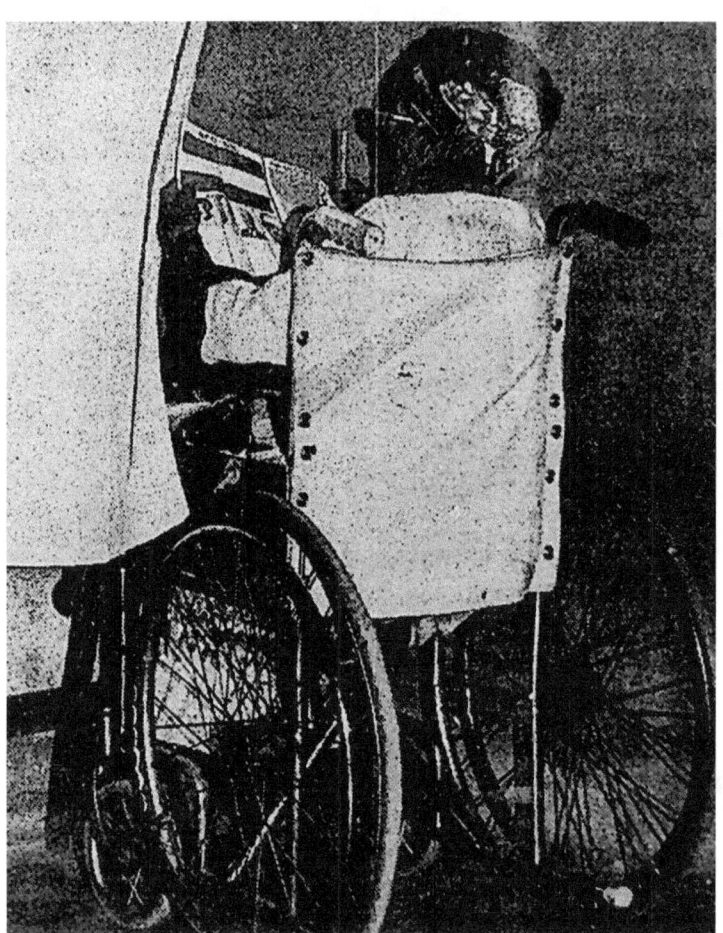

Susana Rodríguez Miralda examina el voto con dificultad, pero ella sabía en que casilla votar. "Soy y seguiré siendo liberal hasta la muerte", dijo la anciana. (E.B.)

SOY FURIBUNDA ADMIRADORA DE AZCONA:
SIGFRILDA SHANTALL
*Yo no le tengo miedo al SIDA

La controversial médico-dental Sifgrilda Pastor, que se transformó de hombre a mujer a través de una operación practicada en el extranjero, se declaró el pasado domingo "una furibunda admiradora de José Azcona Hoyo", ya que a su criterio es el "hombre justo para gobernar a los hondureños".

La doctora, más conocida como "La Shantall", sostuvo que Azcona Hoyo es el candidato a la Presidencia de la República que le inspiró más confianza. "No soy amiga personal de Azcona, pero le brindo mi amistad y creo que es reciproco. Es un hombre muy simpático, honrado y honesto y su esposa debe ser una magnifica persona", agregó.

INTEGRACIÓN

Le sugirió a Azcona Hoyo que haga un "gobierno de integración" para que de esa manera la familia hondureña se armonice, que viva en paz y tranquilidad, a fin de que los problemas socioeconómicos se superen en calma y tranquilidad emocional para que "todos los hondureños tengamos comida".

Refirió que en su profesión le podría ser útil en Olancho al presidente de la República, pero aclaró que al decir lo anterior no lo hacía con el ánimo de pedir trabajo. Sin embargo, reconoció que se sentiría halagada de llegar a ocupar un cargo público para "poder representar dignamente a la mujer hondureña", indicó.

CALLEJAS

Al referirse al candidato presidencial Rafael Leonardo Callejas, a quien en espacios de radio el oficialismo liberal lo calificó de "señorito", la Shantall comentó que no le veía nada de malo a esa expresión, en vista que "es una palabra españolizada, eso no es nada malo. Leonardo es un hombre que viene de un hogar bastante bueno y de buena familia", y que a eso se debía la expresión mencionada.

"No soy amiga íntima de Rafael Leonardo Callejas, no tenemos una estrecha amistad, pero sí lo he visto varias ocasiones y es un hombre muy respetuoso. Me ha tratado con el respeto que me merezco y por eso yo lo respeto muchísimo a él; para mí que es un buen hombre", recalcó.

VIUDA TRANQUILA

Al recordarle a su difunto esposo, Julio Ernesto Andrade, muerto de manera contingencial mientras "jugaba a la ruleta rusa", manifestó que le recordaba mucho y que guarda un espacio en su corazón, pero que "eso ya es parte del pasado y se lo llevó el viento. Él ya está muerto y nada tiene que hacer acá... no lo he olvidado, y no lo voy a olvidar".

Sigfrilda Pastor anunció que piensa volver a casarse, ha conocido a muchos hombres, entre los que algunos han sido sus novios, pero aseguró que jamás ha tenido una aventura, y que si las hubo se las reserva, pues "esas son cosas personales y no tengo por qué decirlas en público".

EL "SIDA"

En cuanto a que por sus "interminables viajes" podría adquirir el Síndrome de Inmunodeficiencia Adquirida (SIDA), expresó que a todo ser humano le preocupan las enfermedades infectocontagiosas en virtud que "nadie sabe cómo puede adquirirla ni la hora en que se conciben".

"Yo no le tengo miedo al SIDA, tengo que ser cautelosa, pues hasta en una conversación se le puede transmitir a una no solo el SIDA. Hay quienes aseguran que los homosexuales son los causantes de esta enfermedad, pero para mí su origen es el consumo de las drogas y en los inventos químicos que actualmente son muy frecuentes", concluyó.

Idilio electora: Muchas parejas de enamorados acudieron a los centros de cómputo como quien va al cine o a cualquier espectáculo público, tal fue el entusiasmo prevaleciente en el electorado hondureño.

El obispo auxiliar de Tegucigalpa, monseñor Oscar Andrés Rodríguez, con inmensa satisfacción forma fila junto a otros electorales. La iglesia católica ha mantenido durante la campaña una activa participación, halándole frecuentemente las orejas a los políticos por sus desenfrenadas pasiones. Finalmente, todo se desarrolló en armonía.

Una verdadera festividad constituyó el proceso electoral, durante el cual los hondureños evidenciaron una madurez política que garantiza el afianzamiento de la democracia.

"LA TRIBUNA", 26 de noviembre, 1985

El presidente electo, José Azcona del Hoyo, hizo fila junto a los demás electores en la Escuela Superior del Profesorado. Sin embargo, al líder liberal los demás votantes le pidieron que hiciera fila, lo que en nada afectó al futuro sucesor de Roberto Suazo Córdova.

"LA TRIBUNA", 26 de noviembre, 1985

DIVORCIO DEL AÑO

A que no saben cuál es el divorcio del año. No, ese no. Es nada menos que el del dirigente cachureco Efraín Reconco Murillo, quien legalmente se separó de su mujer en mayo pasado porque ella, hermana de un magistrado, inhabilitaba en sus aspiraciones diputadiles. Resulta que el hombre ganó la curul y ha anunciado una pomposa boda después que se instale el Congreso. Desde luego, con su misma esposa.

GRACIAS A DIOS

El oficial de enlace entre las Fuerzas Armadas de Honduras y el Tribunal Nacional Electoral, mayor Edgardo Antonio Borjas, confirmó ayer que en el proceso electoral no se reportó ningún incidente que lamentar, contrario a lo que sucedió en el cercano pasado. El oficial dio "gracias a Dios" porque en todo el territorio nacional no hubo ningún hecho que viniera a poner en peligro el proceso electoral.

OBISPO Y DIPUTADO

Tal vez en el próximo Congreso los diputados se comporten mejor, en el sentido de tratarse entre sí con mayor respeto, en vista de que tendrán como compañero a un obispo de la Iglesia Luterana: Glenn Randel Salomón, el nacionalista que desplazará al diputado liberal Iván Jones, de Islas de la Bahía. Que no se les ocurra de aquí a 4 años llevar como candidatos a monseñor Santos o monseñor Rodríguez, a quienes la Iglesia prohíbe meterse en política partidista.

ALCALDE AZUL

El virtual presidente electo, José Azcona, lamentó ayer que la primera ciudad de Honduras pueda tener un alcalde nacionalista, refiriéndose a la enorme posibilidad de que salga electo el monarquista Rodimiro Zelaya Fuentes. "Pero les ayudaremos, ya que la capital es grande y mucha gente vive en condiciones precarias", manifestó.

LOS PERDEDORES

Qué dirán ahora los llamados "grandes" del Rodismo, después que perdieran el domingo no solo frente a los azules sino también ante el Azconismo, no todos desde luego; en el lado perdedor quedaron Benigno, en Olancho, Simón Núñez en Choluteca y Espinoza en El Paraíso. Solo sostuvieron la peña Ardón Fuentes en Ocotepeque y Juan de la Cruz Avelar, en Comayagua. Por eso nadie quería ir de segundo por el oficialismo en el departamento más grande del país.

"LA TRIBUNA", 26 de noviembre, 1985

"PL" VUELVE A TRIUNFAR

*Azcona Hoyo es el virtual sucesor de Suazo Córdova

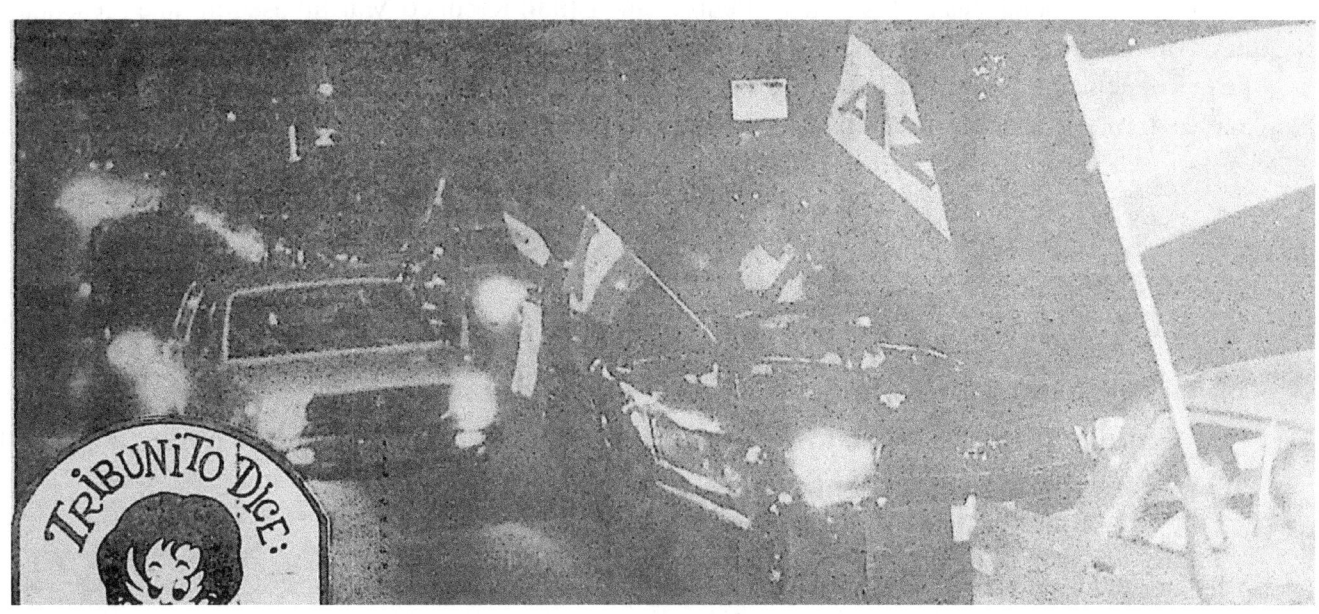

Numerosas caravanas del Partido Liberal se desplazaron anoche por las calles capitalinas, celebrando el triunfo en las elecciones que dan por seguro sucesor del presidente Roberto Suazo a José Azcona del Hoyo. En la madrugada de hoy el escrutinio arrojó los siguientes datos: Partido Liberal, 602,693 votos, distribuidos así: Azcona, 324,581; Oscar Mejía, 200,268; Efraín Bú Girón, 41,823 y Carlos Roberto Reina, 33,303. Partido Nacional: 529,743, así: Rafael Leonardo Callejas, 491,483; Fernando Lardizábal, 20,718 y Juan Pablo Urrutia, 16,235. Democracia Cristiana: 23,800 e Innovación y Unidad, 19,000. Total: 2,212,342.

"LA TRIBUNA", 26 de noviembre, 1985

Según Cruz Torres
"PN" SE LANZA A PROTESTAS CALLEJERAS

Militantes del Movimiento Nacional Rafael Callejas (MONARCA) iniciaron ayer actos de protesta reclamando que se declare presidente electo al líder de esa corriente. El dirigente Nicolás Cruz Torres anunció manifestaciones en las calles, mientras que Efraín Reconco Murillo aseguró que presentarán ante la Corte Suprema de Justicia un recurso de inconstitucionalidad contra la forma de elección del presidente de la República. En la gráfica, efectivos antimotines establecen un cerco de seguridad ante los manifestantes azules, frente al Hotel Holiday Inn., donde está ubicado el Centro de Cómputo.

"LA TRIBUNA", 26 de noviembre, 1985

CALLEJAS LLEGARÁ A SER PRESIDENTE: AZCONA

- **Pensé que el triunfo del partido y mi candidatura sería más grande**
- **Suazo pasará a la historia llevándose el laurel de entregar el poder a otro liberal**
- **En mi gobierno no habrá paracaidismo**

Por: ANTONIO PINEDA GREEN

Un gobierno sin odios y sin ocios para nadie, con conciencia para todos, "porque hay que empezar a perdonar y olvidar", se comprometió realizar el virtual triunfador del Partido Liberal, José Azcona Hoyo, subrayando que "vamos a trabajar con mucha dedicación, esfuerzo incansable y honestidad".

Precisó que además de ello su gobierno se sustentará fielmente en la austeridad para que los dineros del pueblo sean manejados no solamente con honestidad sino que con mucho cuidado, sin despilfarrar un solo centavo, porque en estos países pobres, dijo, malgastar los dineros del pueblo también es deshonestidad.

Azcona sostuvo que la prosperidad social depende, antes que nada, de la voluntad, del coraje, del trabajo y de la organización solidaria de todos sus hijos, toda vez que con vocación para el decoro y con enjundia es posible superar la adversidad por el camino del esfuerzo.

Al mismo tiempo que calificó la contienda electoral como una extraordinaria fiesta cívica, "no campañas donde se lucha a muerte por un botín", vaticinó que Rafael Leonardo Callejas llegará a ser presidente de Honduras, "y lo digo con toda sinceridad y con toda nobleza", remarcó.

Con voz convencida y firme Azcona expresó que no cree que a Callejas le interese ocupar un cargo en su administración, "porque él es joven y con esta demostración que ha dado ha evidenciado que en el Partido Nacional es un verdadero líder, logrando unir en torno suyo a la gran mayoría de su partido".

Reconoció con sinceridad que "nosotros pensábamos que el triunfo de nuestro partido y de mi candidatura iba a ser más grande", señalando también que no hay razón para impugnar estas elecciones, "porque yo creo que saldrían peor parados en una segunda vuelta".

HUÉRFANOS DE TODA GARANTÍA

Luego de censurar algunas irregularidades en que incurrió el Consejo Central Ejecutivo del Partido Liberal al extralimitarse según él en su accionar, confesó que "nosotros llegamos a este proceso huérfanos de toda garantía, solamente confiando en los hombres que quieren la democracia".

"Corrijamos, pero también sigamos construyendo", exclamó al tiempo que apuntaba que hasta el momento no ha recibido ninguna llamada telefónica del presidente Roberto Suazo Córdova para felicitarlo, tal como lo había prometido, "pero si lo hace lo atenderé porque se ha de sentir satisfecho de ser el primer presidente liberal que le entrega el poder a otro liberal".

34

Y luego añadió: "Suazo Córdova pasará a la historia llevándose ese laurel, y por nuestra parte ya estamos tranquilos, pero si hubiera sido de otra manera pues también estaríamos en igual forma".

Por otra parte, reconoció que las nuevas generaciones de Honduras, como de todos estos países jóvenes, merecen especial dedicación empezando a educarlas y dándoles una cultura básica.

"Ese ha sido uno de los peores errores que han cometido nuestros gobiernos, sentenció, al no apoyar plenamente a la niñez para que cuando llegue a la edad adulta sepa ganarse la vida, mediante una cultura básica que en estos momentos es indispensable hasta para los menesteres más humildes en el desenvolvimiento de cualquier ciudadano".

José Azcona: "Corrijamos, pero también sigamos construyendo"

LA ADMINISTRACIÓN

Al expresar que "yo soy una persona que me gusta el orden, ya que me he creado en un ambiente de austeridad y de orden, recalcó que los empleados de cualquier partido que están trabajando con este gobierno no tienen por qué preocuparse".

Sin embargo, advirtió en tono enérgico que tras revisar las listas de gente que solo está pasando a recoger su cheque mensual, será separada sin ningún miramiento para corregir estas situaciones anómalas que manchan la imagen de cualquier gobierno. "Tenga la plena seguridad –le dijo al periodista– que en mi gobierno no habrá paracaidismo".

Advirtió Azcona que "los liberales no vamos a vivir usufructuando la historia" y tas exhortar a los hondureños "a corregir lo que está torcido", se pronunció contra lo que llamó "hipocresías políticas que se han filtrado en el Partido Liberal".

Al reafirmar que en su gobierno conjuntará los mejores valores, puntualizó que "nosotros vamos a ser factor de unidad dentro del Partido Liberal y no factor de división, y vamos a rodearnos de los mejores hombres, no solo de nuestro partido, para que podamos encauzar el gobierno hacia estadios superiores de progreso y desarrollo, "trabajando sin descanso por la fortaleza de nuestro partido y la grandeza de Honduras".

"LA TRIBUNA", 26 de noviembre, 1985

NO MODIFICARÁ SUSTANCIALMENTE HONDURAS SU POLÍTICA EXTERIOR

Por: Jean-Pierre Bousquet, enviado especial de AFP.

TEGUCIGALPA, Nov. 25 (AFP). – Honduras mantendrá sus vínculos de amistad con Estados Unidos y no modificará sustancialmente su política exterior, afirmó hoy el vencedor –dentro del Partido Liberal– de la elección presidencial del domingo último, José Azcona, en una entrevista exclusiva acordada a la AFP.

Azcona, un ingeniero de 58 años, no se mostró particularmente preocupado por el resultado obtenido por Rafael Callejas, del Partido Nacional, que ganó ampliamente las elecciones, a título individual, pero las perdió después de haberse hecho la adición de la totalidad de los votos de los partidos.

"Yo creo –afirmó el futuro presidente– que el Partido Liberal se va a reunir", después de "sacar a esta mala dirigencia".

Azcona cree haber probado que, a pesar del desgaste que supone el ejercicio del poder y de las disensiones internas, el Partido Liberal seguirá siendo la primera formación política de Honduras.

El futuro presidente, considerado por los observadores como un hombre de derecha moderada, no piensa en ningún caso "romper con Estados Unidos", con el cual pretende seguir "siendo amigo".

"Los europeos quieren que los paisitos estos se enfrenten con Estados Unidos en una forma que no lo hacen ellos mismos", declaró tomando el ejemplo de España y Grecia que, "a pesar de ser socialistas", toleran la presencia de bases norteamericanas sobre sus territorios.

Lo esencial, sentenció, consiste en "conservar la soberanía, la dignidad".

En relación al litigio fronterizo con El Salvador, que debía ser solucionado en diciembre y parece sufrir demoras, Azcona se reveló poco inclinado a seguir un diálogo directo, como pretendían los salvadoreños.

Pero estimó como "inexorable" el recurso a la Corte Internacional de La Haya.

"Lo que no se ha arreglado en cinco años, ¿cómo se va a solucionar en seis meses?", como pretenden los salvadoreños, precisó.

Sobre Nicaragua, Azcona es partidario de un diálogo, dado que se reunieron los militares de ambos países y que el mantenimiento de relaciones diplomáticas entre Tegucigalpa y Managua "sirve precisamente para eso".

El futuro presidente se declaró solidario de todos los otros países de América Latina para renegociar la deuda externa con el Fondo Monetario Internacional (FMI) al mismo tiempo que rechazó toda iniciativa individual y se rechazó un liderazgo de Fidel Castro, "cuyos acreedores no son los mismos que los nuestros".

En el plano interno, Azcona quiere reactivar rápidamente la economía moderando el sistema de percepción impositiva a fin de mejorar los recursos del Estado, revisando el sistema monetario.

El futuro presidente pretende facilitar los créditos a las empresas decididas a invertir y a multiplicar empleos, en particular en el sector agroalimentario.

Azcona anunció finalmente una reducción del volumen de las maniobras militares, "exageradas el año pasado", pero al mismo tiempo reconoció que "el pueblo hondureño lo ve con cierta indiferencia".

Los habitantes de la zona lamentaron el cierre del Centro Regional de Entrenamiento Militar de Puerto Castilla, sobre el Océano Atlántico, agregó, aunque reconoció que "el error fue entrenar a soldados salvadoreños".

Por último, anunció que adoptará medidas para poner término a la presencia de movimientos antisandinistas armados en la frontera con Nicaragua.

"LA TRIBUNA", 26 de noviembre, 1985

CON "HOMBRES DE PRIMERA CLASE" FORMARÉ MI GOBIERNO: AZCONA H.

"Mi triunfo es un hecho", expresó el presidente electo, ingeniero José Azcona Hoyo en la conferencia de prensa que ayer presidió en Tegucigalpa, acompañado de los designados José Pineda Gómez y Alfredo Fortín. (Foto por teléfono, Toledo)

"LA PRENSA", 27 de noviembre, 1985

Azcona anuncia gobierno formado con "hombres de primera clase"
*Expresa, asimismo, que no es enemigo del doctor Suazo Córdova

TEGUCIGALPA. – El presidente electo José Azcona Hoyo declaró que no teme el resultado de los comicios sea impugnado y afirmó que está dispuesto a someterse al dictamen del Tribunal Nacional de Elecciones y la Corte Suprema de Justicia.

Intentará alcanzar su objetivo haciendo a un lado el plazo otorgado para que antes de fin de año los países centroamericanos todos acepten firmar el acta de paz.

Dice estar de acuerdo con la iniciativa de la administración Suazo Córdova en cuanto a prepararse para defender la tesis hondureña en el diferendo fronterizo con El Salvador, en la Corte Internacional de Justicia de La Haya, Holanda.

"Insisto en que no es posible solucionar un problema en pocos meses cuando nada se ha podido hacer durante cinco años", añadió.

RENEGOCIACIÓN

Enfocando problemas de carácter internacional que enfrenta el país, Azcona Hoyo, tocó lo relativo a la deuda externa considerando necesario una renegociación con organismos internacionales de financiamiento.

Dice estar de acuerdo con la iniciativa del presidente de Perú, Alan García, quien sostiene prudente una alianza latinoamericana para en nivel conjunto establecer el mecanismo para saldar la deuda pero en condiciones menos lesivas a las economías de cada país.

Sin embargo, manifestó estar en desacuerdo en que el presidente de Cuba, Fidel Castro, se erija como líder "porque los que estamos obligados a adoptar una posición de conveniencia somos aquellos países que tenemos economías comunes".

LOS HONESTOS AL PODER

Afirmó que su gobierno será de justicia, libertad y honestidad y en relación al enriquecimiento ilícito adelantó que exigirá a los organismos responsables investigar a quienes hayan delinquido en ese sentido.

"Ahora vamos a escoger a hombres de primera clase para que nos acompañen en nuestro gobierno y que sepan aplicar la ley a todos aquellos que equivoquen el camino porque tengo un compromiso con el pueblo hondureño", razonó.

"Yo no soy un inquisidor", subrayó, aclarando que será la Dirección de Probidad Administrativa y la Contraloría General, los entes encargados de investigar actos ilícitos para que los responsables sean sancionados.

Por otra parte, afirmó no ser enemigo del Dr. Roberto Suazo Córdova, indicando además que él fue uno de los defensores de la suma global de votos por partido para la elección del futuro presidente "por lo que creo estará tranquilo", manifestó.

Recalcó estar de acuerdo con las maniobras militares conjuntas con Estados Unidos "pero en forma limitada". Expresó que su gobierno será de integración con la participación de los mejores ciudadanos y que es un hecho que el 27 de enero asumirá las funciones de presidente de la República.

En su primera conferencia de prensa después de las elecciones que le ubican como el hombre que regirá los destinos de la nación a partir del 27 de enero próximo, Azcona Hoyo; sin embargo, señaló que las reglas del juego estaban dadas antes del proceso.

"Quedó claro que los votos de cada partido serían sumados y como el liberal le ganó al nacional siendo yo el que internamente obtuvo el mayor número de sufragios, he sido el ganador de las elecciones", agregó.

Pero estableció que el Movimiento Nacional Callejista tiene el derecho de impugnar "aunque no hay mayor problema porque mi triunfo es un hecho", subrayó, ante acciones que voceros del MONARCA anunciaron serían adoptadas.

DIGNIDAD ANTE TODO

Acompañado por los designados a la Presidencia, José Pineda Gómez, Alfredo Fortín y un grupo de cercanos colaboradores, Azcona Hoyo se refirió posteriormente a las relaciones bilaterales con Estados Unidos.

"Tenemos el derecho de hablar de tú a tú con cualquier país por muy poderoso que sea y aunque estamos interesados en mantener amistosas relaciones con Estados Unidos habrá que tener en cuenta la dignidad y soberanía nacional", sentenció.

Admitió que por diversos factores el actual gobierno ha tenido una débil posición ante la Unión Americana, lamentando, para el caso, que durante 1984, "se dedicó la mayor parte del tiempo a ejercicios militares combinados descuidando los problemas internos".

NO HA VISTO GUERRILLEROS

En cuanto a la presencia de grupos rebeldes que se oponen al régimen de Nicaragua, Azcona Hoyo destacó que habrá que tomar medidas "aunque a mí no me consta que existan en nuestro país campamentos de contrarrevolucionarios", afirmó.

Añadió que su gobierno no estará en posición de permitir que elementos que adversan a un régimen con el cual Honduras mantiene relaciones diplomáticas se aprovechen de convenios internacionales de asilo para desde aquí promover la lucha armada.

Azcona Hoyo se mostró prudente y así cuando se le preguntó cuáles serían las medidas que su gobierno adoptaría si "se confirma" la presencia de antisandinistas armados, se limitó a contestar que habrá que sujetarse a los dictados de la Constitución.

ESPERANZA EN CONTADORA Y EN LA SOLUCIÓN DEL PROBLEMA

El presidente electo manifestó estar de acuerdo con la posición del actual régimen en relación a la gestión de paz del Grupo de Contadora y anunció que al asumir la titularidad del ejecutivo "seguiremos apoyando esa iniciativa".

"LA PRENSA", 27 de noviembre, 1985

Comicios impresionan a Ferch

Hondamente impresionado por la limpidez y fervor cívico de las elecciones, el embajador John Ferch, representante de Estados Unidos en Honduras, dijo a los reporteros que su país apoyará efectivamente al nuevo presidente de la nación. El diplomático visitó numerosos municipios del país el día de los comicios, actuando como observador ante el proceso electoral que ha fortalecido las instituciones democráticas en nuestro medio.

"LA PRENSA", 27 de noviembre, 1985

DIRIGENTES OBREROS:
HEMOS SUPERADO EL CANIBALISMO POLÍTICO

TEGUCIGALPA. – Los secretarios generales de la CGT, Felícito Ávila y Andrés Víctor Artiles, sostienen que las Fuerzas Armadas jugaron un papel preponderante durante el proceso electoral que concluyó en un ambiente de suma tranquilidad, tras señalar que las elecciones fueron extraordinarias.

Los hondureños han superado el canibalismo político del pasado, pues este año, el hondureño gozó de entera libertad para ejercer el sufragio.

Ambos dirigentes aseguran que el jefe de las Fuerzas Armadas, Walter López Reyes, siempre les expresó el deseo de concurrir a elecciones libres y honestas.

Los hombres de uniforme están convencidos de que son los civiles los llamados a regir los destinos, con las autoridades electas mediante el voto depositado en las urnas, lo cual pone al país en el contexto de las naciones civilizadas.

Según Ávila y Artiles, los exponentes de los partidos tradicionales deben respetar el civismo demostrado por el pueblo durante los comicios, para evitar cualquier enfrentamiento que nada más traería un estado de frustración.

Por ahora resta apoyar al nuevo presidente en todas las acciones encaminadas a resolver la problemática del país.

"LA PRENSA", 27 de noviembre, 1985

Azcona gana en su ciudad natal y OMA es derrotado por Callejas

TEGUCIGALPA. – José Azcona Hoyo recibió un masivo respaldo en su ciudad natal La Ceiba, mientras Oscar Mejía Arellano su correligionario opositor a nivel de partido, fue derrotado en La Esperanza por Rafael Leonardo Callejas del Partido Nacional.

El próximo presidente de los hondureños recibió el setenta y ocho por ciento de los votos, lo que asciende a 13,667 votos, los treinta mil que se computaron en el municipio de La Ceiba.

"LA PRENSA", 27 de noviembre, 1985

Recordando a Villeda Morales, Azcona celebra su triunfo

TEGUCIGALPA. – El presidente electo José Azcona hizo un homenaje ayer en las últimas horas de la tarde a la memoria del doctor Ramón Villeda Morales, en un acto desarrollado en Jardines de Paz Suyapa.

Azcona y su comitiva depositaron una ofrenda floral en la tumba de aquel hondureño que gobernó hasta 1963.

"Pajarito", como se le denominaba a aquel gran constitucionalista habría cumplido años este 26 de noviembre de 1985 cuando Azcona celebraba su triunfo en las elecciones generales.

Un alto dirigente del grupo central de apoyo, dijo a LA PRENSA que el ingeniero José Azcona continuará con el gobierno de la Segunda República iniciado por Ramón Villeda Morales.

El hijo menor de "Pajarito", Leo Villeda Bermúdez, se constituyó en uno de los acompañantes del presidente, mostrando su enorme satisfacción por el desarrollo de ese acto, proveniente de un hombre con el cual se solidarizó a lo largo de esta campaña en su condición de amigo.

"LA PRENSA", 27 de noviembre, 1985

"Pepe" Figueres:
Azcona, un hombre extraordinario

TEGUCIGALPA (Por Marco Tulio Romero). –El expresidente costarricense José Figueres aseveró ayer aquí que el resultado de las elecciones ha sido perfecto y que el presidente electo, José Azcona, es un hombre extraordinario.

Figueres, principal observador por Costa Rica en la recién finalizada jornada cívica, culminó su visita a Tegucigalpa tras entrevistarse con el ministro de Relaciones Exteriores, Edgardo Paz Barnica, y el nuevo gobernante de los hondureños.

Este ha sido un gran paso hacia adelante y ahora habrá que consolidar estas elecciones, dijo el político "tico" con una amplia experiencia proselitista a nivel internacional.

En un minucioso detalle sobre la personalidad del ingeniero Azcona, repitió que "este hombre es muy ejecutivo, un ciudadano de estudio que dice lo que piensa y por eso cuenta con una de las mejores virtudes que debe tener un político".

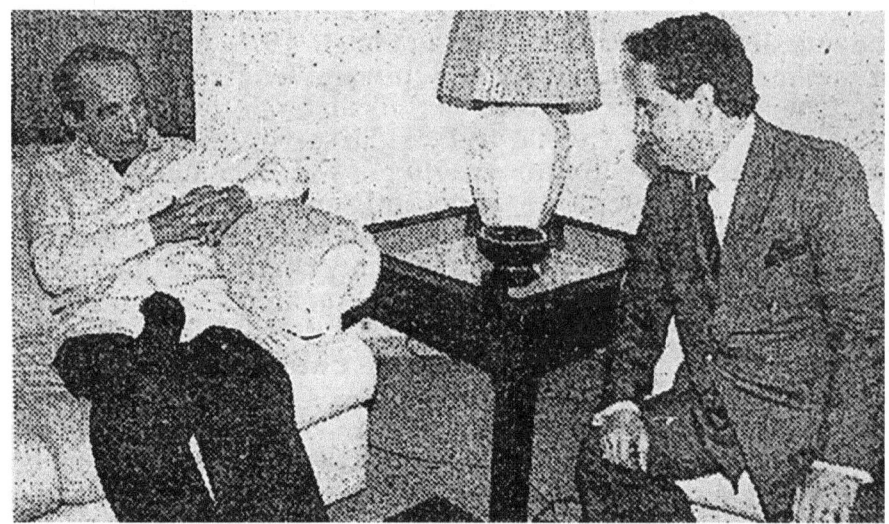

El expresidente de Costa Rica, José (Pepe) Figueres dijo ayer que el presidente electo de Honduras, ingeniero José Azcona, es un hombre extraordinario que dice lo que piensa, cosa que es una de las mejores virtudes para un político. Figueres se entrevistó con el canciller Edgardo Paz Barnica. (Foto Alejandro Serrano)

"LA PRENSA", 27 de noviembre, 1985

Recurso ante Corte no prosperaría

TEGUCIGALPA. – El Recurso de Inconstitucionalidad que pretende presentar el Movimiento Nacional Rafael Callejas (MONARCA) no podrá fructificar ante la Corte Suprema de Justicia, ya que existe un precedente, dijo aquí el doctor José Antonio Gutiérrez Navas.

Gutiérrez Navas, doctor en Derecho, sostuvo que la Corte Suprema de Justicia no puede fallar a favor del Recurso de Inconstitucionalidad en vista de que existe un precedente negativo sobre ese caso.

Recordó que el ciudadano Jorge Daniel Carías Andino presentó recurso de inconstitucionalidad, el cual fue declarado sin lugar por la Corte Suprema, lo que imposibilita que ahora diga lo contrario.

Lo más conveniente en este sonado caso es que los callejistas acepten la derrota como Partido Nacional (PN), y se haga como se pretende un gobierno de integración que beneficie a todo el pueblo hondureño, dijo el profesional del Derecho.

A criterio de Gutiérrez Navas, el Tribunal Nacional de Elecciones (TNE) dictó las reglas del juego antes de iniciarse las elecciones presidenciales en el país, y no se puede estar jugando con el pueblo.

A juicio del profesional del Derecho, no puede prosperar jurídica ni políticamente el recurso de inconstitucionalidad, pues ya las reglas están definidas antes de entrar a la contienda electoral.

Declaró el entendido en leyes que no se puede estar actuando en estos momentos en esa forma, ya que se puede confundir al pueblo que anhela a vivir en democracia y los entendidos en estos asuntos jurídicos, tenemos que orientar a la ciudadanía, concluyó.

"LA PRENSA", 27 de noviembre, 1985

Una nueva etapa

Las informaciones del Tribunal Nacional de Elecciones, comunicadas al pueblo a través de los medios de información pública, ya no dejan lugar a dudas acerca de que el ciudadano José Azcona se ha convertido, por decisión mayoritaria de los hondureños, en el nuevo presidente de la República.

En LA PRENSA vemos con satisfacción esta escogencia, no solo porque es el fruto legítimo de la soberanía popular libremente expresada (lo cual de por sí ya es muy importante) sino también porque el presidente electo llega al poder precedido de una sólida reputación moral y una imagen nítidamente definida en cuanto a su vehemente rechazo a todas las formas de corrupción y abuso de poder.

Nuestro diario ha sostenido, desde siempre, que el principal cáncer que debemos combatir es el de la deshonestidad, ya que este corroe todo cuanto toca y, a la larga, despoja a las instituciones de su legitimidad propiciando el desorden, la violencia, la insurrección y todos los excesos que caracterizan al totalitarismo moderno.

Dos países muy publicitados en nuestra era se encuentran en el trágico sino en que se hallan debido, en gran medida, a los efectos de la corrupción: Irán y Nicaragua.

Bajo el extinto Sha Reza Pahlevi y el desaparecido miembro de la dinastía Anastasio Somoza, ambas naciones vivieron un proceso agobiante de corrupción, enriquecimiento ilícito, abuso del poder, violación sistemática de los derechos humanos y depravación moral tan atroz, que cuando un puñado de hombres violentos tomaron las armas (en nombre de Mahoma y Marx, respectivamente) nadie alzó una mano para defender a los citados hombres fuertes y, por el contrario, muchas personas de buena voluntad se sumaron a aquella guerra que se anunciaba como santa y liberadora.

En nuestro país hubo mucha esperanza cuando se anunció la "revolución del trabajo y la honestidad". Sin embargo, en la práctica los resultados fueron magros y muchos de aquellos hombres que formaban filas en el cambio anunciado, resultaron envueltos en censurables actos de corrupción y tráfico de influencias.

El presidente electo tiene su punto más fuerte en esta fundamental dimensión de la personalidad: todos quienes le conocen admiten que es una persona de gran honradez pública y privada.

Eso ya es, de por sí, heraldo de una nueva etapa para nuestro pueblo, convencido de que la honestidad real y concreta, practicada cotidianamente, es en sí misma una forma tangible de revolución.

Pero no cabe duda que el ciudadano ungido por el pueblo para conducirnos a nuevas etapas de rehabilitación económica y progreso social, tiene que vigilar de cerca a sus colaboradores, pues de nada valdría que él fuera honesto si quienes dicen ser sus amigos resultan prevaliéndose de los cargos públicos para beneficio propio.

En este punto no es sabio llamarse a engaño con apreciaciones estrechas: una administración honesta implica mucho más que el mero no robar. Supone también que si un diputado, ministro o alto dignatario tiene negocios privados eminentes, no deben usar el influjo oficial para proveer a la prosperidad de tales negocios.

A eso, que se le conoce popularmente como venta de influencias se han dedicado muchos hombres públicos en América Latina, y luego, con increíble audacia, afirman que no han robado por le simple hecho de no haber sustraído abiertamente dineros del pueblo de las arcas nacionales.

El presidente Azcona tendrá que lidiar con ese y otros severos problemas, y para ello tendrá que armarse de toda su firmeza ya que, como bien apunta la Biblia, "el hombre tiene mala levadura", y si bien es cierto que hay hombres que ingresan a la política para servir, nunca faltan quienes lo hacen para servirse de ella.

No dudamos que el mandatario electo está consciente que su único compromiso es con el pueblo, no con grupos de este o aquel matiz.

LA PRENSA, que siempre ha respaldado la democratización y apoyado a los ciudadanos que luchan seriamente por la decencia y la honestidad, apoyará con firmeza cualquier acción del gobernante que se oriente a defender los intereses globales de la Patria, y especialmente, su patrimonio ético y moral.

Reciba el presidente Azcona nuestro saludo cívico, desde una trinchera independiente y ajena a los sectarismos, partidarismos o mezquindades. Y tenga la certeza de que, con la limpidez de siempre, criticaremos los yerros pero respaldaremos firmemente todas las acciones que fortalezcan la justicia, el desarrollo, el bien común, la democracia y la libertad.

"EDITORIAL DE LA PRENSA", 27 de noviembre, 1985

Bueso Arias satisfecho del triunfo de Azcona del Hoyo

Centenares de personas se congregaron en el Parque Central de Santa Rosa de Copán, para escuchar el grito de victoria de sus dirigentes liberales azconistas. (Foto de Willman Torres)

Jorge Bueso Arias

SANTA ROSA DE COPÁN. – El licenciado Jorge Bueso Arias, presidente del Directorio Nacional de la Alianza Liberal del Pueblo (ALIPO), declaró a LA PRENSA su alegría la saber que el Partido Liberal ha logrado una mayoría de votos en este evento eleccionario.

Bueso Arias manifestó que Santa Rosa de Copán tendrá la esperanza positiva de resolver sus problemas, pues el Ing. Azcona de Hoyo como presidente de la República se interesará por el mejoramiento de esta tierra occidental, tal el ofrecimiento personal que Azcona hiciera a Bueso Arias.

Agregó que no permitirán que Callejas y las turbas ensucien el triunfo nuestro, y ojalá la Corte Suprema de Justicia sepa dar el dictamen correspondiente, pues el pueblo no se engaña y sabe que el huevo gobernante es ahora el Ing. Azcona del Hoyo; Bueso Arias no quiso verter más criterios y prometió dar declaraciones pero más detalles, dependiendo de una llamada telefónica que haga a Tegucigalpa. (W.T.)

"LA PRENSA", 27 de noviembre, 1985

El presidente electo en su hogar: Un padre y esposo ejemplar

TEGUCIGALPA (Por Marco Tulio Romero). – El aspecto moral reflejado en el sistema y ordenamiento de vida de una persona son cualidades incidentes en lo que pueda ser la gestión administrativa del presidente de Honduras.

El ingeniero José Azcona con todo el don de padre nos dice que primero sus hijos y después la política, en una reacción que se da en presencia de algunos elementos de la prensa internacional que le han estado visitando continuamente para conocer de sus programas de gobierno.

Asimismo, informa que le gusta la lectura, sobre todo los escritores clásicos y que ha leído trece veces "El Quijote", la obra cumbre de Miguel de Cervantes y Saavedra.

Entre los escritores modernos ha leído a Mario Vargas Llosa, Gabriel García Márquez, Juan Rulfo, aunque estos en algunos momentos de sus obras le parecen muy aburridos, por eso insiste en que prefiere los clásicos.

José Azcona al momento de contraer nupcias con doña
Miriam Bocock Selva en la iglesia San Vicente de Paúl de la

Azcona Hoyo contrajo matrimonio con doña Miriam Bocock Selva el 17 de febrero de 1968 en una ceremonia desarrollada en la iglesia San Vicente de Paúl de la ciudad de San Pedro Sula.

A los 17 años de casados, los esposos Azcona-Bocock han conformado un hogar integrado con sus tres hijos: Miriam Elizabeth, de 16 años; José Simón de13 y Javier Enrique de 9.

Miriam Elizabeth cursa el último año de bachillerato en la Escuela Elvel, José Simón el décimo grado y Javier Enrique el cuarto grado en el mismo centro educativo de la metrópoli.

El candidato presidencial que dijo creer en Dios y ser cristiano, en el momento que procede al bautizo de su hijo menor el tierno de la familia, Javier Enrique Azcona.

Como todo costeño, el presidenciable liberal es captado cuando disfrutaba al son de la música salsa con su esposa en una recepción ofrecida aquí.

La mujer que desde finales de enero será la primera dama de la nación, relata que ellos no tuvieron un noviazgo largo. "Conocí a Pepín en el año de 1964 con la salvedad de que él vivía en La Ceiba y yo en San Pedro Sula".

De momentos dichosos en su vida conyugal recuerda el nacimiento de sus hijos y el haber leído su tesis para optar al título de ingeniero civil en la Universidad Nacional.

Expresa que ella no sabía de las inclinaciones políticas del que luego sería su marido, aunque desde entonces participaba de esas actividades en su ciudad natal, La Ceiba.

CAMINO AL TRIUNFO

En 1972, Azcona Hoyo entra de lleno al controversial mundo de la política y desde luego hace combinaciones con su formación profesional que lo llevaron a una serie de seminarios desarrollados en el país y en el campo internacional.

A partir de ese entonces comienza a aparecer en presentaciones junto al León del Liberalismo, doctor Modesto Rodas Alvarado y otras sobresalientes figuras como José Pineda Gómez, Orlando Gómez Cisneros, Celio Arias y el mismo Roberto Suazo Córdova.

Ese infatigable espíritu combativo lo lleva a ocupar la presidencia del Consejo Central Ejecutivo del Partido Liberal y otros cargos de singular importancia en la vida de esa institución.

El fue quien coordinó la campaña política que llevó a la asunción presidencial del gobernante paceño, Roberto Suazo Córdova, en cuya fase inicial de su Gobierno ocupó la titularidad en la Secretaría de Comunicaciones, Obras Públicas y Transporte.

Es en ese momento cuando crece la figura del que ahora se proyecta como el nuevo León del Liberalismo. Sus más relevantes presentaciones se hicieron en grandes concentraciones realizadas en la población de Choloma, Cortés y Siguatepeque, en Comayagua, en donde tuvo intervención del doctor Suazo Córdova.

A partir de ese entonces comienzan a meterse en el pueblo "slogans" como los siguientes: "Azcona es la persona; un nuevo amanecer con Azcona en el poder; Azcona, candidato del pueblo", y otros más.

Su compañera de hogar que es la persona que más conoce de sus actuaciones, nos señala que hay gente que crítica al ingeniero por su carácter, pero en ese mismo momento aclara que es un hombre tranquilo que incluso no le gustan las discusiones.

Sin embargo, hace énfasis en que él no se puede quedar pasivo cuando lo insultan, sobre todo refiriéndose a los ataques que le ha infringido el sector gobiernista en donde incluso se llegó a poner en duda su nacionalidad hondureña.

En ese orden de ideas, doña Miriam nos indica que en estos últimos años de la política su esposo ha madurado mucho, y contrario a lo que se ha dicho, es un hombre humilde y caritativo. Si viene alguien a pedirle y si él puede ayudarlo lo hace, esa es su línea de conducta.

Es de destacar que el exponente liberal vive en una residencia de clase media en la colonia La Argentina de Tegucigalpa, sin ninguna ostentosidad, sin cuadros de lujo y sin las restringidas medidas de seguridad como suele ser la costumbre entre la gente "importante" de Honduras.

SUS ENTRETENIMIENTOS

El presidente electo es una personalidad con mucha afición al cine, le encanta el fútbol (es su deporte favorito), disfruta jugando ajedrez con sus hijos, domino y ping-pong en sus ratos libres.

En una temporada en sus tiempos de juventud jugó fútbol en el equipo de Cartografía que se había formado en esa dependencia estatal y además practica la natación.

Sin embargo, hace varios meses que ha dejado de practicar sus deportes favoritos, porque le continuo ajetreo propagandístico lo ha llevado a mantenerse en movimiento por todos los rincones de Honduras y sus pocas horas de descanso las ha dedicado a dormir.

Doña Miriam expresa que al principio hubo algunas alteraciones propias de lo que representa un cambio en la vida de un hogar bien constituido, pero que gracias a Dios esa situación se ha podido manejar bien.

"Somos una familia bien unida y cuando un hombre es público se trastorna el ritmo de vida, pero he sabido manejar la situación, sobre todo con los hijos". **"LA PRENSA", 27 de noviembre, 1985**

Presentan a diputados electos por Cortés

SAN PEDRO SULA (Tulio Renán Martínez). – Los diputados azconistas electos por Cortés y el próximo alcalde de San Pedro Sula, Jerónimo Sandoval, fueron presentados ayer aquí durante un desayuno.

En la reunión estuvieron presentes también el designado presidencial electo, Jaime Rosenthal, el diputado por Yoro, William Hall Rivera y ediles electos.

De izquierda a derecha, Juan Antonio Martínez, Reginaldo Panting, Jerónimo Sandoval, Jaime Rosenthal Oliva, William Hall Rivera, Edmond L. Bográn, Danilo Cartagena, Efraín Domínguez y Evenor Bonilla. (Foto Raúl Morales)

Al hacer la presentación, Rosenthal manifestó que entre los nuevos diputados no hay ninguno que vaya por la reelección y que este hecho representa ya una ventaja, pues la legislación anterior fue deficiente. El grupo de diputados estaba compuesto por Edmond L. Bográn, Reginaldo Panting, Juan Antonio Martínez, Efraín Domínguez, Evenor Bonilla, Danilo Cartagena, Mario Ramón López y José Fernández Guzmán.

Rosenthal manifestó que el gobierno de Azcona será de bonanza económica, porque además de las medidas acertadas que se tomarán, el precio del café tiene a subir,

Enfatizó en que el nuevo gobierno liberal no se dejará presionar por el Fondo Monetario internacional para devaluar la moneda, "porque sabemos qué es lo que el fondo quiere y los mecanismos que debemos mover sin llegar a la devaluación".

Se le preguntó si el nuevo gobierno tomará en consideración las recomendaciones del Memorando Rosenthal que él elaboró y contestó que Azcona no está obligado a tomarlo en cuenta, aunque contiene muchas consideraciones que serían de mucho beneficio para el país.

Al entrar en el campo político expresó que la impugnación de las elecciones que pretenden hacer las autoridades del Partido Nacional no tiene ninguna razón de ser, porque ya la Corte Suprema de Justicia emitió un fallo rechazando el recurso inconstitucionalidad.

Mientras que Mario López manifestó que los nuevos diputados no desempeñarán el papel de conserjes o mandaderos, para entregar subsidios como sus predecesores, pues tendrán una misión más alta como es la de velar por los intereses del pueblo.

Los participantes coincidieron en que el nuevo gobierno será de conciliación y de participación de todos los sectores.

"LA PRENSA", 27 de noviembre, 1985

FE DE ERRATA

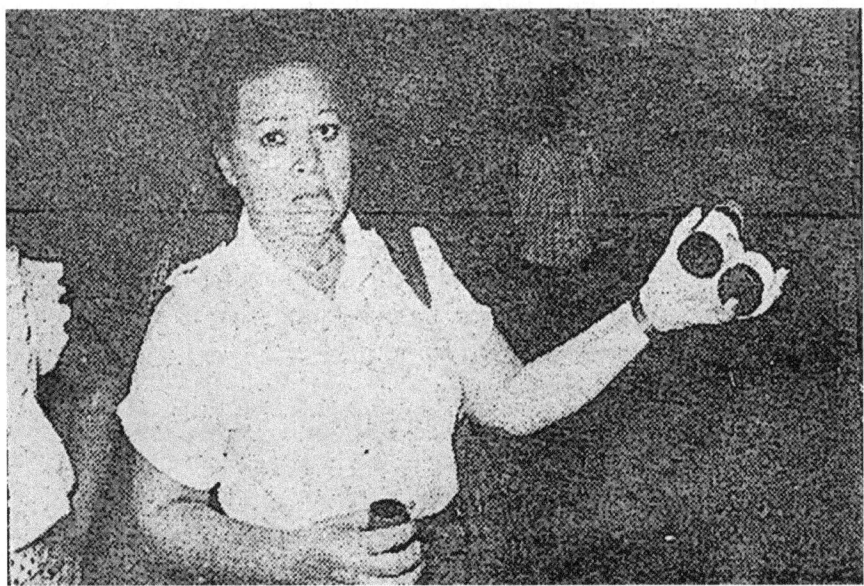

Irma de Aquino, representante del Partido Liberal, en una urna eleccionaria ubicada en una escuela de San Pedro Sula, muestra a LA PRENSA, los botes de "tinta" que terminaron antes de finalizar el proceso de elección, anteayer, equivocadamente se dijo que era representante del Partido Nacional, por lo cual, hacemos la aclaración.

"LA PRENSA", 27 de noviembre, 1985

Impresionado embajador Ferch por desarrollo de elecciones

El embajador John Ferch y el representante de la AID en Honduras tras entrevistarse ayer con el ministro de Economía, Miguel Orellana para tratar asuntos inherentes al desarrollo de programas económicos en el país. (Alejandro Serrano)

49

TEGUCIGALPA. – El embajador norteamericano John Ferch, reiteró ayer que le próximo gobierno contará con el respaldo estadounidense para la ejecución de los programas de desarrollo.

John Ferch fue entrevistado tras concluir una reunión con el titular de Economía, Juan Miguel Orellana, para conocer el programa en el cual los extranjeros e industriales pueden ubicarse para trabajar y exportar, dado que la AID también promueve programas de ese tipo.

El diplomático al referirse al tema político del país, dice que se encuentra impresionado por el desarrollo de los comicios el pasado domingo, en el cual participó como uno de los observadores oficiales.

John Ferch ejerció a su papel de observador, visitó alrededor de cuatro municipios y se apersonó ante unas 25 urnas electorales para constatar la pureza de las elecciones, y quedó admirado por la movilización cívica de los partidos políticos en su afán de concluir el proceso con una fiesta cívica.

Finalmente reiteró que el pueblo hondureño no debe dudar del apoyo que prestará Estados Unidos al futuro gobernante.

"LA PRENSA", 27 de noviembre, 1985

Efraín Bú Girón:
No prosperarán recursos ante la CSJ

TEGUCIGALPA. – **El presidente del Congreso Nacional, abogado Efraín Bú Girón, sostuvo aquí que nada puede interrumpir el proceso democrático después de las elecciones que se practicaron el 24 de noviembre pasado.**

Manifestó que tenemos que ser respetuosos de los principios legales y acuerdos políticos que lograron superar la crisis institucional.

"Somos todos los hondureños los responsables del destino histórico de nuestra patria, y por ende estamos obligados a evitar que se sigan presentando obstáculos a la democracia", agregó.

A juicio de Bú Girón, quien fue uno de los aspirantes a la primera magistratura de la Nación, no pueden tener resultados legales las impugnaciones que se puedan presentar ante la Corte Suprema de Justicia, pues fuimos a un proceso electoral en condiciones ya determinadas.

"Cualquier hondureño puede presentar su recurso de amparo ante la corte, pues se lo concede la Constitución y las leyes, pero de eso a que tenga resultados positivos existe mucha distancia", subrayó.

Recomendó que todos los hondureños nos dediquemos a trabajar para superar la crisis económica, social y política, para tranquilidad de todos, ya que es la única forma de superarse cualquier conflicto.

"Tanto los liberales como los nacionalistas y todos los sectores involucrados –agregó– tenemos que pensar en lo mejor de este país. Luchemos unidos, ya que después de las elecciones, demostremos que nos gusta la democracia y por ello estamos luchando permanentemente".

A criterio del presidente del Congreso Nacional, tenemos que olvidar los odios y rencores y luchar por un solo objeto: la patria, escogiendo a los hombres más capacitados y dignos.

Abogado Efraín Bú Girón

SORPRENDIDO POR LOS VOTOS DEL OFICIALISMO

Dijo Bú Girón que es el primer sorprendido por los votos que sacó el oficialismo del Partido Liberal, ya que es increíble que líderes de la altura de Romualdo Bueso Peñalba, Marcelino Ponce Martínez y otros, no hayan sacado los votos necesarios para continuar colaborando con su pueblo.

"Tengo mis dudas –dijo Bú Girón– con la cantidad del partido en el poder, pero me siento satisfecho por la forma en que respondió mi pueblo en mi departamento natal".

"Esa acción de mis paisanos –añadió– me da la fuerza para seguir luchando por el bien de mi partido, y espero que en el futuro no llegaremos desunidos, pues es el momento de meditar e iniciar ya un gobierno de integración, que sea para todos y no para una élite en el país", concluyó.

"LA PRENSA", 27 de noviembre, 1985

Debemos respetar los resultados de elecciones del domingo

TEGUCIGALPA. – Los sectores políticos que se sientan afectados por la forma de elección presidencial, deben olvidar sus intereses "porque lo que nos conviene es la estabilidad política y social de Honduras", según el candidato a designado a la presidencia por la Democracia Cristiana, Marco Orlando Iriarte.

Entrevistado por LA PRENSA durante un evento del movimiento corporativo, el dirigente dijo ayer que "debemos respetar" los resultados de los comicios del domingo, pues "es la manifestación del pueblo, independientemente de los intereses personales de unos y otros".

Tal expresión popular "es producto de un proceso que aunque haya tenido irregularidades, ha sido libre, pero también habrá que perfeccionarlo en el futuro", añadió recordando que el criterio para hacer la declaratoria del nuevo gobernante "está suficientemente claro, y además hay un compromiso de los partidos políticos y los grupos sociales que en consecuencia debe ser respetado".

Iriarte consideró, por otro lugar, que los resultados para su partido son "positivos", ya que ello "es lo que el pueblo ha considerado darle de cuota de apoyo de poder a la Democracia Cristiana. No hay que olvidar que hemos luchado en una situación sumamente precaria y difícil", desde el punto de vista económico.

El número de votos obtenido por la DC "nos ha permitido tener el dato exacto de los que están militando", dijo el excandidato, quien consideró que el nuevo Congreso Nacional será "muy especial, importante y beneficioso" por la diversidad de representaciones que tendrá.

Orlando Iriarte

"Desgraciadamente –prosiguió–, hay una tradición política muy fuerte todavía en el país, y una situación de ignorancia rodeada por el analfabetismo", y por ello "la población no ha comprendido que entre más representatividad exista la situación sería mejor".

Tras admitir que la participación de varios grupos políticos en las elecciones contribuyó a que la DC no lograra más votos, Iriarte aseguró que los diputados que obtengan "continuarán con su actitud positiva". Afirmó que el nuevo gobierno deberá propugnar por los cambios sociales "que nos garanticen la paz", así como por la aplicación de las leyes y una administración honesta.

"Si estas condiciones no se producirán, la Democracia Cristiana estará en permanente crítica y de esa actitud", dijo.

"LA PRENSA", 27 de noviembre, 1985

Padre Alonso Tejeda
Impugnar comicios desembocará en crisis de fatales consecuencias

TEGUCIGALPA. – "Que dejen las cosas como están para la tranquilidad del noble pueblo hondureño que dio verdaderas muestras de civismo el día de las elecciones en aras de preservar la paz que vive el país", es el llamado del secretario de la arquidiócesis, padre Luis Alonso Tejeda.

El religioso se refirió en esos términos, tras conocer casi la totalidad de los resultados de las votaciones celebradas este domingo, en que resultó ganador el Partido Liberal con el ingeniero José Azcona Hoyo a la cabeza.

El Rev. Tejeda advierte que impugnar las elecciones a estas alturas provocará otra crisis de fatales consecuencias, en vista de que fue un proceso limpio, honesto y pacífico, que logró la admiración de los observadores y corresponsales extranjeros.

Bajo ninguna circunstancia comparte la idea de que se celebre un segundo torneo electoral, porque él mismo estaría plagado de odios y rencores. "Además la voluntad del pueblo se volcó hacia el partido rojo, blanco, rojo", añadió.

Por otra parte, manifiesta que el Partido Nacional no debe fallar a los acuerdos firmados, siendo el último la solicitud presentada la noche del viernes de la semana anterior ante el Tribunal Nacional de Elecciones, para conocer el criterio en que se basaría la elección del presidente de los hondureños.

Finalmente dijo que Rafael Leonardo Callejas es un hombre joven que puede aspirar a la Presidencia en el próximo periodo de 1990.

Padre Alonso Tejeda

"LA PRENSA", 27 de noviembre, 1985

UNC respalda gobierno electo

TEGUCIGALPA. – La dirigencia del sector campesino del país alaba la fiesta electoral, al tiempo que respeta el criterio del Tribunal Nacional de Elecciones y el veredicto del pueblo hondureño.

Indicó que están dispuestos a trabajar hombro a hombro con el próximo presidente de los hondureños, sin distingo de color político, ya que lo que más urgen en el país es centrar la atención sobre los problemas que aquejan a la ciudadanía.

Hace un llamado a los dirigentes políticos a que depongan la actitud mezquina y egoísta, pues en esta contienda el único ganador es el noble pueblo, quien con un extraordinario civismo se dio cita en las mesas electorales para ejercer el sufragio.

Al referirse sobre una posible impugnación a las elecciones por parte del movimiento callejista, sostiene que como caballeros y responsables firmantes de los acuerdos deben acatar la decisión del Tribunal Nacional de Elecciones sobre la forma de declarar el presidente para el periodo de 1986 a 1990.

"Dejaría mucho que desear que después de celebrar elecciones limpias y honestas se pretenda retornar a una crisis que traería nefastas consecuencias".

En ese sentido, aclaró, los obreros y campesinos no están en condiciones de prestarse al juego político ni servir de bomberos, pues lo único que les interesa es respaldar al nuevo gobernante en las acciones encaminadas a favorecer a las mayorías.

"LA PRENSA", 27 de noviembre, 1985

No seré dormilón, dice diputado liberal electo

SAN PEDRO SULA. – A trabajar duro y no a dormir irá al Congreso el diputado electo por Cortés, Juan Antonio Martínez, pues es necesario recuperar el tiempo que se perdió durante la legislación anterior, según dijo durante un desayuno ofrecido en un hotel local para presentar a los nuevos padres de la patria.

Considera que los diputados deben ir con una mentalidad distinta al Congreso Nacional y esta debe ser la de tener una participación activa no para "aplanar" al adversario político, sino para legislar en beneficio del pueblo que los eligió.

El virtual diputado azconista originario de Villanueva, dice que no descuidará al pueblo al cual representa, pero no beneficiándolo con pequeñas ayudas gubernamentales, sino apoyando aquellos proyectos de ley que sean de mucho más beneficio para su desarrollo.

Opina que con el gobierno del ingeniero José Azcona Hoyo, el pueblo hondureño recuperará la confianza en los presidentes liberales que ya se estaba perdiendo por la mala actuación de algunos funcionarios de la administración que finaliza el 27 de enero entrante.

"LA PRENSA", 27 de noviembre, 1985

Azcona y Callejas se repartieron la mayoría de municipalidades

TEGUCIGALPA. – De las doscientas ochenta y tres municipalidades escogidas por los hondureños en forma simultánea con los diputados, el presidente y los designados, la mayoría se repartirán entre José Azcona Hoyo y Rafael Leonard Callejas.

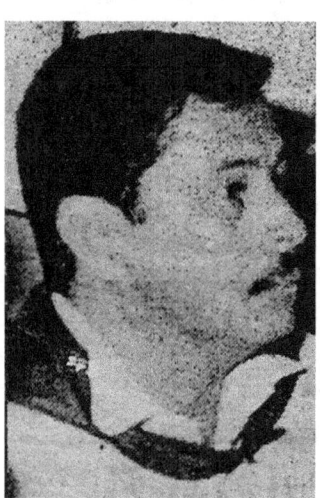

Leonel Flores Vélez será nuevo alcalde de Choluteca.

En el departamento de Francisco Morazán, la alcaldía de Tegucigalpa corresponderá al doctor Rodimiro Zelaya, médico odontólogo.

Ha sido dirigente universitario y ha representado en el exterior al país en importantes seminarios. Ha prometido un manejo independiente de la comuna y que no se dejará presionar por Rafael Leonardo Callejas.

En San Pedro Sula con el triunfo de José Azcona Hoyo, el candidato Jerónimo Sandoval se convierte en el sucesor de Adalberto Castillo Reyes.

Aunque los resultados obtenidos hasta el momento no se han oficializado en su totalidad por la carencia de las actas de votación daremos a conocer los alcaldes electos.

La Ceiba, Rolando Enrique Martínez Movimiento José Azcona; El Porvenir, José Luis Zaldívar, candidato del callejismo; Esparta, Leónidas Rodríguez Moreno, movimiento azconista; La Masica, alcalde Francisco García Hernández, Azcona; Tela, Inés Tinoco Pineda, Azcona.

Trujillo, Apolonio Hernández Argueta del movimiento de Oscar Mejía Arellano; Comayagua, Rolando Enrique Caste, del movimiento a azconista; Siguatepeque, Juan José Cerna Carranza, del movimiento Mejía A.

Santa Rosa de Copán, Octavio Bueso Pineda, movimiento azconista; Puerto Cortés, Rómulo Montoya Amaya, Azcona; Choluteca, Leonel Flores Vélez por Callejas.

Yuscarán, José Manuel Banegas Blandón Mejía A.; El Paraíso, José Alduvín Mendoza Mondragón, de Azcona; Danlí, Jorge Augusto Medina Castillo, del Azconismo; Sabanagrande, Roberto Antonio Jeff Benavidez, del movimiento azconista.

Santa Lucía, César Arnulfo López Brooks, del movimiento de Mejía; La Esperanza en Intibucá, Cristóbal Rigoberto Aguilar, callejista.

Inés Tinoco, nuevo alcalde
de Tela.

Islas de la Bahía, Gregg Marlon Bodden Casper, del callejismo; La Paz, Carlos Alfonso Manueles Padilla, Mejía A.

Lempira, Jorge Omar Batres, callejista; Ocotepeque, Rosa Hilda Valle Deras, del movimiento de Azcona.

Juticalpa, Miguel Barahona Martínez, de Azcona; Catacamas, Luis Alberto Cruz, callejista.

Santa Bárbara, Oscar Alfredo Orellano, Bú Girón; Yoro, María de los Ángeles Gómez, de Azcona; El Progreso, Adalberto Aguilar Panchamé, de Azcona y en Olanchito, Benito Alfredo Rivera Castro, de Azcona.

"LA PRENSA", 27 de noviembre, 1985

Presidente electo:

GOBERNARÉ CON LOS MEJORES HONDUREÑOS

El presidente electo José Azcona Hoyo visitó la tumba del extinto líder del Partido Liberal, doctor Ramón Villeda Morales, al conmemorarse ayer la fecha de nacimiento del recordado expresidente de la República. Azcona dijo que el triunfo obtenido el domingo se lo dedicaba a él.

"TIEMPO", 27 de noviembre, 1985

BARRIERON AL OFICIALISMO

Los electos candidatos a diputados por los departamentos de Cortés y Yoro y a la alcaldía municipal de San Pedro Sula por la Alianza ALIPO-Azcona anunciaron ayer en conferencia de prensa que el nuevo gobierno del ingeniero José Azcona Hoyo tendrá como meta "buscar la unidad del Partido Liberal sin rencores y revanchismo". En la conferencia estuvieron presentes: José Fernández Guzmán, Mario López, Juan Antonio Martínez, Reginaldo Panting, Jerónimo Sandoval, Jaime Rosenthal, William Hall, Edmond L. Bográn, Danilo Cartagena y Efraín Domínguez. (Foto de Juan de Dios Fajardo).

"TIEMPO", 27 de noviembre, 1985

DE UN HOMBRE EXTRAORDINARIO CALIFÍCA FIGUERES A AZCONA

TEGUCIGALPA

El expresidente de Costa Rica, José "Pepe" Figueres expresó ayer que "la impresión de todo Latinoamérica de que Honduras es una gran base norteamericana, me parece exagerada, porque aquí hay mucho hondureño digno que está protestando porque lo pongan como instrumento para atacar a Nicaragua.

"Pepe", Figueres, de 79 años de edad, ofreció las declaraciones a la prensa después de una entrevista con el canciller Edgardo Paz Barnica.

Después de elogiar el desarrollo de las elecciones y el presidente electo, José Azcona Hoyo, dijo que había estado ayer mismo con el presidente electo, a quien calificó como "un hombre extraordinario".

Después se definió como "un amigo de Estados Unidos, y como tal desearía que deje de meterse en Centroamérica", y añadió que "Rusia no está tan metida aquí como ellos (Estados Unidos)".

Señaló que los sandinistas "tienen razón" en no firmar el Acta de Contadora porque "ellos son un país invadido, atacado por Estados Unidos.

FIGUERES

Asimismo, advirtió que si Estados Unidos decidiera un intento por derrocar al gobierno sandinista con una invasión directa como en Granada, "tendríamos guerrilla en Nicaragua por 50 años".

Alrededor de una solución al conflicto regional, estimó que "cualquier solución no llegará rápidamente, porque no se pueden resolver los problemas de un siglo en un día". Antes habría que comenzar a resolver los problemas económicos de los países de la zona, dijo.

Pepe Figueres comentó también que "los Estados Unidos con dar dinero a los rebeldes están aumentando la corrupción, porque están sobornando gente honrada en mercenarios".

"Honduras está haciendo mucho esfuerzo por ser un país neutral. Esa es la impresión que tengo".

A manera de ejemplo, mencionó al canciller Edgardo Paz Barnica, y enseguida aclaró: "No es que yo esté con Nicaragua, yo estoy con que dejen a ese país en paz".

Se molestó con periodista porque este le dijo que si se dejaba en paz a Nicaragua, esta habrá de exportar su revolución.

"Qué carajo, hombre... que exporten lo que quieran, esos son cuentos de gringos, frases gastadas", concluyó.

"TIEMPO", 27 de noviembre, 1985

Justo Pastor teme ser perseguido político por gobierno "azconista"

TEGUCIGALPA

El licenciado Justo Pastor Calderón, recalcitrante defensor del régimen de Roberto Suazo Córdova, teme ser perseguido político en el próximo gobierno que encabezará el ingeniero José Azcona Hoyo.

Pastor Calderón dijo que lamentaba que "algunos seguidores del ingeniero Azcona me han amenazado, de diferentes maneras, con que voy a ser un perseguido político, pero a mí eso me tiene sin cuidado.

Preguntado si no le gustaría colaborar con el gobierno de Azcona Hoyo, Justo Pastor Calderón expresó que "yo creo que el ingeniero Azcona en ningún momento ha pensado que yo vaya a colaborar en su gobierno".

Refiriéndose al fracaso del oficialismo en las elecciones generales, manifestó que tal situación se debió a que en "algunos lugares nos fallaron francamente los pronósticos que nosotros teníamos, sobre todo en algunos sectores de la costa norte del país".

Al recordársele que él había declarado que al abogado Oscar Mejía Arellano el Movimiento Liberal Oficialista lo iba a llevar a la casa presidencial aunque sea desmayado, Pastor Calderón dijo que "cuando uno se mete en una causa tiene que creer en ella, porque si nosotros mismos no creemos en una causa, no veo cómo podríamos hacer que otros crean en ella". (TDG)

Justo Pastor Calderón

"TIEMPO", 27 de noviembre, 1985

Por cuestiones de salud:

Ubodoro Arriaga Iraheta no va a colaborar con nuevo gobierno

TEGUCIGALPA

El ministro de la Presidencia, licenciado Ubodoro Arriaga Iraheta, declaró ayer que él no colaboraría con el gobierno del ingeniero José Azcona Hoyo, porque necesita vacaciones, "ya que tengo cinco años de estar luchando en el Partido Liberal por una democratización y no he tenido, hasta este momento, ocho días de vacaciones".

Sin embargo, expresó que ningún liberal debe negarse a colaborar con el ingeniero Azcona, porque su gobierno será liberal, y que en su caso particular no tendría ningún inconveniente si no fuera "porque necesito retirarme para mi salud personal".

Refiriéndose a las elecciones generales del domingo pasado, dijo que estas fueron "verdaderamente un espectáculo, y el pueblo hondureño debe sentirse orgulloso, porque estamos igualando en la práctica electoral a los países más avanzados en un sistema democrático".

Señaló que el pueblo hondureño "tiene una vocación democrática bastante natural, y esto es necesario cultivarlo para darle siempre esta satisfacción al pueblo de expresar libremente su voluntad, porque esta es la base de la seguridad, de la tranquilidad, de la paz y de la democracia en Honduras y, por ente, en Centroamérica".

Arriaga Iraheta recalcó que el Partido Liberal tiene suficiente prestigio en el país como para mantenerse durante muchos años más en el poder, y que esta tesis se confirma con el triunfo del ingeniero Azcona Hoyo. (TDG).

"TIEMPO", 27 de noviembre, 1985

El pensamiento de hoy

"Hay momentos en la vida de todo político en que lo mejor que puede hacer es no despegar los labios". (Abraham Lincoln).

"TIEMPO", 27 de noviembre, 1985

AZCONISTAS CELEBRAN TRIUNFO ELECTORAL

Jóvenes militantes de la Alianza ALIPO-Azcona se lanzaron la noche del lunes a las calles de San Pedro Sula en todo tipo de vehículos para celebrar el triunfo electoral del candidato presidencial José Azcona Hoyo. La caravana azconista recorrió, entre el sonar de cláxones, los diferentes barrios sampedranos, portando pancartas, distintivos y banderas de esta corriente liberal triunfadora en los comicios del pasado domingo.

"TIEMPO", 27 de noviembre, 1985

FERCH ALABA ORGANIZACIÓN POLÍTICA DE LOS PARTIDOS

TEGUCIGALPA. El embajador de Estados Unidos, John Ferch, dijo ayer sentirse "muy impresionado" por la forma como se desarrollaron las elecciones el domingo y alabó el modelo organizativo de los partidos.

Ferch ofreció declaraciones a periodistas nacionales, después de una visita que realizara al Ministerio de Economía juntamente con el director en Honduras de la Agencia para el Desarrollo Internacional (AID), Anthony Cauterucci.

El embajador indicó que su visita tenía el propósito de conocer aspectos sobre el funcionamiento de las zonas libres en el país.

En relación a las elecciones del domingo, dijo que había tenido que viajar a unos cuatro poblados hondureños donde visitó alrededor de veinte mesas electorales, en carácter de observador.

"Estamos muy impresionados", dijo y después aseguró que "nunca he visto una cosa tan impresionante como la organización de los partidos".

"Fue algo fantástico y supongo que decenas de miles de hondureños han trabajado en esto, en una obra voluntaria fantástica", subrayó.

Asimismo, comentó que vio "algún aspecto negativo" en las votaciones y reiteró que el gobierno de Estados Unidos continuará apoyando al nuevo gobierno.

Por otra parte, el jefe de la misión diplomática de Estados Unidos señaló que por el incumplimiento de algunos requisitos acordados por su gobierno y las autoridades hondureñas no se ha logrado desembolsar los 67.5 millones de dólares aprobados para el apoyo en la balanza de pagos.

Sin embargo, dijo que se continúan las pláticas a fin de arribar a acuerdos sobre ese particular. (NL)

"TIEMPO", 27 de noviembre, 1985

NO DESCARTAN DIÁLOGO ENTRE CALLEJISMO Y EL AZCONISMO

TEGUCIGALPA. Dirigentes azconistas no descartaron la posibilidad de entrar en conversaciones con el callejismo y evitar los problemas que causaría la amenaza del nacionalismo de presentar un recurso de inconstitucionalidad ante la Corte Suprema de Justicia contra los comicios del domingo.

Carlos Montoya aseguró en una radio local que ayer en horas de la mañana se reuniría con Mario Rivera López para discutir la situación que se presentará en el Congreso Nacional.

Consultado sobre el particular, Jorge Maradiaga aseguró que Montoya está conversando con Rivera López pero a título personal, no obstante dijo que "es conveniente" entrar en pláticas con el callejismo.

Dijo que en una reunión entre azconistas y callejistas se podría analizar temas como la "posible impugnación" anunciada por el Comité Central Nacionalista, aunque "Ese sería un acto de irresponsabilidad por parte de Callejas, pues si no hubiera sido por el Pacto de Mayo, ni él ni Azcona hubieran sido candidatos". (GP)

Jorge Maradiaga
"TIEMPO", 27 de noviembre, 1985

"MONARCA" no ha hecho ninguna gestión para impugnar Azcona

TEGUCIGALPA

El Partido Nacional eligió en las elecciones generales del domingo pasado a los agentes electorales que se encargarán de nombrar los representantes a la gran Convención de ese instituto político.

La Convención nacionalista habrá de reunirse a más tardar el 5 de febrero de 1986 para elegir el nuevo Comité Central.

Hace unos meses, el Comité Central que preside el general Juan Alberto Melgar Castro, nombró una Comisión Nacional Electoral, la que a su vez convocó a elecciones internas para escoger agentes electorales, propietarios y suplentes, por cada municipio de Honduras.

El diputado electo por Lempira, licenciado Jacobo Hernández Cruz, al hablar sobre el tema indicó que "una vez visto el resultado final de las elecciones generales se determinará la cantidad de votos por municipios para la elección correspondiente a agentes electorales, propietarios y suplentes.

Indicó enseguida que en su oportunidad los agentes electorales serán convocados por la Comisión Electoral para que se reúnan en sus respectivos departamentos "para la elección de los señores convencionales de partido".

Hernández Cruz dijo que aún no se ha determinado la fecha de las reuniones de los agentes electorales "porque está sujeto al resultado electoral nacional del domingo pasado".

Apuntó que la Comisión Nacional Electoral del PN esperará el resultado total de las elecciones para convocar a los agentes electorales, a fin de que elijan a los convencionales.

"En estos momentos los resultados electorales son favorables al licenciado Callejas y que la mayoría de los agentes electorales serán del Movimiento Nacional Callejista", dijo Hernández Cruz.

"En estas elecciones internas nosotros elegimos a los candidatos a alcaldes, diputados y presidente a la República por corriente por eso fue que el Partido Nacional convocó a la "Comisión Nacional Electoral para que cada corriente nombrara sus agentes electorales", dijo.

"Hasta donde tengo conocimiento –dijo Hernández Cruz– el Movimiento Nacional Callejista sí nombró sus agentes electorales en la fecha establecida y por eso participó en las elecciones".

Dijo que por los pobres resultados de las otras dos corrientes "veo muy difícil que obtengan algún resultado favorable en la elección".

Por otro lado, Hernández Cruz dijo que MONARCA hasta el momento no ha hecho ninguna gestión para impugnar las elecciones generales del domingo anterior, las que fueron ganadas por el Partido Nacional. (RMC)

"TIEMPO", 27 de noviembre, 1985

Presidente de la FESITRANH:

"NO CREO UE HAYA HONDUREÑOS QUE QUIERAN ESTAR CONTRA LA MAYORÍA"

SAN PEDRO SULA: "Creo que no es el momento oportuno para que se trate de impugnar las pasadas elecciones, porque no creo que después de haber vivido esa fiesta electoral haya hondureños que quieran estar en contra de la opinión mayoritaria del pueblo", expresó el presidente de la Federación Sindical de Trabajadores Nacionales de Honduras (FESITRANH), Álvaro Francisco Guerrero Muñoz.

"Porque el resultado del proceso electoral –continuó el dirigente– ha sido una gran experiencia para todos nosotros, de la cual debemos de sacar el mejor provecho a manera de que aquí en adelante, todas las contiendas políticas sean así de cívicas como las del 24 de noviembre.

Respecto al triunfo del Partido Liberal, Guerrero opina que "es el producto del trabajo desarrollado por los integrantes de ese partido, pero aclaró que la victoria no es solo del partido, sino que de todo el pueblo hondureño en general".

Los dirigentes de la FESITRAH afirman el apoyo al nuevo gobierno, pero también estarán vigilantes de que se cumpla el Punto 7 del Acta de Compromiso. (MADRID)

Agregó que el resultado de estas elecciones es el vivo ejemplo de la participación efectiva de los sectores sociales que intervinieron en la pasada crisis política, dando como resultado la firma del Acta de Compromiso.

"De no haber sido así, no hubiera tenido la oportunidad el pueblo hondureño de votar por los candidatos inscritos en el Tribunal Nacional de Elecciones (TNE), sino que se hubiera votado por los dos candidatos oficiales de los partidos mayoritarios", explicó el dirigente federal.

Por eso, sostiene, que el contenido del Acta de Compromiso tiene que seguir siendo respetado por los políticos de los diferentes partidos.

"Estamos seguros que el TNE se va a pronunciar de conformidad con lo que establece las reformas a los artículos de la Ley Electoral y de las Organizaciones Políticas, ya que esto fue ratificado por 8 de los 9 candidatos en una reunión con las Fuerzas Armadas", señaló Francisco Guerrero.

El presidente de la FESITRANH ratificó que esta federación y las organizaciones que la conforman van a dar todo el apoyo al futuro gobierno constitucional como se le brindó al presente gobierno, pero siempre haciendo los reclamos pertinentes en favor del sector obrero y campesino".

"También estaremos atentos para que este gobierno cumpla con lo estipulado en el Punto Número 7 del Acta de Compromiso", finalizó diciendo Guerrero Núñez. (RM)

"TIEMPO", 27 de noviembre, 1985

"Formaré un gobierno con los mejores hondureños": José Azcona

- ## Anuncia que ordenará una investigación en torno a la supuesta presencia de "contras" en Honduras

TEGUCIGALPA. El presidente electo José Azcona Hoyo advirtió ayer que su gobierno se va a desenvolver en una situación política y económica "un tanto precaria" y anunció que ordenará una investigación en torno a la presunta presencia de contrarrevolucionarios nicaragüenses en Honduras.

Azcona Hoyo se presentó ante periodistas nacionales y extranjeros en el Hotel Alameda para exponer los lineamientos sobre los que fundamentará su administración.

El virtual nuevo mandatario de Honduras dijo que su régimen "va a ser un gobierno que se va a desenvolver en una situación un tanto precaria desde el punto de vista político y desde el punto de vista económico".

Indicó que para afrontar esa situación va a llamar a participar en su gobierno "a los mejores hondureños" sin importar su filiación política.

Azcona del Hoyo evaluó la gestión de Roberto Suazo Córdova y aseguró que su "obra material no es despreciable" pero sí dijo que fue una equivocación "querer manejar este partido desde las cúpulas".

Según el político, su triunfo en los comicios del domingo son una demostración de que el Partido Liberal no puede ser manejado por cúpulas.

Aseguró que él como presidente respetará la independencia de los poderes del Estado.

Dijo que "somos liberales y lo vamos a demostrar en el ejercicio de la Presidencia de la República, como lo hemos demostrado en nuestra vida privada y los cargos que hemos desempeñado".

Azcona Hoyo se pronunció de acuerdo con la actual política asumida por el régimen de Suazo Córdova con respecto a la situación centroamericana, pero no descartó la posibilidad de sostener conversaciones bilaterales con Nicaragua.

Dijo que debido a su posición geográfica Honduras no se puede sustraer de la problemática imperante en Nicaragua y El Salvador.

En lo que respecta a las relaciones con Estados Unidos, Azcona Hoyo dijo que se mantendrán las relaciones de amistad, pero en lo que respecta a la asistencia económica aseguró que "hay que saber negociar".

Anunció que de ahora en adelante en las relaciones con Estados Unidos "vamos a tener presente la dignidad nacional y el respeto a la soberanía nacional".

Azcona dijo, además, que él no tiene conocimiento de la existencia de campamentos de rebeldes derechistas nicaragüenses en territorio hondureño.

"De existir campamentos están violando las leyes de Honduras", dijo el virtual presidente anunciando seguidamente que al asumir el cargo "voy a exigir la investigación del caso para actuar en consecuencia".

En lo que se refiere al diferendo fronterizo con El Salvador, dijo que tiene conocimiento que el régimen de José Napoleón Duarte pretende que se amplíe el periodo de negociaciones directas que culmina el 10 de diciembre próximo.

Dijo que creía que este asunto de interés nacional con voluntad se podría resolver en tres meses, pero que era prudente la decisión de instalar una embajada en La Haya, Holanda, a donde se espera se defina el conflicto limítrofe.

El político expresó su deseo de unificar a la familia hondureña empezando por los liberales, los cuales aseguró, ya están unidos en 60 o 65 por ciento, de acuerdo a los datos arrojados en los comicios del domingo.

Al referirse al problema de los desaparecidos dijo que investigará si existe en realidad un informe sobre este agudo problema y de acuerdo a sus resultados deducirá responsabilidades a los supuestos implicados en esas acciones.

Consultado sobre el anuncio del callejismo de recurrir en amparo a la Corte Suprema de Justicia alejando inconstitucionalidad en las elecciones dijo que al acudir a las urnas "las reglas de juego estaban dadas hace mucho tiempo".

Azcona sostuvo que lo más seguro es que la Corte Suprema de Justicia rechazará el recurso de inconstitucionalidad que presente el nacionalismo. (GP)

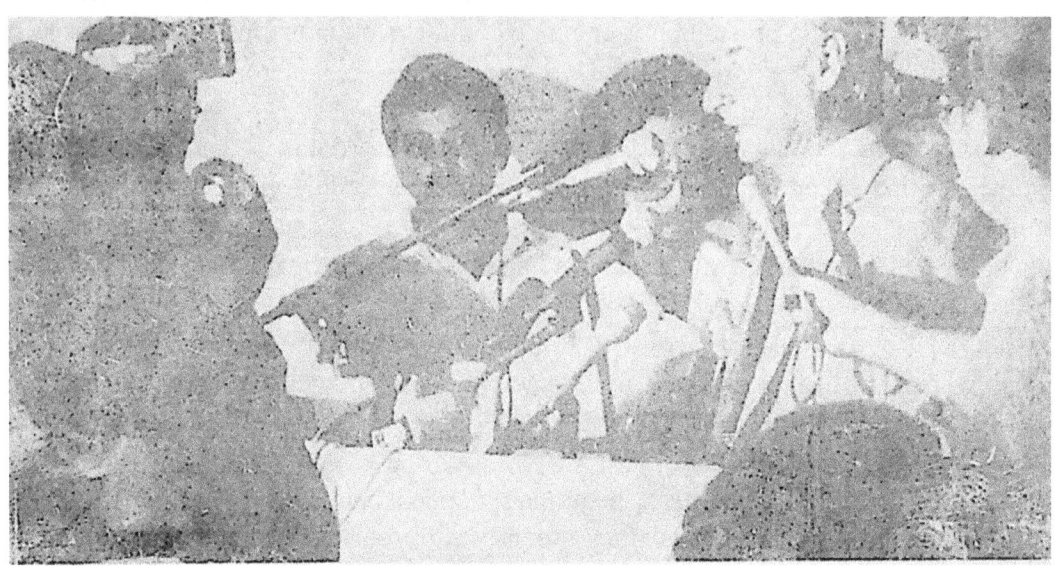

Azcona Hoyo en su primera conferencia de prensa como presidente electo de Honduras. (Radiofoto vía UNIFAX).

"TIEMPO", 27 de noviembre, 1985

Anuncia Paz Barnica:

COMENZARÁN A PREPARAR ACTOS PARA TRANSFERENCIA DE MANDOS

- **Confía Paz Barnica que el presidente electo conformará un gobierno progresista y democrático**

Una comisión integrada con representantes de las Fuerzas Armadas, el gobierno actual y del movimiento azconista se encargará de preparar la transferencia de mandos, informó ayer el ministro de Relaciones Exteriores, doctor Edgardo Paz Barnica.

Al destacar que "triunfó el Partido Liberal", Paz Barnica manifestó su confianza en que el presidente electo "hará un gobierno progresista y democrático".

Paz Barnica

"Estimo –dijo– que seguirá una política exterior acorde con los intereses nacionales".

Anunció que una comisión del movimiento de Azcona Hoyo se encargará de profundizar sus conocimientos alrededor de la política exterior.

Otra comisión compuesta con representantes de las Fuerzas Armadas, el gobierno actual y de Azcona deberá también preparar la transferencia de mandos el 27 de enero próximo.

"Espero que trabajemos en eso para que la transferencia constituya otro ejemplo de democracia", apuntó, al destacar que varios observadores internacionales le visitaron ayer para poner en relieve ese aspecto.

En cuanto a una presunta comparecencia del Partido Nacional ante la Corte Suprema de Justicia, para reclamar el triunfo de Leonardo Callejas, Paz Barnica dijo que "la ley es clara".

"Además de haber habido un acuerdo nacional, además de haber habido una interpretación de la Constitución, además de haber habido una determinación de la Corte Suprema de Justicia hubo un pronunciamiento del Tribunal Nacional de Elecciones el 23 de noviembre", subrayó.

La solicitud al Tribunal de Elecciones para que se presentara "fue hecha por los candidatos, entre ellos el licenciado Callejas, que dijo que respetaría la decisión del Tribunal". Paz Barnica insistió que "la ley es clara y no hay incompatibilidad ni contradicción".

Sin embargo agregó, "también quiero expresar mi sincera admiración al gran esfuerzo político del licenciado Callejas".

"Creo que el futuro por delante lo tiene muy promisorio porque creo que ha hecho algo que era esencial en Honduras para la democracia: conmover y renovar un partido obsoleto que por conservador se había inclinado siempre por la dictadura y el caudillismo".

Continuó diciendo: "veo en la juventud vigorosa del licenciado Callejas a una voluntad al servicio del país y que si es visionario e inteligente, como lo ha demostrado, tiene que acatar comprensivamente y con visión de provenir las determinaciones del pueblo hondureño que eligió en el marco del Partido Liberal al ingeniero José Azcona Hoyo como futuro presidente constitucional de la República". (NL)

"TIEMPO", 27 de noviembre, 1985

EN CONGRESO DEBE HABER UNA ALIANZA DE DIPUTADOS DEL M-LIDER – "PINU" Y "DC"

SAN PEDRO SULA. – Los diputados del Movimiento Liberal Democrático Revolucionario (M-LIDER) pelearán para que el Congreso Nacional sea un poder independiente.

Así se pronunció el economista Amado Gómez Tercero, primer candidato a diputado suplente del M-LIDER por el departamento de Cortés.

Gómez Tercero dijo que él comparte el criterio de otros hondureños de que el Congreso Nacional debe ser controlado por la oposición para que exista equilibrio entre el Poder Ejecutivo y el Poder Legislativo.

"Es necesario que el partido o los partidos que perdieron las elecciones controlen el Congreso para evitar que se repitan los abusos del Poder Ejecutivo en la actual administración, que manipuló al Legislativo", dijo Gómez Tercero.

Amado Gómez Tercero dijo que también es partidario que dentro del Congreso exista una alianza de los diputados del M-LIDER, PINU y Democracia Cristiana "para legislar en función de los aspectos que han manifestado en sus programas políticos: reforma agraria, salud, educación, vivienda, etc.".

Al momento de ser entrevistado, el candidato suplente ignoraba si la cantidad de votos acumulados a nivel nacional por su movimiento, le permitirían una o más representaciones en el Congreso Nacional. (DRM)

"TIEMPO", 27 de noviembre, 1985

NOS TOMAREMOS NUESTRO TIEMPO: PRESIDENTE "TNE"

TEGUCIGALPA. Un mes tiene el Tribunal Nacional de Elecciones para hacer oficialmente la declaratoria del nuevo presidente de la República, se anunció anoche.

El organismo electoral, se indicó, puede pronunciar sobre la elección del nuevo mandatario 30 días después de las elecciones, o sea el 24 de diciembre.

"Nos tomaremos nuestro tiempo para el menester", dijo ayer el presidente del TNE, Adán Palacios Tosta.

"TIEMPO", 27 de noviembre, 1985

Las reglas del juego son para cumplirlas

La cuenta final de la votación del 24 de noviembre indica, sin lugar a dudas, que el presidente electo de Honduras es el ingeniero José Azcona del Hoyo, elegido con los sufragios del Partido Liberal y que, merced a esto, se convertirá en el mandatario de nuestra nación a partir del próximo 27 de enero.

Aunque falta todavía la declaratoria formal del Tribunal Nacional de Elecciones (TNE), que será hecha dentro de los 30 días posteriores a la elección, el pueblo hondureño ha recibido con entusiasmo e hidalguía el veredicto de las urnas, comprendiendo perfectamente que esto representa paz pública y una certeza de que el país estará en manos responsables.

El ingeniero Azcona del Hoyo, en su primera conferencia de prensa después de confirmarse con las casi últimas cifras su victoria, ha dicho muchas cosas importantes. Pero las principales en este momento se refieren a su decisión de gobernar con los mejores hombres, independientemente de su filiación política, tomando en cuenta criterios de moralidad pública y privada, y que el régimen será de integración y unidad nacional.

Por lo tanto, el presidente electo es enfático en señalar que no actuará con mentalidad sectarista y, además, que será escrupuloso en respetar los dictados de la Constitución de la República y los principios patrióticos de dignidad y defensa de nuestra soberanía.

Algunos dirigentes del Partido Nacional, no obstante que los candidatos se han pronunciado en contrario antes y después de las elecciones, han dado muestras a última hora de gran irresponsabilidad y de dolo al promover una impugnación en la Corte Suprema de Justicia, una vez que el Tribunal Nacional de Elecciones haga la declaratoria de elección en favor del ingeniero José Azcona del Hoyo, alegando inconstitucionalidad.

Ese proceder ha causado repugnancia en nuestra nación, que siempre mantiene su posición hidalga, honorable, dándole al César lo que es del César. Las reglas del juego, por así decirlo, de estas elecciones fueron establecidas y aceptadas por todos los contendientes, porque sabía que, además de ser una salida a una crisis política e institucional, era la única oportunidad de que se produjera una democrática participación de todos en los comicios.

"TIEMPO", 27 de noviembre, 1985

ALIPO CELEBRA CON DESAYUNO TRIUNFO DE AZCONA

La dirigencia departamental de la Alianza Azcona ALIPO, celebraron ayer con un desayuno el triunfo del Partido Liberal y del ingeniero José Azcona Hoyo en las elecciones del pasado domingo.

La reunión tenía, además, la finalidad de presentar a los periodistas, los diputados electos por el departamento de Cortés, así como la planilla municipal que encabeza como alcalde el ingeniero Jerónimo Sandoval.

El desayuno, conferencia de prensa, fue moderado por el ingeniero Jaime Rosenthal, designado a la Presidencia de la República, quien hizo un esbozo de lo que fue la pasada campaña política calificándola de "muy dura por la competencia interna que se dio en los partidos, particularmente en el Liberal".

Dijo Rosenthal que el nuevo gobierno que presidirá José Azcona Hoyo tiene como meta "buscar la unidad del Partido Liberal sin odios, rencores ni revanchismos".

Por otro lado sostuvo que el nuevo gobierno trabajará tesoneramente para hacer crecer al país. "El pueblo quiere vivir en paz y con trabajo y lo demostró al asistir cívicamente al proceso eleccionario".

Por su parte, Williams Hall Rivera, invitado especial a la reunión en su calidad de diputado por el departamento de Yoro, dijo que el Partido Liberal se presta a defender el triunfo logrado el domingo anterior. "La sucesión de nuestro partido en el poder debemos de mantenerla".

Rosenthal fue preguntado sobre el apoyo que el nuevo gobierno liberal brindará al Instituto de Previsión Social del Periodista. "No pretendemos retroceder y los logros sociales de los periodistas vamos a respetar. La previsión social para el periodista es una conquista y en nuestro gobierno la vamos a fortalecer", dijo el político.

En relación al tema de los periodistas, Jerónimo Sandoval manifestó que los comunicadores sociales como cuarto poder deben de participar en política.

"Solicitaré al Colegio de Periodistas seleccione una terna de sus miembros para escoger de ella a un miembro que actuará en mi gobierno edilicio como asesor".

Se le preguntó al licenciado Edmond L. Bográn si la Alianza Azcona-ALIPO tomaría el control del Partido Liberal, al haber ganado paralelamente las elecciones generales y las internas y este respondió: "en el mes de abril próximo tomaremos las resoluciones del caso".

En cuanto a la participación el doctor Suazo Córdova como coordinador del rodismo dijo: "suponemos que lo seguirá siendo por determinación de sus parciales; por suerte –agregó– aquí en el norte tendrá muy poco que coordinar".

Por otro lado, Bográn reconoció que el Partido Liberal hecho gobierno tiene que recuperar su prestigio a través de obras de beneficio para la colectividad.

CALLEJAS TIENE QUE RESPETAR LA FÓRMULA "B"

A una pregunta relacionada con la anunciada impugnación de los callejistas, Jaime Rosenthal Oliva indicó que Callejas tiene que respetar la fórmula "B".

"En las pasadas elecciones triunfó el Partido Liberal –agregó–, ya que no hubo candidatos independientes". "De no haberse dado la fórmula "B" que reformó la Ley Electoral, Rafael Leonardo Callejas nunca hubiera tenido una respuesta de votantes como la del 24 de noviembre pasado".

"Naturalmente que los perdedores tienen derecho al pataleo", subrayó.

Sobre el mismo tema de la impugnación, Edmond Bográn respondió que "no hay que ensuciar el agua, máxime después de un proceso en donde el pueblo respondió con civismo".

LOS TRIBUNALES DE JUSTICIA

El tema de los problemas que se han creado por la supuesta mala aplicación de la justicia en los tribunales comunes fue enfocado también por los dirigentes políticos. Bográn opinó que hay que legislar para que en la Corte Suprema de Justicia sus magistrados cumplan con un periodo de funciones de siete en vez de cuatro años.

"Siete años da a un magistrado la seguridad de juzgar sin presiones políticas de ningún tipo. Es decir, no crea compromisos por mantenerse en el cargo".

Sobre el tema, José Fernández Guzmán indicó que el Poder Judicial en Honduras debe dar protección a la vida, bienes y honor de la ciudadanía. "El futuro Congreso Nacional luchará porque los magistrados y jueces sean las personas más capaces y dignas del medio".

DIPUTADOS TRABAJARÁN EN BENEFICIO DEL PUEBLO

Mario López y Danilo Cartagena, dos de los nuevos diputados por el departamento de Cortés, expresaron su interés de llegar a trabajar a la Cámara Legislativa para crear leyes que protejan a la generalidad del pueblo.

"No vamos a llegar solo a menear la cabeza de arriba abajo o hacia los lados, tendremos una actividad participativa", dijo Mario López.

"No vamos a llegar a dormir al Congreso", agregó.

Cartagena reiteró que se constituirá en un permanente defensor de los derechos de las clases desposeídas. "Lucharé –indicó– por ellos, ya que ese es el compromiso al aceptar mi candidatura como diputado". (JOTAVE).

"TIEMPO", 28 de noviembre, 1985

El triunfo del ingeniero José Azcona Hoyo ha sido recibido con especial alegría en La Ceiba, ciudad de donde es originario el mandatario electo, por lo que los porteños se lanzaron a las calles cuando conocieron los resultados del escrutinio. Para el próximo sábado el comité coordinador de la campaña azconista tiene preparado un gran carnaval. (Foto Cantarero)

"LA PRENSA", 28 de noviembre, 1985

Editorial
Hombres de "primera clase"

Muy interesantes, y ponderadas, fueron las declaraciones iniciales del presidente electo de nuestro país, ciudadano José Azcona, al conversar con los periodistas en la primera rueda de prensa celebrada con posterioridad a que trascendieran los resultados de los comicios del 24 de noviembre.

Mostrando un espíritu conciliador y positivo, el nuevo titular del Poder Ejecutivo (quien tomará posesión el 27 de enero próximo), habló de política exterior, economía y, sobre todo, ética en la administración pública.

Tras desestimar por irrelevante la pequeña pugna sorda que ha surgido en torno a la forma como será declarado electo el presidente, el exministro de Obras Públicas dijo, entre otros conceptos, que cultivará consistentemente las buenas relaciones con Estados Unidos, a todos los niveles, pero que hará énfasis en el respeto a la dignidad nacional, que ha estado un poco de capa caída bajo la agonizante administración actual.

El nuevo líder dijo, asimismo, que comparte los puntos de vista del presidente de Perú, Alan García, en el sentido de que los países democráticos de América Latina deben promover una alianza para buscar soluciones razonables al problema de la deuda externa, a la vez que rechazó la pretensión del dictador Fidel Castro, de erigirse en factótum de un movimiento regional relacionado con este acuciante problema.

Con relación a lo que podríamos llamar "el punto fuerte" del nuevo mandatario electo, el señor Azcona fue enfático al subrayar que su gobierno será justo y honesto, y que para lograrlo se rodeará de los ciudadanos más distinguidos que pueda encontrar.

"Ahora vamos a escoger hombres de primera clase para que nos acompañen en nuestro gobierno, y sepan aplicar la ley a todos aquellos que equivoquen el camino, porque tengo un compromiso con el pueblo hondureño", dijo el declarante.

Con relación al actual presidente de la nación, con quien ha tenido roces políticos significativos, el presidente electo aseveró no guardar ningún tipo de animosidad o rencor contra él, al tiempo que recordó que el señor Suazo Córdova defendió la suma global de votos dentro de los partidos, por lo cual debe estar satisfecho ante el triunfo del liberalismo.

Más revelador que las palabras mismas fue el tono del futuro gobernante: Toda su alocución estuvo signada por una actitud amistosa, fraternal y humilde, en el sentido más positivo de este vocablo.

Si esta actitud es premonitoria de lo que vendrá a la hora de los hechos, podemos ver con esperanza y optimismo el futuro, ya que como apuntamos en editorial reciente, nuestro país necesita, precisamente, una gran reconciliación y un programa consistente de solidaridad social y política, para encarar exitosamente los desafíos derivados de su condición de subdesarrollo, crisis económica y acoso ideológico-militar a nivel regional.

Todos los hondureños habremos de encarar el problema fronterizo con El Salvador, la amenaza comunista de Nicaragua y otras dificultades de similar gravedad.

Requerimos, por ende, de un líder auténtico, de un estadista genuino que ponga, en primer término, los intereses de la patria, y olvide las afrentas o resentimientos de la política criolla, proscribiendo con energía todo afán de revanchismo o persecución política.

La primera entrevista pública del presidente electo evidencia que hay una clara voluntad política de orientarse en la dirección correcta.

Por ente, LA PRENSA no puede menos que ofrecer su sincero apoyo a ese enfoque, e invitar a los demás partidos políticos, principalmente al nacionalismo, a deponer cualquier espíritu de belicosidad y, aceptando el veredicto de la mayoría ciudadana, aportar toda su capacidad, que es grande, para fortalecer el nuevo gobierno y ayudarle en todo aquello que promueva el desarrollo, la unidad, la modernización y el fortalecimiento de la democracia hondureña, fuente de paz, justicia y libertad para todos los que nos cobijamos bajo el generoso cielo de la patria...

"LA PRENSA", 28 de noviembre, 1985

El rodismo está moribundo, dice hermano del presidente

TEGUCIGALPA. – El Movimiento Liberal Rodista quedó moribundo después de la aplastante derrota sufrida y "no hay que sorprenderse si a corto plazo anuncian su entierro", declaró Renato Suazo, hermano del presidente de la República, Dr. Roberto Suazo Córdova.

Refiriéndose al resultado de las elecciones que dejaron en el camino las aspiraciones del señalado movimiento interno del Partido Liberal, Suazo indicó que era de esperarse "porque ya no tiene la ideología del Dr. Modesto Rodas Alvarado".

Agrega que antes era distinto, hoy se ha disfrazado porque "una serie de oportunistas lo han venido manipulando a su antojo", considerando que su hermano se hizo mal acompañar de elementos nocivos.

Renato dice que para comenzar el lema de la revolución del trabajo y la honestidad avalado por el gobernante no se ha cumplido", por ello es lógico que la masa liberal se haya inclinado a favor de la candidatura del ingeniero José Azcona Hoyo".

Razona señalando que la victoria de Azcona Hoyo se debe, entre otros factores, a que desde el momento en que renunció de las filas oficialistas ratificó su condición de hombre probo y honesto.

En ese sentido manifestó que él también cambio de dirección política integrándose al Movimiento Azconista, "y estoy seguro el anhelo del pueblo hondureño de alcanzar un destino mejor se confirmará cuando el nuevo presidente concluya su periodo", dijo.

Suazo Córdova "se rodeó de personas que no deberían pertenecer al partido y así es que el rodismo ha comenzado a padecer", subraya Renato Suazo, quien censura al oficialismo "porque también fui su víctima", sostuvo.

Renato Suazo
"LA PRENSA", 28 de noviembre, 1985

Internada diputada de Yoro ante la derrota oficialista

TEGUCIGALPA. – Informes provenientes de Olanchito, establecen que la diputada del Movimiento Liberal Rodista, Dilma Quezada de Martínez, no ha podido asimilar la desilusión de quedar fuera de las planillas diputadiles de su departamento.

Quezada de Martínez, el sábado 23 de noviembre fue internada de emergencia en la clínica del doctor Julio César Ortega, debido a que su salud se quebrantó por el enorme despliegue que estaba realizando para movilizar a sus correligionarios del municipio de Olanchito.

El problema se presentó debido a que los buses contratados por la diputada Suazo Cordovista entraron repletos de liberales a Olanchito, pero una vez en ese lugar se trasladaron a los campamentos azconistas a indagar sobre el lugar donde les tocaría votar.

La diputada yoreña acompañada de sus seguidores recorrió la ciudad en horas de la tarde y se enteró de la ingratitud de sus correligionarios.

El exceso de cólera de Quezada de Martínez, alteró su estado de ánimo, estando a punto de desmayarse, en vista de ello sus seguidores le condujeron a la clínica donde se le aplicó suero.

Se ignora si la diputada yoreña, que no podrá relegirse en el próximo Congreso Nacional, ya se recuperó de la desilusión que le dio su lugar de origen, donde los 2 mil votos, únicamente logró tres mil quinientos mientras que José Azcona Hoyo y Rafael Leonardo Callejas con sus candidatos diputadiles y municipales se repartieron los restantes votos.

El Movimiento Liberal Rodista únicamente obtuvo una diputación, la que corresponde a Roberto Micheletti, quien luego de una disputa logró convencer a Quezada de Martínez para que aceptara ser la segunda candidata a diputada con el resultado descrito. **"LA PRENSA", 28 de noviembre, 1985**

Ceibeños dieron la espalda a Dip Hernández y Ponce Martínez

LA CEIBA. – El resultado final del conteo de votos a nivel departamental en este departamento de Atlántida, arrojó un total de cuatro diputados para cada uno de los movimientos de José Simón Azcona del Hoyo y Rafael Leonardo Callejas. Las facciones de las otras corrientes, tanto del liberalismo como del nacionalismo, y de los partidos Innovación y Unidad y Democracia Cristiana, se fueron en blanco, lo que dejó por fuera a doña Edna Kieffer de Alfonso y don Roberto Dip Hernández.

En La Ceiba, el nuevo alcalde lo será el Br. y profesor Enrique Martínez Castellón, de la línea azconista; él es un hombre de 57 años de edad, dedicado completamente a la docencia de nivel secundario. Actualmente se desempeña como catedrático en el Instituto Departamental "San Isidro" y "Guadalupe de Quezada".

No es político, sino un hombre de letras, amante de la música clásica, la poesía y los grandes autores de la literatura moderna. Está casado con doña Cándida Carrillo y tiene dos hijos profesionales: Jesús Enrique y Mauricio Lenin.

Los diputados electos son: Arturo Santos Delgado, Rodolfo Irías Navas, Jorge Armando Chavarría, Ramón Rosa Galo, Adolfo Antúnez, Mauricio Calix Calix, Carlos Joaquín Alfonso Bartolí y Santos López Fúnez.

La integración de la municipalidad no ha sido dada hasta los momentos por el Tribunal Nacional de Elecciones, anuncio que se espera con suma impaciencia en esta comunidad. (Fotos: Orlando Cantarero).

Lic. Rodolfo Irías Navas, diputado nacionalista por Atlántida.

Arturo Santos Delgado, línea azconista, diputado.

Carlos Alfonso Bartolí, diputado electo del liberalismo por Atlántida.

Profesor Enrique Martínez Castellón, de 57 años, es el nuevo alcalde ceibeño. (Foto Cantarero)

"LA PRENSA", 28 de noviembre, 1985

Rodríguez Espinoza cantó triunfo desde el sábado

DANLÍ, EL PARAÍSO. – Alberto Rodríguez Espinoza, actual vicepresidente del Congreso Nacional y primer diputado por este departamento, cantó su triunfo a la media noche del sábado cuando faltaban aún seis horas para iniciar la votación.

Rodríguez Espinoza presidía las celebraciones en un campo donde se concentró la gente afiliada al Movimiento Liberal Rodista en las afueras de esta ciudad, donde se daba comida a la gente que llegaba, y había conjuntos musicales que motivaban a bailar a los electores.

"Mire –dijo Rodríguez Espinoza– son las once y media de la noche y este campo han ingresado hasta ahorita más de diez mil personas; hemos destazado 25 reses para alimentarlas; no tenemos noticias de incidentes y, por todo ello, yo confío en el triunfo", señala.

"Solo esperamos el lunes para en una gran caravana celebrar este nuevo triunfo de nuestro movimiento, y están ya organizando esa caravana, pues esta situación es muy clara para nosotros", culminó diciendo.

"Es más, puedo decir que con esta cantidad de gente que ha llegado, el triunfo del Movimiento Liberal Rodista en Danlí y mi candidatura ya están asegurados; ya ganamos".

"LA PRENSA", 28 de noviembre, 1985

Hepburn se siente feliz con el triunfo azconista

SAN PEDRO SULA. – Para el licenciado Marco Antonio Hepburn que participó como candidato a alcalde por el oficialismo, el gran ganador en las pasadas elecciones fue el Partido Liberal y por consiguiente "como colorado" no se siente derrotado.

Dice que se siente tranquilo con su conciencia y feliz por el triunfo porque la lucha de todos los liberales no era entre corrientes, sino contra el adversario común, el Partido Nacional.

Muchos de sus seguidores se han mostrado consternados y un tanto desilusionados porque no ganó la alcaldía, pero él mismo se ha encargado de reanimarlos diciéndoles que peor hubiera sido que ganara Callejas.

Mientras que su esposa María de la Paz Hepburn, que también es dirigente liberal, considera conveniente que desaparezcan ya las corrientes entre su partido, para que no existan esas divergencias que se presentan entre los liberales durante la temporada de elecciones.

"LA PRENSA", 28 de noviembre, 1985

Liberalismo perdió en Omoa por campaña contra Azcona

OMOA, CORTÉS. – "El Partido Liberal perdió las elecciones en este municipio porque el coordinador rodista, Rafael Martínez, se dio a la tarea de confundir al electorado argumentando que el ingeniero Azcona gozaba del apoyo del Partido Comunista", acusó el señor Carlos Arita, candidato a diputado por la corriente azconista.

Arita informó a LA PRENSA que Rafael Martínez anduvo en un vehículo regando sueltos en todo el municipio conteniendo un supuesto comunicado del PCH, donde brindaba su solidaridad militante al hoy electo presidente.

"Si los liberales perdimos en Omoa, fue más que todo por la sucia campaña emprendida por el oficialista Rafael Martínez, quien no repara en las fatales consecuencias para el partido", concluyó diciendo Carlos Arita.

"LA PRENSA", 28 de noviembre, 1985

"LA PRENSA", 28 de noviembre, 1985

Dice dirigente obrero
Gobierno de integración debe constituir Azcona

SAN PEDRO SULA. – Un Gobierno de integración debe formar José Azcona Hoyo al recibir la banda presidencial, si no quiere que su administración sea un fracaso al igual que el ejecutado por el doctor Roberto Suazo Córdova, aseguró ayer en esta ciudad Julio Chávez Paz, secretario general adjunto a la Central General de Trabajadores.

El sindicalista se fundamentó en que Azcona del Hoyo obtuvo el triunfo debido a la sumatoria de votos de otros candidatos, aparte de que su victoria sobre los mismos no fue contundente, por lo cual su Gobierno no debe ser para un grupo determinado o partido determinado, ya que José Azcona está sumamente comprometido con el pueblo hondureño.

Expresó que las organizaciones campesinas y obreras esperan que el próximo gobierno cumpla su palabra de dar participación a tales, en la planificación, ejecución y evaluación en los proyectos de desarrollo nacional ya que así lo estipula el número "7" del acta de compromiso y, además, que se respeten los derechos individuales de las personas y los derechos colectivos ganados por los trabajadores.

Sobre el próximo Congreso Nacional a instalarse dijo que sus características son completamente opuestas al actual, especialmente porque en este, la oposición se afianza a favor del Partido Nacional el cual tendrá también que manejar los hilos de la política dentro del poder legislativo en beneficio del pueblo.

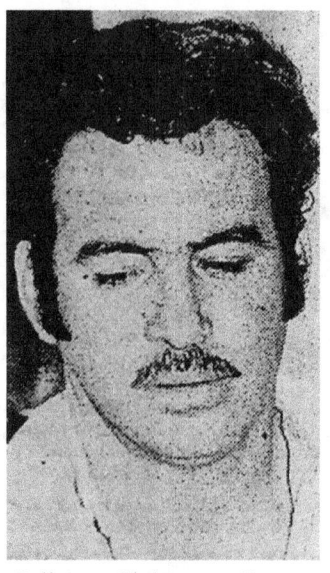

Julio Chávez Paz, secretario general adjunto de la CGT.

Sobre los resultados electorales opinó que para Honduras había nacido un líder llamado Rafael Leonardo Callejas quien, en solo seis meses, logró aglutinar miles de nacionalistas y liberales y estuvo a punto de derrotar la maquinaria liberal.

"Creo que luego de las elecciones del 24 de noviembre quedó claro que los hondureños deseamos vivir en paz y democracia, la fiesta cívica que se vivió es digna de alabanzas, por primera vez en este país se da un proceso eleccionario casi nulo de vicios del pasado", aseveró.

Para finalizar y respondiendo a la pregunta de la supuesta impugnación que pretende hacer el Partido Nacional, expresó que la situación dada solamente podrá ser despejada por la Corte Suprema de Justicia ya que el Tribunal de Elecciones antes de irse a la elección ya había puesto las reglas del juego.

"LA PRENSA", 28 de noviembre, 1985

Sábado gran carnaval en La Ceiba, celebrando el triunfo

LA CEIBA. –Con una impresionante caravana de automóviles repletos de liberales, el martes anterior el movimiento pro candidatura presidencial del Ing. José Simón Azcona del Hoyo, festejó el triunfo de su candidato.

La caravana bullanguera, al estilo del trópico bravío, recorrió todas y cada una de las calles y avenidas de esta ciudad donde el ombligo del próximo presidente de Honduras está enterrado.

La gente salía al paso para correr las consignas de los activistas del Partido Liberal, que haciendo sonar sirenas, cohetes, cohetillos, maracas y todo tipo de instrumentos de invención casera, hicieron revivir los días más alegres del carnaval de mayo.

El doctor Fernando Azcona del Hoyo, hermano del presidente electo y a la vez coordinador del movimiento en esta ciudad, los diputados electos, el alcalde Enrique Martínez Castellón, así como los regidores que salieron electos, iban encabezando el desfile que cubría decenas de calles.

Los ceibeños están eufóricos con el triunfo del ingeniero José Simón Azcona, de quien esperan mucho, especialmente que haga un gobierno justo y honesto como son sus características más relevantes.

Miles de liberales se lanzaron a las calles para festejar el triunfo del azconismo la noche del martes anterior en su ciudad natal, La Ceiba. La demostración de simpatía fue impresionante. (Fotos Orlando Cantarero)

GRAN CARNAVAL EL SÁBADO

El ingeniero Carlos Alfonso Bartolí, electo diputado por el liberalismo y uno de los principales activistas pro Azcona declaró a LA PRENSA que "desde el lunes están saliendo caravanas para festejar este triunfo electoral, pero el sábado concluirá la actividad con un rumboso carnaval en las calles de la ciudad, contándose con la presencia del hijo predilecto de La Ceiba y presidente electo José Azcona del Hoyo".

"No hay lugar a dudas, dijo que este día La Ceiba se vestirá de gala para darle la más cordial bienvenida a su hijo para relevante; seguros estamos que la lucha partidarista quedó atrás, que ese día actuaremos como ceibeños y todos convergeremos en su alrededor para que sienta aún más que su pueblo está con él totalmente".

"LA PRENSA", 28 de noviembre, 1985

Callejas y Azcona se reparten la corporación de Tegucigalpa

TEGUCIGALPA. – El alcalde electo por los capitalinos, Rodimiro Zelaya, compartirá su periodo de gobierno local con cinco miembros de la corriente de José Azcona Hoyo y cinco más del Movimiento Nacional Callejista.

Silvio Larios Zúñiga, candidato a alcalde por Azcona, será el nuevo síndico municipal. Los regidores serán los siguientes:

Jorge Luciano Durón (Callejas), Olga Marina Morales David (Azcona), Franklin Lino, Andrade Irías (Callejas), Marco Antonio Chávez Reyna (Azcona), Juan Pablo Díaz Fortín (Callejas), Agapito Sánchez Escobar (Azcona), Ricardo Álvarez Reyes (Callejas), Oscar Castro Tejeda (Azcona), Rodrigo Salomón Quiroz Herrera (Callejas).

La administración de la capital se esperaba que la ganara Guillermo Bustillo Lazo o Gloria Mejía de Jalil, por la intensiva campaña que desplegaron en los medios de comunicación.

Pero la personalidad política tanto de Callejas como de Azcona Hoyo, barrieron con todos los puestos, repartiéndose para sí los mismos, dejando sin ninguna oportunidad a los candidatos de los demás partidos y corrientes.

"LA PRENSA", 28 de noviembre, 1985

Al final las mayorías populares impusieron su voluntad: Paz B.

TEGUCIGALPA. – El ministro de Relaciones Exteriores, Edgardo Paz Barnica, informó que próximamente Armando Bonilla Gastell, cónsul de Honduras en Miami, Estados Unidos, brindará una explicación luego de haber sido detenido por agentes federales en aquella ciudad.

Cuando Bonilla Gastell se preparaba para trasladarse a San Pedro Sula, los agentes se lo impidieron debido a que portaba 12 pistolas de calibre no establecido, desconociéndose también el propósito de tan singular compra.

"El pudo viajar al día siguiente de su detención y tendrá que brindar un informe tanto a Relaciones Exteriores como a las Fuerzas Armadas", añadió el funcionario, considerando que tal vez existió tergiversación de los hechos.

Por otra parte destacó que están por formarse comisiones mixtas que se encargarán de ejecutar aquellas acciones destinadas a convertir del traspaso de poder en un acto de gran envergadura.

"Tenemos que demostrar al mundo el sistema democrático y pacífico en que vivimos y por ello la transmisión de poderes debe convertirse en un acto trascendental", señaló Paz Barnica.

En relación a las elecciones del funcionario admitió que "muchas veces el pueblo es más inteligente que sus propios dirigentes", refiriéndose que a pesar de las diferencias entre los líderes políticos, al final las mayorías, "como aquí se ha demostrado imponen su voluntad", dijo.

Paz Barnica

Refiriéndose a las declaraciones del Ing. José Azcona Hoyo, el ministro de Relaciones consideró acertadas sus respuestas cuando se le preguntó cuál sería la orientación de su gobierno en lo relacionado a Nicaragua.

"La solución del problema centroamericano debe ser multilateral, lo que no significa que los gobernantes no puedan reunirse entre sí, si se reúnen grandes como Reagan y Gobrachov, también aquí podemos hacerlo", expresó.

Informó que le próximo gobernante recibirá completos detalles sobre la política exterior que ha venido rectorando el presidente, Dr. Roberto Suazo Córdova, para que llegue "preparado y adopte las medidas convenientes", dijo.

En cuanto a las elecciones comentó que las cosas no salieron como se esperaba y el Movimiento Rodista "cargó la derrota, pero siempre triunfó el Partido Liberal", agregó resignadamente.

"LA PRENSA", 28 de noviembre, 1985

Deseo colaboracionista con Azcona ratifica Gil Santos

SAN PEDRO SULA. –Max Gil Santos negó ayer mediante nota enviada a LA PRENSA, que haya expresado que él estaba dispuesto a colaborar con el gobierno que próximamente instaurará José Azcona Hoyo.

Asegura Gil Santos que a él se le preguntó que si el oficialismo estaba dispuesto a colaborar con el gobierno azconista y que su respuesta fue "si a juicio del ingeniero José Azcona cree conveniente que algunos de nosotros colaboremos, con gusto daremos nuestra colaboración".

Por tal motivo, afirmó, no quisiera que el titular de la noticia salida en este periódico dé lugar a interpretaciones erróneas del sentido exacto de sus palabras.

"LA PRENSA", 28 de noviembre, 1985

Frente a la deuda externa
BLOQUE LATINOAMERICANO POSTULA AZCONA DEL HOYO

TEGUCIGALOA, (AP). – El virtual nuevo presidente electo de Honduras, José Azcona Hoyo, dijo que apoya la creación de un bloque solidario de América Latina para buscar conjuntamente una justa readecuación de la deuda externa, mejores términos del intercambio comercial y la disminución de las altas tasas de intereses a los empréstitos otorgados por las naciones industrializadas.

"La ley de la oferta y la demanda no puede regir entre países subdesarrollados y países económicamente poderosos. Por ello, es indispensable buscar otros mecanismos de negociación debido a que el mundo se empequeñece cada día y no es posible que nuestras naciones se tornen más pobres cada vez y las industrializadas más ricas, cuando todos vivimos en un mismo planeta", añadió Azcona Hoyo en una conferencia de prensa.

Rechazó, sin embargo, el presunto liderazgo del primer ministro cubano Fidel Castro en un eventual proceso de negociación de la deuda externa de América Latina, estimada en más de 360,000 millones de dólares, de la cual 18,000 millones es de los seis países del istmo centroamericano, "porque con él (Castro) no tenemos acreedores comunes ni tampoco relaciones diplomáticas. Castro, por eso, no puede ser el abanderado de las reivindicaciones económicas latinoamericanas".

El presidente electo, José Azcona del Hoyo, en su primera conferencia de prensa general el 26 de los corrientes en Tegucigalpa en donde abordó problemas específicos como la deuda externa. Aparece rodeado de dos designados electos y el actual designado presidencial, Céleo Arias Moncada, junto a otros hombres de su confianza.

"EL HERALDO", 28 de noviembre, 1985

Azcona no piensa viajar a recibir banda a La Paz

El presidente electo José Simón Azcona Hoyo, anunció ayer que la banda presidencial le será impuesta en el Estadio Nacional de esta capital y no en la ciudad de La Paz.

En declaraciones exclusivas a EL HERALDO, Azcona Hoyo se declaró el triunfador de las elecciones celebradas el domingo. "Ya podemos decir ahora en base a los últimos cómputos del Tribunal Nacional de Elecciones que tenemos que ser declarados presidente electo de Honduras por el organismo electoral".

Azcona Hoyo agregó que sus intenciones dentro del Partido Liberal es unirlo y olvidarse de todos los rencores políticos. "Hay que ir más allá y unificar toda la familia hondureña", dijo.

El presidente electo por la suma de los votos del Partido Liberal manifestó que una de sus mejores satisfacciones de este proceso electoral es que la democracia en este país cada día se va fortaleciendo más.

Al reiterar sobre lo que será su toma de posesión como nuevo gobernante del país, sostuvo que la capital de Honduras es Tegucigalpa y que no le da importancia a lo que dijo el doctor Suazo Córdova. "Eso lo manifestó en un momento de broma, pero definitivamente la toma de posesión será en el Estadio Nacional, donde se reunirá todo el pueblo hondureño".

Azcona aseguró que en su gobierno conversará con todo el mundo y que su casa estará abierta para todos los liberales y hondureños que quieran dialogar con él.

"EL HERALDO", 28 de noviembre, 1985

TRIBUTO DE SIMPATÍA

El excandidato a la Presidencia, Carlos Roberto Reina, llegó ayer a la residencia del presidente electo José Azcona a felicitarlo por su "legítimo triunfo", para luego agregar que el M-LIDER merece más de un diputado en el Poder Legislativo. (Foto Rolando Mondragón).

"EL HERALDO", 28 de noviembre, 1985

Reina reconoce legítimo triunfo de Azcona Hoyo

Carlos Roberto Reina, excandidato presidencial del liberalismo, reconoció ayer el triunfo de su colega de partido, José Azcona Hoyo, cuando llegó a su residencia para felicitarlo.

Reina se convierte en el primero de los ocho aspirantes participantes en admitir que Azcona Hoyo es el presidente electo. El dirigente del M-LIDER indicó que lo importante es la preeminencia del Partido Liberal al derrotar al nacionalismo en los comicios del domingo anterior.

El excandidato llegó en compañía de sus tres aspirantes a designados a la Presidencia, de su hermano Jorge Arturo Reina y otros dirigentes.

En un breve diálogo que sostuvieron ambos liberales, Reina dijo a Azcona Hoyo: "Hemos venido a reiterarle nuestra tesis de antes de las elecciones que los votos se sumarían y por consiguiente es usted el presidente electo legítimamente de los hondureños. Nos sentimos muy contentos del triunfo del partido".

Agregó el político que "nos sentimos preocupados por lo del Partido Nacional pero afortunadamente se ha logrado descartar todo".

Por su parte, el ciudadano electo José Simón Azcona, dijo a Reina que él estaba ya enterado que su posición había sido por la suma de los votos.

Miembros del M-LIDER captados cuando se reunían con el ingeniero Azcona en casa de este último. (Foto Rolando Mondragón).

"EL HERALDO", 28 de noviembre, 1985

Asegura su hermano:
Suazo Córdova es el culpable de la derrota del oficialismo

El presidente de la República Roberto Suazo Córdova, es el responsable de la derrota sufrida por el oficialismo en las elecciones del domingo anterior por pretender imponer un candidato a los liberales, expresó ayer su propio hermano Renato Suazo.

Renato dijo estar "alegre" porque su líder, el ingeniero José Azcona Hoyo, ganó las elecciones y logró recuperar el partido de las manos de los "Suazocordovistas" cuyas intenciones "no eran más que dividir a toda costa a la familia liberal".

El ahora dirigente azconista expresó que otra de las causas de la derrota de los oficialistas fue que presionaron demasiado a los empleados públicos a su favor, sin darse cuenta que con ello estaban favoreciendo al azconismo.

"No sé por qué mi medio hermano trató de imponer un candidato a los liberales si ya había visto una experiencia, que fue cuando Villeda Morales quiso imponer un candidato en 1962 y le sucedió todo lo contrario".

El hermano de Suazo Córdova acusó a este de que Rafael Leonardo Callejas ganara a José Azcona Hoyo las elecciones en forma individual por la división interna que causó dentro de los mismos liberales y demás organizaciones del país.

Relató el dirigente que el presidente electo (Azcona) le encomendó el municipio de Lejamaní en el departamento de Comayagua, el cual ganó por amplia mayoría.

Dijo que el motivo por el cual el doctor Suazo no lo quiere es porque él nunca estuvo de acuerdo en que impusiera sus caprichos con determinado candidato y fue así como inclusive hasta ordenó que lo despidieran de su trabajo.

"EL HERALDO", 28 de noviembre, 1985

DERROTA TIENE DESCONCERTADOS A LOS DIRIGENTES OFICIALISTAS

- **Con descabellados argumentos tratan de justificar el descalabro**

Los dirigentes del Movimiento Liberal Suazocordovista recurren a las más peregrinas argumentaciones para tratar de justificar el descalabro que sufrieron el pasado domingo en las urnas a manos de los movimientos que dirigen José Azcona Hoyo y Rafael Leonardo Callejas.

Uno de ellos, el consejero presidencial Gustavo Alfaro, sostuvo ayer que la gente del campo no votó por el candidato presidencial Oscar Mejía Arellano porque "ya le habían prometido su voto a Azcona y no podían faltar a su palabra porque los campesinos son honestos, honrados y leales".

"Además, en el campo hay una gran sencillez de parte de la gente y por ello fue que el mensaje que a diario les llevaba Ana Joaquina Rodas Baca para que no votaran por su padre, impactó grandemente", aseguró Alfaro.

El exdirector del Instituto Nacional Agrario sostuvo que las concentraciones políticas "no son ningún termómetro para medir la popularidad de los candidatos" porque "cuando hay comida y transporte gratis, la gente se moviliza para hacer turismo".

Alfaro reconoció que en algunos departamentos los candidatos eran impopulares, pero expresó que "en definitiva, el movimiento ganador fue el Rodismo porque el nuevo presidente es rodista al igual que los otros candidatos, Oscar Mejía Arellano y Efraín Bú Girón".

El político se lamentó de la actitud de algunos funcionarios públicos que se convirtieron en los peores críticos del gobierno, pero añadió que el presidente Roberto Suazo Córdova supo demostrar que aún en el poder, el partido liberal no se desgastó sino que ratificó ser el mayoritario.

DIRIGENTE DESCONCERTADO

El diputado Suazocordovista por Ocotepeque, Rafael Antonio Ardón, dijo por su parte sentirse "desconcertado" por los resultados obtenidos, especialmente en el sector norte del país donde los seguidores del presidente no lograron ninguna diputación.

Sin embargo, dijo que la culpa no era de Suazo Córdova porque este dirigente siempre les decía que salieran de la Casa Presidencial y que fueran al campo a conseguir los votos necesarios para lograr ubicarse en el Congreso Nacional.

Según Ardón Fuentes, la principal causa de la derrota es innegablemente la preferencia de los votantes por el candidato José Azcona Hoyo, quien es una persona conocida a nivel nacional y no como ocurre con algunos dirigentes rodistas.

"EL HERALDO", 28 de noviembre, 1985

Presidente electo orgulloso por su ascendencia española

•

- "Pepín es retraído, modoso y voraz lector, era poco amigo de juergas y bailes y le gustaba coleccionar caricaturas...", cuentan sus primas en Santander

SANTANDER (ESPAÑA) (EFE). – El presidente electo de Honduras, José Azcona del Hoyo, afirmó ayer que le llenó de orgullo el que le llamaran español durante la campaña para las elecciones del domingo último con ese país centroamericano.

Azcona, Pepín para sus familiares y amigos españoles, hizo esta confesión y contó anécdotas de su infancia en España en una entrevista telefónica emitida ayer por la emisora regional de televisión en Contadra (Norte español).

Nacido en Honduras, de padres santanderinos emigrados en los años veinte, José Azcona vivió en la localidad Cantadra de Moja su infancia y parte de su juventud, desde 1932 hasta 1940, fecha en la que querían llevarme al ejército, pero yo era hondureño y me tocó huir de España.

Ingeniero de profesión, el presidente electo de Honduras muestra su fe en el Partido Liberal al que pertenece: un partido, explicó, que tiene una ideología muy clara, del tipo del Partido Radical de Argentina, de base demócrata.

Entre las anécdotas que recordó Pepín de su vida en España, destacó el día que fue desde Moja o Bilbao, en bicicleta, para ver el encuentro de fútbol que disputaban el Athletic y el San Lorenzo de Almagro.

En Moja viven tres primos de José Azcona: María del Carmen, Pilar y María del Rosario Solana de Hoyo, que compartieron niñez y juventud con Pepín, quienes recuerdan que en 1932 José y su hermano Victoriano vinieron a esta localidad para curarse de las fiebres tropicales que padecían.

Definen a Pepín como retraído, moboso y voraz lector, se comía todos los libros, dicen y destacan que era poco amigo de juergas y bailes y que le gustaba mucho la historia y coleccionar caricaturas de políticos.

**José Azcona y su hermano Victoriano,
vivieron su infancia en España.**

"EL HERALDO", 28 de noviembre, 1985

ENTRE POLÍTICOS

• Esperan que cumpla su promesa

El diputado suazocordovista por Choluteca, Gustavo Simón Núñez, ha "desairado" a miles de liberales del sur. Ocurre que antes de las elecciones, el parlamentario "juró" que "se pegaría un tiro" si el Partido Nacional gaban las elecciones, donde decía tener "todo arreglado". Sin embargo, el propio Simón Núñez es el primer sorprendido porque el candidato Rafael Leonardo Callejas obtuvo la victoria en ese departamento. Hasta ayer, según se supo, muchas personas merodean la residencia del congresista esperando que cumpla con su promesa... "y escuchar la detonación".

• Los Jalil y su medio millón

Los esposos Alfredo Jalil han echado por la borda medio de lempiras que gastaron en la pasada campaña electoral, porque ninguno logró su pretensión de lograr un cargo de elección popular. Alfredo iba de candidato a diputado por el Movimiento Bugironista y Gloria quería ser la primera alcaldesa de Tegucigalpa. Los resultados muestran que el matrimonio invirtió el dinero "como echar sal al agua". Según se supo, los Jalil avalaron con cien mil lempiras la deuda política de Bú Girón, por lo que por todos lados quedaron "colgados".

• Jacobo Hernández reclama curul

El diputado Jacobo Hernández Cruz, quien renunció de la planilla del MONARCA por el departamento de Lempira, porque un hermano suyo heredó su puesto, ahora anda preocupado porque no fue incluido en la lista de parlamentarios del nacionalismo por Francisco Morazán, como era su deseo. En los corrillos políticos se comenta que Hernández "anda afligido" porque teme quedar "en el aire", pese a sus inversiones políticas y que, según él, debe recuperar en el próximo periodo parlamentario.

"EL HERALDO", 28 de noviembre, 1985

EL PUEBLO NO OLVIDA

La conciencia ciudadana ha reflejado sus sentimientos, los productos de su razón y de su voluntad, en el resultado de las elecciones generales practicadas el domingo 24 del mes que corre. Ha dignificado a sus compatricios que en su creencia se han conducido en la vida pública como honorables y amantes hombres de esta tierra, de sus instituciones, de su historia, respetuosos de los altares patrios, proveídos de convicciones definidas frente a las embravecidas aguas del relajamiento social y la fermentación viciosa desprendida de los enormes depósitos de apetitos desordenados que yacen en el alma de individuos y de grupos.

Asimismo castigó a los ambiciosos, a hombres e instituciones políticas que atentaron contra sus legítimos y soberanos patrimonios tanto morales como materiales, especialmente a los dirigentes de instituciones públicas que, prevalidos de sus posiciones, de sus representaciones, de sus magistraturas, convinieron en conspirar alentado el aborto del proceso democrático; ampliando el número de diputados, contraviniendo mandatos constitucionales y morales; levantando castillos imperiales con la argamasa concupiscible y sobre la desnudez y el hambre de su base generosa. Muchos, hasta ahora, han de comprender el valor del voto popular manifestado libremente por las masas que algunos la conciben maliciosamente sin memoria...

"EL HERALDO", 28 de noviembre, 1985

Elvin Santos:
Por falta de trabajo político y de concientización perdimos

TEGUCIGALPA. El ex aspirante a designado a la Presidencia de la República por la facción oficialista del Partido Liberal, ingeniero Elvin Santos, atribuyó la derrota de ese movimiento a la falta de trabajo político y de concientización en las masas.

Dijo que las elecciones del domingo fueron un ensayo democrático suigéneris, pues ha sido el único en la historia del país que refleja la madurez cívica y política a que hemos llegado.

Argumentó que él siempre tuvo gran fe en la tesis de la Alternativa B, cuando le tocó exponer sus puntos de vista en diversos foros.

Era el primer convencido, aunque sabía que iba a costar mucho dinero y esfuerzos pero sabía que representaba el esfuerzo democrático más grande en lo que va del siglo, nuestro pueblo podía contemplar y ser partícipe, actuando, añadió el ingeniero.

Refiriéndose a la actuación del oficialismo en la contienda electoral del 24, Santos apuntó que no fue todo lo exitoso que se deseaba, pero yo creo que el Partido Liberal ha salido victorioso. No podemos hablar de fracaso, el Partido Liberal es uno solo.

Sostuvo que ese instituto político debe su vigencia permanente en la historia de Honduras al clima de competencia interna que priva en él.

Además de la falta de trabajo político en las masas, el ingeniero Santos adujo que también carecieron de soporte económico para poder implementar una campaña con todos los atributos que, supuestamente, creía la gente que decía oficialismo.

ELVIN SANTOS

Subrayó que el oficialismo era un movimiento más del PL con las limitantes más extremas que se pueden imaginar.

El ingeniero Santos arguyó que en la campaña no se dispuso de la maquinaria oficial del Estado, no se dispuso de los fondos del Estado para hacer política, como ha sido tradicional en este país.

Santos dijo que él estaba dispuesto a reconocer hidalgamente, como ciudadano y como militante del PL, la victoria del ingeniero José Azcona Hoyo.

Con toda nobleza tengo que decir que ha ganado hidalgamente, que ha ganado en una competencia reñida, que ha tenido que atravesar múltiples dificultades y que, saliendo victorioso al final, no me resta más que darle la mano con la frente en alto.

Reconoció que parte del fracaso del oficialismo obedeció a la escasa calidad moral e intelectual de algunos de los candidatos a diputados.

"Bueno, en parte sí", dijo. "Yo creo que los partidos en el poder, en primer lugar se gastan, y por otra parte la competencia que se estableció dio lugar a que egoísmos intrascendentes aparentemente, pero decisivos a la postre marginaran a elementos de gran prestancia y que tienen una gran incidencia a la hora de hacer los cuadros de trabajo que pudieron haberle dado un mejor resultado al movimiento oficialista", concluyó el ingeniero Santos. (RMC).

"EL TIEMPO", 28 de noviembre, 1985

"UNC" PREPARA PLANTEAMIENTO PARA EL GOBIERNO DE AZCONA

TEGUCIGALPA. El futuro presidente de la República, ingeniero José Azcona Hoyo, se enfrentará en su gobierno con "grandes problemas que ameritan acciones inmediatas para resolverlos", según el secretario general de la Unión Nacional de Campesinos (UNC), Marcial Caballero.

Señaló que la UNC se mantendrá a la expectativa "sobre las acciones que ejecutará el nuevo gobierno encaminadas a resolver esos grandes problemas, ya que las promesas hechas durante las campañas políticas deben demostrarse ahora con realidades".

Caballero manifestó que la UNC está elaborando un planteamiento para ser entregado al ingeniero Azcona Hoyo, en el cual "expondremos lo que el campesino hondureño necesita en materia de reforma agraria, haciendo énfasis en la adjudicación de tierras, asistencia técnica, crediticia y comercialización".

Asimismo, dijo que al ingeniero Azcona se le exigirá que "haga válido el compromiso en cuanto a que los obreros y campesinos deberán participar en el nuevo gobierno". (TDG)

CABALLERO

"TIEMPO", 28 de noviembre, 1985

Hermano de Suazo Córdova:

PRESIDENTE DIVIDIÓ AL "PL" Y QUERÍA IMPONER SU CAPRICHO

TEGUCIGALPA. "El fracaso del oficialismo se debe a la forma en que ellos manejaban al partido, manipulándolo para imponer candidatos", sostuvo ayer el hermano del presidente de la República Renato Suazo.

Recordó que en el PL no se aceptan imposiciones "y el mismo doctor Suazo Córdova sabía de esa situación cuando el caso de Ramón Villeda Morales y Modesto Rodas Alvarado y él cometió el mismo error".

Dijo que en esta oportunidad el pueblo liberal rechazó una segunda imposición de candidato "y a la vista está que el pueblo a quien quería era el ingeniero Azcona Hoyo, un candidato que nació de las entrañas del pueblo liberal".

El joven dijo que su hermano Roberto Suazo tenía casi el 100 por ciento en la cuota de responsabilidad de la división del partido y de la derrota individual que sufrieron ante el candidato Rafael Leonardo Callejas.

Sostuvo que su hermano desde principios de su gobierno "empieza a dividir a la familia hondureña, a dividir al mismo Partido Liberal y estas organizaciones y esto ha repercutido bastante en este proceso electoral".

"El dividido al Partido Liberal y ahorita este instituto político se ha reunido alrededor de la imagen del ingeniero Azcona Hoyo", sostuvo Suazo.

Añadió que por la candidatura del ingeniero Azcona Hoyo él comando un municipio en Comayagua en donde derrotaron tanto al candidato rodista como al callejismo.

Suazo dijo que con el triunfo de Azcona en Lejamaní le estaba demostrando a su hermano Roberto "que yo tengo pueblo en ese municipio".

Sostuvo que su hermano no lo quiere a raíz del lanzamiento del ingeniero Carlos Flores Facussé a finales del año anterior. "Nosotros no estábamos de acuerdo con ese tipo de actitudes, pues ya estaba manipulando al partido y él quería imponer su capricho, pero los jóvenes no estuvimos de acuerdo en escoger un candidato en esa forma y nos opusimos". (RMC)

"TIEMPO", 28 de noviembre, 1985

Antonio Ardón:

Nosotros carecíamos de la publicidad necesaria

TEGUCIGALPA

El fracaso del oficialismo liberal en las elecciones del 24 fue atribuido ayer por el diputado de Ocotepeque, Antonio Ardón Fuentes, a que sus compañeros hacían proselitismo político en la capital.

Sostuvo que en reiteradas oportunidades el doctor Roberto Suazo Córdova les señaló que no se podía hacer campaña política en la capital y que había que ir a los pueblos: "Talvez sea este un factor en la derrota", apuntó.

Ardón Fuentes no quiso calificar a muchos correligionarios de políticos palaciegos.

"Lo que pasa –indicó– era que había una batalla bastante desigual, en el sentido de que nosotros carecíamos de la publicidad necesaria contrario a lo que tenían otras corrientes".

Sin embargo, antes de iniciar la campaña política, los diputados rodistas se reunieron en la residencia del presidente del Central Ejecutivo, Juan de la Cruz Avelar Leiva, y acordaron en aportar 20 mil lempiras por diputado propietario.

Más adelante, Ardón Fuentes admitió que el ingeniero José Azcona Hoyo tenía una gran imagen y era la imagen del ingeniero Azcona la que se proyectaba a nivel de todo el país.

Ardón Fuentes dijo que no sabía hacia donde se destinó el dinero recaudado por el oficialismo. Nosotros recibimos una cantidad de dinero de las letras que nosotros descontamos, pero el dinero que se empleó en otras campañas fue superior, mil veces superior a la nuestra.

Para concluir, el diputado Ardón Fuentes felicitó al nuevo presidente de la República por su triunfo contundente. (RMC)

"TIEMPO", 28 de noviembre, 1985

Juan Fernando López

CORRIENTES INTERNAS DEL "PL" TIENEN QUE ELIMINARSE

SAN PEDRO SULA. Si el ingeniero José Azcona Hoyo no hace un buen gobierno y Rafael Leonardo Callejas sigue trabajando como lo ha venido haciendo, él será el presidente en 1990, sentenció Juan Fernando López Leiva, coordinador departamental de la campaña de la alianza Azcona-ALIPO.

Para el exalcalde sampedrano el Partido Liberal se tiene que restaurar pues "ha sido mal manejado y se encuentra desunido".

Sostiene que las corrientes internas del liberalismo tienen que ser eliminadas. "Cada una de ellas representa un partidito que mina el conjunto de la institución política".

Analiza López Leiva el fenómeno político de Rafael Leonardo Callejas, particularmente en el departamento de Cortés, señaló que la candidatura del joven político fue calorizada debido al descontento de los liberales que se vieron marginados por el gobierno de Roberto Suazo Córdova.

Calificó esta actitud el dirigente "como un castigo del pueblo en contra del oficialismo suazocordovista".

La elección de José Azcona como nuevo presidente de los hondureños es considerado por JFLL como "un éxito para los que bien queremos este país".

"Se olvidaron los oficialistas que la contienda política que recién pasó era de partidos y no de personas. La fobia con que atacaron al ingeniero Azcona no tiene nombre".

Cree López Leiva que hay que unir al Partido Liberal por un lado y por el otro trabajar honradamente en favor del pueblo. "Hay que combatir sin tregua la corrupción administrativa".

No negó ni aseguró la versión que actuará en el gobierno de Azcona como ministro de Obras Públicas y Transporte. "Esa es una cosa que decidirá el futuro presidente", dijo. (JOTAVE)

"TIEMPO", 28 de noviembre, 1985

HAY QUE UNIR AL "PL": AZCONA

- **Tomaré posesión en Tegucigalpa y no en La Paz, dice el presidente electo**

TEGUCIGALPA. El ingeniero José Azcona Hoyo reiteró que no ira a tomar posesión de la Presidencia de la República a la ciudad de La Paz, como desea Roberto Suazo Córdova.

No obstante, el nuevo mandatario anunció que en su esfuerzo por unificar a la familia hondureña está dispuesto a conversar con todas las facciones del gobernante Partido Liberal, incluso con que jefea aún Roberto Suazo Córdova.

Azcona Hoyo, entrevistado ayer en su residencia de la colonia Argentina de la capital, resaltó la decidida participación de los Partido Demócrata Cristiano y el Partido Innovación y Unidad (PINU) en la salida de la crisis política que permitió la democratización de los partidos políticos.

El ingeniero Azcona, quien se proclamó como nuevo presidente de la República, dijo que con los resultados conocidos hasta ayer "ya podemos decir que tendremos que ser declarados como presidente electo de Honduras por el Tribunal Nacional de Elecciones".

Interrogado sobre las declaraciones del hermano Roberto Suazo Córdova, Renato Suazo en el sentido de que el azconismo enterró al coordinador del oficialismo, dijo que "yo no me voy a poner a estas alturas a hablar de entierros de nadie".

"Yo creo –agregó– que lo que hay que hacer es unir al partido. Lo pasado, pasado. Hay que buscar la unidad del Partido Liberal y hay que ir más allá, hay que buscar la unidad de la familia hondureña".

Azcona señaló que "estas elecciones han sido muy aleccionadoras para que nosotros a estas alturas empecemos a querer echarle tierra a nadie".

"Creo –opinó– que hay que mantenerse muy tranquilo, ya el pueblo hondureño se manifestó a través de las urnas electorales y ejerció el derecho soberano y hay que acatar la decisión del pueblo".

El político señaló que los partidos llamados pequeños, el PINU y la Democracia Cristiana "fueron la conciencia de este proceso y a ellos hay que agradecerles mucho".

"Yo les agradezco infinitamente a esos partidos pequeños, que decimos pequeños, pero que fueron muy grandes en la toma de decisiones en favor de Honduras".

Dijo que estos "dieron ejemplo de desprendimiento y por nuestra parte estamos muy agradecidos con las dirigencias de esos partidos".

Preguntado sobre si iría a La Paz a tomar posesión como desea Suazo Córdova dijo que "eso no hay que traerlo a colación ahora".

"Todos sabemos que la capital de Honduras es Tegucigalpa y yo no le doy importancia a lo que él dijo, lo pudo decir en un momento que quería bromear o tal vez él lo pensaba".

"Él tiene derecho a pensarlo", dijo señalando después que "la toma de posesión va a ser en el Estadio Nacional, donde vamos a reunirnos con todo el pueblo hondureño".

Refiriéndose a versiones de prensa según las cuales del azconismo se reuniría con el callejismo para discutir la situación planteada ante la amenaza de impugnar las elecciones por parte del nacionalismo, Azcona dijo que "yo tengo que conversar con todo el mundo en este país". (GP)

"TIEMPO", 28 de noviembre, 1985

El pueblo confía que José Azcona gobernará con los mejores hombres

SAN PEDRO SULA. "El pueblo hondureño confía en que el ingeniero Azcona cumplirá su promesa de gobernar con los mejores hombres, independientemente del color político que sean, y que su gobierno será de verdadera "honestidad y trabajo", opinó ayer el exregidor nacionalista Rafael Emiliano "El Chavo" Verdial.

"De no ser así, y por el contrario continúa con las mismas mañas y sectarismos con que ha gobernado el doctor Suazo Córdova, desde ya les aseguramos que lo mejor que deben hacer es ir comprando el ataúd para enterrar al Partido Liberal", dijo Verdial.

Añadió que "creemos que Azcona respetará los distintos sectores que conforman la hondureñidad, incluyendo a los nacionalistas ya que somos una gran mayoría en este país, tal como lo demostró en las pasadas elecciones el Movimiento Nacional Callejista, cuyo candidato no ostentó la primera magistratura de la nación por razones del pacto político que se suscribió".

No obstante reconocer la existencia del pacto político, Verdial dijo que, según el Artículo 236 de la Constitución, Callejas es el virtual presidente del país por haberle ganado individualmente y con una amplia ventaja al ingeniero Azcona, el candidato más popular del Partido Liberal.

Por último, Verdial opinó que el nuevo alcalde de esta ciudad debe de empezar por barrer con los "paracaidistas" y todos aquellos empleados ineptos que son los que han provocado el estancamiento en el funcionamiento de la Corporación sampedrana. (CAH)

"TIEMPO", 28 de noviembre, 1985

M-LIDER apoya a Azcona pues es el presidente legítimo: Reina

TEGUCIGALPA. El candidato presidencial del Movimiento Liberal Democrático Revolucionario (M-LIDER), Carlos Roberto Reina, estimó que el hecho de que su grupo no haya obtenido ni un diputado a pesar de haber obtenido más de 43 mil votos "no tiene ninguna lógica ni ningún ápice de justicia".

Reina aseguró que aún no ha recibido un informe oficial del Tribunal Nacional de Elecciones donde se ratifique que su movimiento no logró ninguna diputación.

"Pero yo creo que en política debe haber justicia. Nadie entendería un sistema donde a un mayor número de votos no tenga un diputado y un menor número de votos tenga tres diputados. Eso es completamente injusto", dijo.

Reina sostuvo que las reformas a la Ley Electoral mediante las que se regula la adjudicación de diputaciones están siendo mal interpretadas.

Dijo, además, que el creador de estas reformas, el ingeniero Carlos Flores Facussé "casi lo elimina a él mismo" de las diputaciones.

"Así es que yo espero que se rectifique y que haya justicia y se nos reconozca el derecho que tenemos como hondureños", apuntó.

Reina dijo que si no obtienen una diputación en el Congreso "ahí están las plazas públicas para tener voz" en Honduras.

Aseguró que los votos obtenidos por su movimiento y del de José Efraín Bú Girón fueron decisivos en el triunfo del Partido Liberal en los comicios del domingo.

El abogado e internacionalista consultado sobre la posibilidad de que el callejismo presente un recurso de inconstitucionalidad ante la Corte Suprema de Justicia por la forma de elegir al presidente, dijo que "esa idea hay que descartarla totalmente porque sería volver a la crisis".

Dijo que si "volvemos a plantear la discusión de la crisis ya no habría remedio para el pueblo hondureño".

El M-LIDER, anunció Reina, apoya al ingeniero José Azcona Hoyo pues "es el presidente legítimo electo por el pueblo hondureño". (GP)

"TIEMPO", 28 de noviembre, 1985

LA CEIBA: CARNAVAL AZCONISTA

La ciudad de La Ceiba, Atlántida, ha sido escenario de las demostraciones de júbilo popular por el triunfo eleccionario del electo presidente de la República, José Azcona Hoyo. En caravanas de automóviles miles de prosélitos de la Alianza ALIPO-Azcona se han lanzado a las calles para festejar la llegada al poder público de su coterráneo José Azcona Hoyo. Y desde el domingo por la noche se ha convertido en la ciudad más alegre de Honduras y teatro de un nuevo "carnaval" porque es la primera población del norte del país que da a Honduras un presidente.

"TIEMPO", 28 de noviembre, 1985

"TIEMPO", 28 de noviembre, 1985

A LOS GRANDES LIBERALES

San Pedro Sula, 26 de noviembre, 1985

Ingeniero Jaime Rosenthal Oliva
Abogado José Fernández Guzmán
Lic. Edmond L. Bográn
Abogado Arturo Morales
Don Mario Ramón López G.
Don Juan Antonio Martínez
Ciudad

Por primera vez en muchos años el Partido Liberal lleva en su representación en este departamento y en puestos de alta responsabilidad a ciudadanos liberales de la capacidad y honestidad como ustedes. Esperamos sepan evitar que el perverso rodismo, padre y madre del Suazocordovismo, siga haciéndole daño a Honduras.

Liberalísimamente,
Raúl Reina Bonilla

"TIEMPO", 28 de noviembre, 1985

Estamos dispuestos a apoyar nuevo gobierno: M. A. Pineda

SAN PEDRO SULA. "Aceptemos la derrota con hidalguía y como liberales estamos dispuestos a dar nuestro apoyo al nuevo gobierno del ingeniero José Azcona Hoyo, quien, según suponemos, propiciará la unión del liberalismo mandará con las personas más capaces de Honduras".

Tales declaraciones fueron ofrecidas aquí ayer a TIEMPO por el perito mercantil Miguel Ángel Pineda, excandidato a la alcaldía de San Pedro Sula por el movimiento liberal bugironista, reconociendo así el fracaso que tuvo este sector del liberalismo en las elecciones del pasado domingo.

Miguel Ángel Pineda dijo que "no gozamos de apoyo económico y que eso fue el principal motivo de nuestro fracaso en el proceso electoral", además de aseverar que "tuvimos limitaciones de tiempo para realizar una campaña proselitista que nos diera los resultados que pretendíamos".

"Tres meses no fueron suficientes para que la candidatura presidencial del abogado Efraín Bú Girón y la mía como alcalde calaran en la conciencia del pueblo, pues mientras otros candidatos se dedicaban su tiempo a hacer proselitismo, él defendía la Constitución en el Congreso Nacional", dijo Pineda.

Luego agregó que "Azcona se lanzó a la palestra política hace tres años, y eso lo hizo grande ante el pueblo hondureño, pero Bú Girón no gozó de tiempo para dedicarse de lleno a promover su candidatura".

Refiriéndose al desarrollo de elecciones, Miguel Ángel Pineda indicó que los hondureños "hemos dado un ejemplo de cordura y civismo, pues hemos superado aquellas etapas de odios infecundos que degeneraban en violencia y derramamiento de sangre de hermanos".

Pineda catalogó el triunfo electoral del ingeniero José Azcona Hoyo como "una gran victoria del liberalismo" que debe ser preservada haciendo un gobierno de integración nacional y combatiendo la corrupción administrativa entronizada en la cosa pública, pues de ocurrir lo contrario "estaríamos condenando al fracaso al Partido Liberal". (PP)

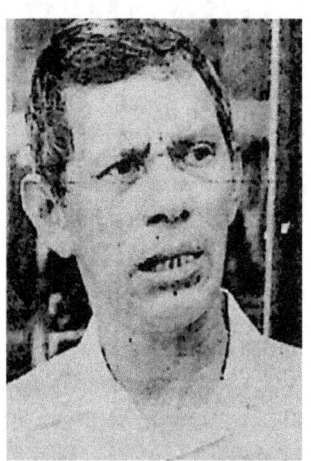

MIGUEL A. PINEDA
"TIEMPO", 28 de noviembre, 1985

OPINIÓN EDITORIAL
CON LAS PATAS FLOAS

Aun cuando no se han oficializado los resultados de las elecciones generales practicadas el 24 de noviembre podemos formular conclusiones en virtud de los números y de las proyecciones que hasta ahora se han divulgado.

Comencemos por decir que el solo hecho de que se hayan practicado comicios es un gran paso hacia adelante.

El Partido Liberal le gana nuevamente –esta vez por un margen apretado– a su adversario tradicional. El joven dirigente político del nacionalismo, Rafael Leonardo Callejas, obtiene una mayoría individual de votos impresionante, superior a la de cualquier otro candidato por las corrientes de los distintos partidos. Sin embargo, el ingeniero José Azcona obtiene dentro del Partido Liberal mayor cantidad de votos que cualquiera de los otros candidatos. Lo que se presenta entonces, en este momento, era lo que muchos habían previsto. El Partido Liberal gana las elecciones pero el candidato nacionalista obtiene una mayoría individual. Esto ha dado pie para que desde ahora, simpatizantes de la corriente callejista anuncien que van a impugnar la declaratoria del TNE si esta favorece al liberalismo.

Aun cuando es de reconocer el volumen electoral que arrastró el joven dirigente nacionalista merced a una campaña bien montada y las cualidades personales del candidato que logró motivar a sus prosélitos, a estas alturas ya no se puede andar con pichingadas. En LA TRIBUNA, anterior a la práctica de las elecciones, expresamos que legalmente el futuro presidente de Honduras sería el candidato con el mayor número de votos dentro del partido triunfador.

El triunfo le corresponde al Partido Liberal y la presidencia de la República a José Azcona Hoyo.

No hay que andar con mezquindad en estas cosas. El pueblo liberal favoreció al ingeniero Azcona y el pueblo hondureño a todo el Partido Liberal. A los derrotados en esta contienda lo que les toca es aceptar con hidalguía su derrota electoral. Aunque esto de derrotados depende del ángulo en que se vea. No es ninguna derrota para Rafael Leonardo Callejas el que su partido no haya obtenido la preferencia popular en esta oportunidad. Él como candidato logró un triunfo impresionante para su corriente política, y una recuperación sin precedentes para su partido. Queda demostrado que para un inmenso volumen de electores es vital la imagen que proyecta un candidato. Un hombre que genere entusiasmo, que pueda transmitir su mensaje al pueblo, que logre cautivar el corazón de la gente joven, tiene la mitad de la partida ganada.

El candidato liberal José Azcona, por su lado, demostró una gran determinación y un sentido envidiable de perseverancia. Cuando todos creían que su movimiento estaba derrotado, siguió adelante. Cuando muchos creían que andaba de pueblo en pueblo como loco platicándole a los palos, puso oídos sordos a las predicciones negativas y continuó adelante. Al final, toda una jornada de trabajo intenso, de posiciones valientes, lucha infatigable, rindió sus frutos.

Ya Honduras no es la Honduras rural de hace años atrás. Las poblaciones urbanas son determinantes. Estas ven y oyen a través de lo que se proyecta en los distintos medios de comunicación. Los periódicos, las radios, la televisión, son vehículos importantes de penetración. La población urbana responde a un mensaje muy distinto que aquel que motiva en lo rural. Hay que hablar, como decía un amigo nuestro, en dos canales, para llegar a todo el pueblo.

De los resultados obtenidos, sin embargo, no hay triunfo contundente para nadie. Más bien lo que hay es una distribución rara de votos, que significa que el próximo gobierno no podrá gobernar solo, aunque quisiera.

El próximo presidente es producto de una expresión minoritaria del electorado. Su gobierno tiene que buscar apoyo para gobernar y poder mantenerse. Ya de por sí entra con las patas flojas. Procuremos todos atornillarlas. Porque si desde ahora van a comenzar queriéndole serruchar el piso, quién sabe hasta donde pueda llegar esta naciente democracia.

"LA TRIBUNA", 28 de noviembre, 1985

EN SEIS MESES EL PUEBLO DARÁ EL BENEPLACITO A NUEVO GOBIERNO

Respetar la Constitución de la República y administrar la nación bajo la "bandera de las cinco estrellas", prometieron el primer designado a la Presidencia de la República, Jaime Rosenthal Oliva, diputados al Congreso Nacional por Cortés y el alcalde electo de San Pedro Sula, Jerónimo Sandoval, todos de la coalición ALIPO-Azcona.

Rosenthal Oliva expresó que las instrucciones de José Azcona Hoyo son no actuar con revanchismo, porque el gobierno trabajará incluso con los hombres capaces del Partido Nacional.

Prometió al pueblo hondureño que en un año renegociarían la deuda externa, pero que el Fondo Monetario Internacional (FMI), no les pediría la devaluación de la moneda.

Eso sucederá, afirmó, porque el próximo gobierno no tendrá los vicios del pasado y en seis meses el pueblo le dará al régimen su beneplácito.

"El déficit presupuestario actual es difícil, pero los renglones económicos más importantes de la economía nacional están entrando en un periodo de recuperación, por lo que la solidez de nuestra moneda continuará firme", aseguró.

Este será un gobierno honesto y para todos los hondureños, reiteró, porque se trabajará con todos, indistintamente que sean nacionalistas y las diferentes corrientes liberales, pero que tengan compromiso con el desarrollo de la nación.

LABOR HUMANITARIA...

Por su parte Jerónimo Sandoval se comprometió a trabajar y orientar su gestión edilicia al respecto eminentemente humanitario, ya que se pretenderá incrementar los programas de salud, educación y otros que lleguen al pueblo.

En su gestión, dijo, llamará a las agrupaciones de servicio para que colaboren en su gobierno local, a fin de ayudar a los sectores más necesitados de la comunidad.

"El agua, la salud y la educción serán los problemas que tendrán prioridad uno, a pesar de que estos no son de la incumbencia de la municipalidad, sino del gobierno central, pero en ellos se centrará la gestión municipal", manifestó,

Sandoval expresó que habrá cambios en su gobierno, pero en función de capacidad, y unca de política partidarista sectaria, ya que en la corporación municipal existen elementos capaces de los cuales no se puede prescindir.

HABRÁ JUBILADOS POLÍTICOS

Mientras Edmond L. Bográn, futuro diputado al Congreso Nacional, afirmó que habrá muchos políticos "jubilados y pensionados", ya que hay que darle cabida a las nuevas generaciones y a los nuevos líderes, pues a la democracia hay que mantenerla para el bien de Honduras.

El futuro alcalde sampedrano hizo también hincapié de la participación de los periodistas en la realidad nacional, por lo que solicitará al Colegio de Periodistas de Honduras (CPH), una terna para que uno de sus miembros forme parte de su grupo de consejeros. (L.M.R.)

El primer designado a la Presidencia de la República, Jaime Rosenthal Oliva y los diputados por le departamento de Cortés, ratificaron en conferencia de prensa que el lempira continuará sólido. (Foto Raúl Villalta)

"LA TRIBUNA", 28 de noviembre, 1985

BÚ GIRÓN: PUEBLO HONDUREÑO DEBE APOYAR SIN RESERVAS A JOSÉ AZCONA

PRONUNCIAMIENTO

Correligionarios:
Hombres y mujeres liberales:
Pueblo Hondureño

Al culminar el proceso electoral con la victoria del Partido Liberal de Honduras que se pronunció en las urnas con entera libertad y altura cívica, creo de mi deber como coordinador del Movimiento Liberal que patrocinó mi candidatura a la Presidencia de la República, felicitar a todos los hombres y mujeres liberales que forjaron con sus votos el triunfo indiscutible de nuestro instituto político y agradecer con emoción patriótica a todos los correligionarios que siempre confiaron en mis propósitos, ideas y conducción política y que me demostraron su lealtad y firmeza inclaudicable, trabajando tesoneramente, aun con enormes dificultades económicas a favor de mi candidatura a la Presidencia de la República para culminar depositando sus votos a favor del movimiento político que me postuló y que contribuyó en gran manera al triunfo del liberalismo.

De manera especial y con profunda satisfacción y afecto quiero agradecer al pueblo liberal del departamento de Santa Bárbara que en una actitud solidaria se volcó a las urnas apoyándome para contribuir al triunfo del Partido Liberal.

En nombre de nuestro movimiento felicitamos al ingeniero José Azcona, por haber salido triunfante en esta gesta cívica cuando el pueblo hondureño lo ha elegido con entera libertad para que rija los destinos de Honduras en el próximo periodo de gobierno como presidente constitucional, su triunfo es indiscutible y creo que el pueblo hondureño debe apoyarlo sin reservas para fortalecer el sistema democrático de la nación.

Quienes hemos luchado por la vigencia permanente de los principios y postulados del liberalismo, proclamando la unidad de la familia liberal y la conciliación del pueblo hondureño como propósito fundamental de convivencia pacífica que hagan posible el logro del mayor bienestar para la nación hondureña, queremos en esta oportunidad reafirmar esos propósitos, para que en esta nueva etapa histórica logremos la unidad del liberalismo y del pueblo hondureño, manteniendo nuestra lealtad a la República y a los principios que sostenía el Partido Liberal de Honduras.

Tegucigalpa, D.C., noviembre 27 de 1985

J. EFRAÍN BÚ GIRÓN

LA TRIBUNA", 28 de noviembre, 1985

ELVIN SANTOS
NUEVO PRESIDENTE GANÓ COMPETENCIA MUY REÑIDA

El excandidato a designado presidencial por el Rodismo, Elvin Ernesto Santos, declaró ayer que reconocía hidalgamente la victoria de José Azcona, señalando que ha ganado una competencia muy reñida.

"Con toda nobleza tengo que decir que Azcona ha tenido que atravesar múltiples dificultades, pero al final ha salido victorioso y no me resta más que darle la mano de frente y con la frente en alto", añadió.

Santos dijo que uno de los factores para que perdiera el Rodismo fue la falta de trabajo político de concientización en las masas y falta de un soporte económico para implantar una campaña con todos los atributos que tenía el oficialismo.

"El oficialismo solo era un movimiento más del Partido Liberal con las limitaciones económicas más extremas, porque procedimos con la honradez propia del gobierno de Suazo Córdova y no se dispuso de la maquinaria oficial ni de los fondos del Estado para hacer política", aseguró.

El expresidente del Distrito Central calificó el proceso democrático como el "ensayo político más grande que ha tenido Honduras en el presente siglo, que refleja la madurez cívica y política a que ha llegado el pueblo".

"LA TRIBUNA", 28 de noviembre, 1985

Según presidente del Colegio de Abogados
Jurídicamente Azcona es el presidente

TEGUCIGALPA. – El presidente del Colegio de Abogados de Honduras, Miguel Ángel Rivera Portillo, afirmó que José Azcona es el presidente electo en Honduras, después de los resultados en las elecciones presidenciales.

Dice Rivera Portillo que el Tribunal Nacional de Elecciones (TNE), convocó al pueblo a elecciones primarias alternas en primera instancia, para escoger a los diputados, alcaldías municipales y en segundo lugar para sacar al candidato ganador para el cargo de presidente constitucional de los hondureños.

En esas circunstancias no se está violando la Constitución de la República y el ganador absoluto de las elecciones es el Partido Liberal, con el ingeniero José Azcona en la conducción de los destinos de la patria.

El profesional del derecho sostiene que sus apreciaciones son jurídicas y que estamos en un gobierno de derecho, donde se deben respetar las leyes constituidas, olvidándonos de los caprichos o criterios de partes interesadas.

Rivera Portillo no quiso entrar en mayores detalles sobre este hecho, que ya fue definido según el TNE que convocó al pueblo amparado en las reformas a la ley electoral y de las organizaciones políticas.

NO PUEDE PROSPERAR

A criterio de Rivera Portillo "no pude prosperar ningún recurso de inconstitucionalidad que pueda presentar cualquier ciudadano que se considere ofendido. En su condición de elector, ya que existe un precedente en la Corte Suprema de Justicia.

Como se recordará, dice el profesional, recientemente un ciudadano recurrió a la corte solicitando la inconstitucionalidad de las reformas a la Ley Electoral y fue declarado sin lugar.

Sostiene que el poder de justicia en Honduras, no puede estar coqueteando con las leyes, y si ya existe ese precedente, tiene que mantenerse esa determinación en los futuros recursos de inconstitucionalidad que sean presentados por ciudadanos ofendidos.

Declara que, basado en los aspectos legales, es que fundamenta su posición particular, de que "no puede prosperar ningún recurso que sea presentado en ese sentido, ante los representantes de la justicia en el país", concluyó.

Miguel Ángel Rivera Portillo

"LA PRENSA", 30 de noviembre, 1985

General Walter López:
Daremos amplio apoyo al nuevo gobierno

TEGUCIGALPA (Por Nery Arteaga). – El general Walter López Reyes, jefe de las Fuerzas Armadas, aseguró a la opinión pública nacional que este organismo castrense ofrecerá un amplio apoyo al nuevo gobierno que se instaure a partir del 27 de enero, y que según los cómputos oficiales será rectorado por el ingeniero José Azcona Hoyo.

"Nosotros no podemos fallar a lo establecido en la Constitución del a República", dijo López Reyes, "y creemos que solo dándole un respaldo a un gobierno de leyes y electo por el pueblo, podría trabajar y hacer posible los anhelos de nuestro país.

El general López se refirió así mismo a los actos especiales de traspaso de poder que se llevarán a efecto, con imposición de la banda presidencial y al preguntársele si ha tenido o pretende realizar una reunión con el presidente electo, José Azcona Hoyo, precisó que aún no se habían reunido con Azcona.

"Pero así lo establecen nuestras leyes, estamos haciendo la coordinación con el ministro de Relaciones Exteriores, Edgardo Paz Barnica, para formar la comisión de traspaso oficial".

"Nosotros, como responsables de la seguridad personal del señor presidente, también estaremos haciéndole una atenta invitación para darle una orientación general de las Fuerzas Armadas, de los diferentes aspectos que concierne la seguridad nacional", agregó.

López Reyes indicó que cuando se produzca la declaratoria oficial sobre Azcona, se tomarán las precauciones de seguridad sobre la persona del nuevo jefe del ejecutivo y comandante general de las Fuerzas Armadas.

El jefe castrense señaló que este es el procedimiento normal que se utiliza para realizar las labores de seguridad sobre el presidente.

En cuanto a la situación que plantea Rafael Leonardo Callejas como elector y la proclamación que de él hacen sus seguidores, como nuevo presidente, en virtud de haber obtenido seiscientos cincuenta y cuatro mil votos contra cuatrocientos veinte y tres mil de José Azcona, López Reyes señaló:

"Prácticamente no puedo decir nada, ya lo hemos dicho todo en anteriores oportunidades, nosotros respetamos todo aquello que esté enmarcado en la ley, y desde un principio dijimos que respetábamos la opinión del Tribunal Nacional de Elecciones, por ser el organismo que regulaba el proceso" y cualquier otra situación que pueda fomentarse, existen los demás poderes como el Congreso Nacional y la Corte Suprema de Justicia.

Se le solicitó una opinión sobre el presidente Roberto Suazo y su participación en los pasados comicios electorales. "Yo no podría opinar al respecto, porque él es el jefe de las Fuerzas Armadas, y sería contraproducente que un subalterno diera una opinión al respecto".

LAS ELECCIONES

El jefe castrense que desplegó alrededor de las elecciones un operativo militar que movilizó a toda la mayoría del Ejército para proteger el mismo, señaló que era admirable la forma como el pueblo respondió.

Indicó que todos los que estuvieron participando en los organismos de dirección política, tuvieron actos relevantes en cuanto a la ponderación de sus acciones.

Destacando que existió una tranquilidad, López Reyes se mostró complacido de la completa tranquilidad que existió en las pasadas elecciones.

Hubo una demostración de civismo que alegró al pueblo.

"La comunidad internacional –indicó– no puede equivocarse sobre la captación del proceso electoral, ignoraron una serie de eventos que se desarrollaron en apoyo de la justa electoral".

"Es posible que existieron fallas, pero el paso definitivo lo dio el pueblo, al hacer la elección; lo maravilloso de todo es que se desarrolló el evento con calma para hacer sobrevivir el sistema".

PROBLEMA CON EL SALVADOR

Sobre la posición de las Fuerzas Armadas para buscar un arreglo directo con El Salvador y la falta de definición para establecer una fecha para ello, sostuvo "esa será una política gubernamental, nosotros apoyamos la decisión de Paz Barnica y estaremos atentos a lo que venga después del 10 de diciembre", concluyó.

El general Walter López manifestó que las Fuerzas Armadas darán todo su apoyo al nuevo gobierno electo constitucionalmente.

"LA PRENSA", 30 de noviembre, 1985

Monseñor Luis Santos
El pueblo no puede sudar calentura ajena

TEGUCIGALPA. – El obispo de la Diócesis de Copán, Luis Alfonso Santos, aseveró aquí que una impugnación a las elecciones por parte del movimiento MONARCA, es negativo para el Partido Nacional que ha gobernado el país por varias décadas.

Santos fue consultado por LA PRENSA, tras concluir una reunión en el Instituto San Miguel de directores de colegios católicos en la cual se reestructuró la junta directiva central y se evaluó la labor educativa proyectada a la vida nacional.

El jerarca católico cree que si el pueblo en 1980 se manifestó masivamente por el Partido Liberal, y si la recién contienda electoral sucedió lo mismo frente al Partido Nacional, pese a que Rafael Leonardo Callejas resultó triunfador individualmente, es al partido rojo-blanco-rojo a quien le corresponde gobernar.

El consultado no desconoce la mayoría de votos del excandidato presidencial nacionalista frente a los capitalizados por el futuro presidente José Azcona Hoyo que sin duda alguna les conduce a pretender impugnación de los comicios.

Agregó que el pueblo no debe sudar calentura ajena, que el "impase" en estos momentos es a nivel de los dirigentes políticos ya que los ciudadanos cumplieron con su deber patriótico de depositar su voluntad en las urnas, la cual debe respetarse.

Advierte que si los políticos realizan una nueva maniobra "estoy seguro que el pueblo perderá la fe en ellos, porque los engaños tradicionales no tendrán vigencia en los próximos años, en que habrá de continuar fortaleciéndose el proceso democrático".

El religioso se mostró preocupado porque desde el pasado 27 de los corrientes, algunos dirigentes de la candidatura del licenciado Rafael Leonardo Callejas, han expresado su pretensión de acudir a la Corte Suprema de Justicia, para impugnar el proceso eleccionario que tanto dinero ha costado a los hondureños, además de que nos llevaría a un desprestigio.

El prelado sostiene que la confusión que se presentó en los días antes de las elecciones sobre la forma que sería electo el nuevo presidente es responsabilidad de quienes elaboraron las leyes que quisieron obtener provecho de la aplicación de las mismas.

Luis Alfonso Santos: "Impugnar elecciones es negativo para el Partido Nacional". (Foto Daniel Toledo)

El religioso exhortó al pueblo a que se mantenga vigilante para defender sus conquistas políticas y a obligar a los políticos a que cumplan con la voluntad del electorado, que con marcado civismo se volcó a las urnas.

Finalmente advierte que el conglomerado nacional se dará cuenta de que si no se respeta esa voluntad, podremos caer en una convulsión social, gremial y política con grandes perjuicios para la patria.

"LA PRENSA", 30 de noviembre, 1985

ANACH promete colaborar con gobierno de Azcona

SAN PEDRO SULA. – Las autoridades de la Asociación Nacional de Campesinos de Honduras (ANACH), se comprometieron ayer, a través de un pronunciamiento público, a colaborar estrechamente con el gobierno que presida a partir de enero próximo, José Azcona Hoyo.

En una de sus partes el comunicado expresa: "Confiamos que el presidente electo sepa conformar un gobierno con ciudadanos de reconocida capacidad y honestidad y que estén dispuestos al trabajo, para salir avantes al final del periodo".

Sobre cualquier impugnación, los miembros de la ANACH manifiestan que no apoyarán fórmulas que pretendan enlodar la limpieza y pureza con las que se desarrolló el proceso eleccionario el pasado 24 de noviembre, ya que no desean volver al vergonzoso pasado.

Dicen que confían plenamente en que el gobierno dará todo el apoyo que demandan las organizaciones campesinas, pues cuentan con las estructuras básicas para orientar y planificar la producción competitiva en las exportaciones.

Esperan que bajo el próximo gobierno la Reforma Agraria tenga un nuevo tratamiento con voluntad y decisión, ya que es un factor primario de desarrollo socioeconómico del país", con las elecciones se ha fortalecido la democracia y el orden constitucional", afirmaron.

"LA PRENSA", 30 de noviembre, 1985

LA "LA PRENSA", 30 de noviembre, 1985

MOTORES Y ACCESORIOS KAWAS

Saluda cordialmente al ingeniero José Simón Azcona del Hoyo, por haber sido electo presidente constitucional de la República, al mismo tiempo le damos la más cordial bienvenida a su tierra natal este día, que es de fiesta para todos los ceibeños.

"LA PRENSA", 30 de noviembre, 1985

FRANCAMENTE...

Últimamente se dan noticias sobre los diferentes escándalos protagonizados por grupos azconistas y callejistas como resultado de los recientes comicios electorales y no deja de indignarnos este comportamiento de ambos grupos; pero comprendemos que se tratará de personas sin ninguna cultura.

Pero lo más sorprendente es ver profesionales como Ilsa Díaz Zelaya, columnista de este prestigioso periódico, gritarle a una caravana azconista que celebraba su triunfo: "¡ganaron con chemís!" Sabe todo ella que tanto ha escrito sobre el comportamiento de cordura, civismo, y el respeto que debemos observar a la opinión de los demás. El ejemplo que ella dio y del cual fuimos testigos varias personas que la vimos y oímos no fue nada edificante. Esperamos que en el futuro doña Ilsa no tome este tipo de actitud estilo mancha brava.
Carmen Baltodano
Cédula No. 1304-68-01436

"TIEMPO", 30 de noviembre, 1985

JÓVENES LIBERALES RESPALDAN A AZCONA

TEGUCIGALPA. La Juventud Liberal de Honduras anunció anoche su respaldo solidario e incondicional al presidente electo José Azcona Hoyo.

Elvis Tejeda, secretaría de actas de la Juventud Liberal, dijo también que esa organización "repudia las maniobras de algunos sectores del nacionalismo que pretenden desconocer" el Acta de Compromiso firmada el 20 de mayo en la Fuerza Aérea avalada por las Fuerzas Armadas, la iglesia y las organizaciones obreras.

En un pronunciamiento de los jóvenes liberales se acuerda "apoyar incondicionalmente al presidente electo de nuestro país, ingeniero José Azcona en su gestión administrativa y dar nuestras muestras de admiración y apoyo decidido por el llamado de la unidad de la familia liberal en particular y hondureño en general de nuestro máximo líder".

El documento asegura que los liberales "repudiamos la actitud de algunos dirigentes nacionalistas que con ambición desmedida pretenden desconocer el compromiso suscrito por los representantes de las organizaciones eclesiásticas militares, obreras, campesinas y políticas" con que concluyó la crisis político-institucional de mayo.

Tejeda dijo que "en este momento para que se conserve la paz y la tranquilidad en Honduras es necesario que se respete la voluntad mayoritaria del pueblo que favoreció con sus votos al Partido Liberal con el ingeniero José Azcona Hoyo a la cabeza".

El joven político indicó que "la representatividad política según la Constitución reside en los partidos políticos y la voluntad mayoritaria del pueblo hondureño se ha inclinado a favor del Partido Liberal". (GP).

"EL TIEMPO", 30 de noviembre, 1985

"EL TIEMPO", 30 de noviembre, 1985

EL MANDATO POPULAR

Lo que ocurrió en Honduras el domingo 24 de noviembre de 1985, recogido ya por la historia, está destinado a cambiar los patrones de conducta de los políticos de este país, en lo que constituye una exigencia y un mandato insoslayable de la soberana voluntad popular.

EL HERALDO tiene la solvencia moral requerida para abordar los temas punzantes de la política nacional, por cuanto hemos mantenido una actitud crítica frente a los candidatos presidenciales y al poder público, así como en todo lo concerniente a la administración del Estado.

Al desatarse la batalla encarnizada por las candidaturas presidenciales, fue nuestro periódico el que observó una conducta vertical, en función de los intereses de Honduras, para lanzar su condena contra todos aquellos personajes que trataban de burlar la voluntad popular, imponer su capricho en su afán de considerar a Honduras como una hacienda y al pueblo como peones sometidos al bárbaro trato de caporales.

Esa actitud firme e invariable de nuestro periódico, nos otorga el derecho de enjuiciar, a nombre del pueblo hondureño, todo aquello que se desprende de los resultados electorales.

En ese sentido, hemos reconocido los méritos personales y la conducta política ejemplar de Rafael Leonardo Callejas, que con sus 656,537 papeletas electorales a su favor, sobrepasó en mucho a los restantes ocho aspirantes presidenciales.

Todos los candidatos disidentes del Partido Nacional y del Partido Liberal, sus arrolladoras victorias, especialmente la de los ciudadanos Rafael Leonardo Callejas y José Simón Azcona Hoyo, son productos legítimos del Acta de Compromiso suscrita en la Fuerza Aérea Hondureña.

Y el Acta de Compromiso no es más que la resultante legítima de la crisis institucional promovida, con cálculo erróneo por quien, o quienes, autoritariamente, dejaban caer el puño de la imposición sobre los dos grandes partidos tradicionales con la finalidad de distorsionar el camino democrático y acrecentar dictatorialmente la base de un poder entregado en un acto soberano y manchado por la ambición personalista y sectaria de sus depositarios.

En esta ataxia pública que amenazaba con apagar el cálido aliento de las débiles estructuras democráticas, se destaca la figura del ciudadano Efraín Bú Girón, quien jugó un importantísimo papel beligerante y decisorio frente al vendaval oficialista que pretendía obstinadamente la ejecución de sus planes resueltamente dictatoriales y antipopulares.

Bú Girón fue el artífice, apoyado por una ejemplar actitud de un grupo de liberales leales a la moral pública, a la Constitución de la República y a las prácticas prodemocráticas de los partidos, del triunfo de las fuerzas disidentes que hoy culminan su largo y penoso proceso restaurador que abre brechas hacia etapas superiores de convivencia cívica.

Creemos haber adoptado la más firme posición frente al poder público, cuyas maniobras y manipuleos en el Partido Liberal y su obstinada injerencia en los asuntos privativos del Partido Nacional, al que ahogó en una división y fraccionamiento que, de no surgir Callejas, a quien se le atribuye la virtud de hacer que el cachureco perdiera su vergüenza y la pena de identificarse públicamente como nacionalista, así como también haber provocado un tremendo impacto en la conciencia de una nueva militancia política, como de haber captado todo el malestar público surgido en el Partido Liberal, en donde todo parecía concebido para perder la pujanza y la disciplina de una institución nacional, a estas alturas otra sería la historia.

Contrario a lo que piensan muchos en torno al olvido del pasado, nosotros creemos que la determinación de un pueblo, políticamente superado y que se sobrepuso a todos los males causados por los malos políticos de uno y otro bando tradicionalista del país, amerita del análisis y del responsable enjuiciamiento.

Por ejemplo, los políticos de Honduras deben ser responsables hasta para invocar a Dios y a su hijo.

No se puede leer cualesquiera de los salmos y encomendar todos sus actos al Dios Supremo de la Humanidad, cuando se atropella y se causan males infinitos, cuando no se es digno de esa alabanza al señor Jesucristo, cuando su conducta diaria está reñida con los mandamientos cristianos. Y a un pueblo no se le puede convencer con estas conductas equivocadas.

Quienes ostentan transitoriamente el poder de una nación, tienen la obligación de trabajar por el pueblo y no contra el pueblo.

Lo que afirmamos en el párrafo anterior, está evidenciado con muchísimos de los candidatos a diputados que presentó el oficialismo liberal a consideración de sus correligionarios en todo el país. El rechazo fue aplastante. El veredicto del electorado, implacable.

Esos tristes personajes que están destinados a desaparecer del mapa político hondureño por su deshonestidad, por la corrupción que propiciaron, por la burla de los mejores ideales de nuestro pueblo, por la intriga como arma política que emplearon a su antojo, han sido la antítesis de un político y por ello, merecieron el repudio abierto del electorado liberal.

Si hay algo sobre lo que estamos de acuerdo todos los hondureños, es en señalar al gobierno que ha tenido Honduras en los últimos cuatro años, como el reducto de la peor clase de "dirigentes" políticos, carentes de todo principio civilizado y de toda conciencia política, ayunos del pensamiento liberal y de las ideas de sus máximos dirigentes de ayer.

El ingeniero José Azcona Hoyo tiene la oportunidad de acreditar su lucha contra los que impusieron deleznables formas de mando. Tiene mejor gente en su alrededor y una más clara percepción de lo que está ocurriendo en Honduras y Centroamérica, como para que no cometa los errores que al final, generaron el rechazo popular.

La historia juzgará a José Azcona Hoyo, a quien debemos respaldar en su gestión administrativa, constituirnos en vigilantes permanentes de su trabajo y contribuir con él en el señalamiento de las fallas que pudieran cometerse a lo largo de su gestión pública.

"EL HERALDO", 30 de noviembre, 1985

"EL HERALDO", 30 de noviembre, 1985

Presidente del COLPROSUMAH:
Azcona debe consolidar a la familia hondureña

TEGUCIGALPA. El presidente del Colegio Profesional Superación Magisterial (COLPROSUMAH), Roberto López Tinoco, abogó aquí porque el futuro presidente, José Azcona Hoyo, consolide a la familia hondureña como un pilar fundamental para ganarse el concurso de todos en la ejecución de los programas de desarrollo.

López Tinoco calificó de excelente la fiesta electoral celebrada por los hondureños el pasado domingo, a la vista de los observadores y corresponsales extranjeros que colocó al país en el contexto de las naciones civilizadas.

Al enfocar la proyección del próximo Gobierno, sostuvo que es necesario superar los errores cometidos por la presente administración básicamente por haberse inmiscuido abiertamente en las funciones de los otros poderes del Estado.

Considera que entre los sectores de los tres poderes lo que debe privar es el entendimiento y autonomía en todas aquellas acciones orientadas a beneficiar a las mayorías, a quienes les asiste la justicia.

El dirigente de los maestros de Educación Primaria se mostró de acuerdo con lo expresado por Azcona Hoyo, que se rodeará de los mejores hombres para administrar la hacienda pública, reconociendo que es una tarea difícil, en todos los ángulos.

Agrega que el magisterio se conforma con que el ingeniero Azcona y su gabinete respete las leyes educativas vigentes sin distingos de colores políticos, ya que mientras estuvo en la campaña representó a un partido tradicional, pero con los resultados se convierte en el gobernante de una nación, y no de un sector de la sociedad.

"LA PRENSA", 2 de diciembre, 1985

Caravana de ceibeños celebran triunfo de su hijo predilecto

LA CEIBA. – Con alegre caravana que recorrió todos los barrios y colonias de esta ciudad, el comité coordinador de la campaña del ingeniero José Azcona del Hoyo, festejó el lunes anterior a las once de la noche el triunfo del candidato nativo de La Ceiba.

Decenas de carros llenos de simpatizantes del nuevo conductor de los destinos de la República, hicieron sonar sus pitos, sirenas y toda clase de instrumentos para mostrar ante sus coterráneos, la alegría infinita que los llenaba en esos instantes de dicha suprema. La ciudad ya dormía cuando se produjo el estallido de euforia que hizo despertar a los cien mil residentes en este puerto del Atlántico.

La llegada del ingeniero José Azcona del Hoyo se esperaba el mismo lunes, ya que él lo había confirmado a los periodistas franceses que lo abordaron días antes de las elecciones, situación que no se dio ante la urgente presencia del nuevo presidente en la capital de la nación.

La ciudad de La Ceiba, en el último momento y cuando menos se esperaba, le dio el respaldo total a su hijo predilecto volcando los votos a su favor con todo y que se creía hasta esos momentos que el Cnel. Marcelino Ponce Martínez que apoyaba al abogado José Efraín Bú Girón, mostraría su casta de líder, llevando a los electores ceibeños por donde el deseara, nada de esto sucedió, y Ponce Martínez quedó prácticamente enterrado ante la avalancha de votos en favor de Azcona del Hoyo, la misma comunidad garífuna de Corozal y Sambo Creek dejó de seguir al viejo líder y apoyó a su paisano en un hecho verdaderamente insólito. Roberto Dip Hernández, uno de los mejores candidatos a la diputación por este departamento, perdió toda opción, ya que la llamada gente de Marcelino Ponce, desaparecieron de las urnas.

Los festejos deberán de continuar una vez que el ganador de las elecciones fije la fecha de su llegada a La Ceiba, para recibir el tributo de su pueblo que le dio el voto para impulsarlo hasta el solio presidencial, otros candidatos presidenciables no tuvieron esta respuesta contundente.

"LA PRENSA", 2 de diciembre, 1985

"TIEMPO", 2 de diciembre, 1985

OTRA OPINIÓN SOBRE EL PACTO POLÍTICO

En la Sagrada Biblia encontramos el siguiente versículo: Los sabios heredarán honra, más los necios sostendrán ignominia. PROVERBIOS 3:35.

Es de sabios rectificar los horrores y aceptar las derrotas.

En estos días pre y pos eleccionarios ha dado a las personas por hablar del Artículo 236 de la Constitución de la República e interpretarlo. No necesitamos retirarnos o meditar en un rincón de nuestro hogar, ni poner la Sagrada Biblia en una mano y la Constitución en la otra, para comprender el Artículo 236, pues este es muy claro y dice así: El presidente de la República y tres designados a la presidencia, serán electos conjunta y directamente por el pueblo por simple mayoría de votos. La elección será declarada por el Tribunal Nacional de Elecciones y en su defecto por el Congreso Nacional o por la Corte Suprema de Justicia.

Sin embargo, ese no es el único artículo que tiene nuestra Constitución. También existe entre otros el No. 63 que textualmente dice así: Las declaraciones, derechos y garantías que enumera esta Constitución, no serán entendidas como negación de otras declaraciones, derechos y garantías no especificadas, que nacen de la soberanía, de la forma republicana democrática y representativa de gobierno y de la dignidad del hombre.

En el mes de mayo del presente año, los ilustres representantes de las diferentes instituciones en nuestro país firmaron un pacto de honor y dignidad en el cual se dejaba claramente establecido la forma en que se iba a desarrollar el proceso electoral. El pacto dispuso suma de votos por partidos.

Conforme a este pacto fue que el precandidato nacionalista, Lic. Rafael Leonardo Callejas y el precandidato liberal, Ing. José Simón Azcona Hoyo, fueron incluidos en la nómina presidencial. Pues es de todos sabidos que ninguno de ellos era el candidato oficial de su partido correspondiente.

Los pactos se cumplen de buena fe al tenor de lo estipulado. El pacto político avalado por el Ejército, la Iglesia Católica, Líderes Obreros y Campesinos y representantes de los partidos políticos tienen obligatoriedad para los firmantes y surten efectos legales.

Conforme a todo lo antes expresado, cabe preguntarnos: Cómo es posible que en nuestra patria existan todavía ciertos personajes que, conociendo las cosas a cabalidad, traten de confundir a nuestro pueblo. A estos señores yo les digo: Podrían ellos cumplir con las promesas verbales que han hecho a los ciudadanos hondureños si ni siquiera pueden cumplir con un pacto de honor avalado con sus firmas.

Damos gracias al Todopoderoso por el nuevo presidente de los hondureños, Ing. José Simón Azcona Hoyo y esperamos que gobierne a los hondureños con la misma sabiduría e integridad que hemos visto siempre en él.

Porque mejor es la sabiduría que las piedras preciosas; y todas las cosas que se pueden desear, no son de comparar con ella. Proverbios 8:11.

NINOSKA A. DE RIVERA
"TIEMPO", 3 de diciembre, 1985

Azconistas niegan haber tenido conversaciones con callejistas

TEGUCIGALPA. – Altos dirigentes del movimiento azconista negaron ayer tarde que estén sosteniendo conversaciones con el callejismo en torno a la amenaza de presentar un recurso de inconstitucionalidad si se declara presidente a José Azcona del Hoyo o la integración de la junta directiva del Congreso Nacional.

Políticos del movimiento Rafael Leonardo Callejas aseguraron por su parte que esa corriente del nacionalismo había iniciado conversaciones con el azconismo desde la semana pasada.

Las fuentes callejistas aseguraron que estas pláticas ya tenían carácter oficial y que por su corriente participan Ricardo Madura y Roberto Simón Castillo.

Sin embargo, el doctor Jorge Roberto Maradiaga negó que se haya sostenido hasta ahora conversaciones oficiales a nivel de movimiento con el callejismo.

El político señaló que Carlos Montoya ha sostenido conversaciones con Mario Rivera López, pero a título personal.

Maradiaga no obstante indicó que no debe sorprender que en el futuro se efectúen conversaciones con el callejismo, para tratar temas como la integración de la junta directiva del Congreso Nacional.

Dijo, además, que el azconismo está dispuesto a dialogar con todos los sectores políticos del país, pero que primero lo hará con las corrientes del Partido Liberal.

Los callejistas aseguran que en las conversaciones han tratado también lo relativo a la integración de la nueva Corte Suprema de Justicia. (GP)

"TIEMPO", 3 de diciembre, 1985

DESEMPLEO ES EL RETO QUE DEBERÁ ENFRENTAR AZCONA

TEGUCIGALPA. – El grave problema de desempleo en el país es un reto que deberá enfrentar el próximo gobierno, declaró ayer el secretario general de la Central General de Trabajadores (CGT), Felícito Ávila Ordóñez.

Agregó que el gobierno que encabezará el ingeniero José Azcona Hoyo "tiene que darle prioridad a la solución del desempleo, porque el problema del desempleo trae una serie de consecuencias sociales y políticas".

Ávila considera que para resolver en parte el problema de la desocupación, debe ejecutarse el proceso de reforma agraria en toda su magnitud y abrir nuevas empresas para crear fuentes de empleo.

Dijo que en la medida que disminuya el desempleo, "en esa medida se estaría fortaleciendo el proceso democrático de nuestro país. En un sistema democrático debe existir igualdad de oportunidades de trabajo para todos los hondureños". (TDG)

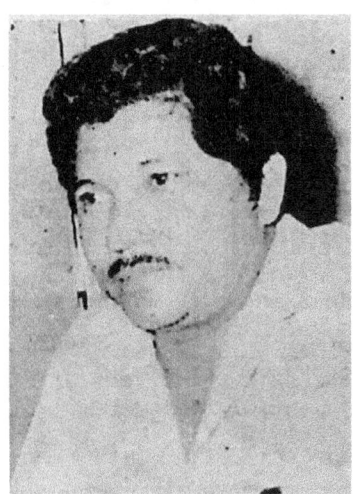

FELICITO ÁVILA

"TIEMPO", 3 de diciembre, 1985

Afirma secretario del "COHEP":

GOBIERNO DE AZCONA SERÁ DE INTEGRACIÓN

- **Diputados cumplirán misión legisladora y no ocuparán otros cargos públicos**
- **Se dedicará a administrar el país y no a hacer política**

Por: ANTONIO PINEDA GREEN

El secretario ejecutivo del Consejo Hondureño de la Empresa Privada (COHEP), Joaquín Luna Mejía, reafirmó ayer que el planteamiento que presentarán al futuro gobierno es congruente con el pensamiento que en materia económica mantiene el presidente electo José Azcona.

Fundamentalmente, dijo, el documento estará orientado a delimitar que el Estado está obligado a regular el funcionamiento de las empresas, pero no a controlarlas en perjuicio de la libre empresa, que en definitiva propende alentar la economía para evitar la devaluación.

Remarcó que de no tomarse las medidas adecuadas se podría llegar a una devaluación, la que está a la vuelta de la esquina, por lo que es importante el equipo de trabajo que rodeará al próximo mandatario, ya que el déficit fiscal anda por alrededor de 600 a 800 millones.

GOBIERNO DE AZCONA SERÁ DE INTEGRACIÓN

Por otra parte, Luna Mejía destacó que las categóricas afirmaciones de Azcona Hoyo son congruentes con la plataforma de acción del COHEP, por cuanto será un gobierno con abstracción total de todo tipo de política sectaria.

Es más, vaticinó, Azcona hará un gobierno de integración en consonancia con el espíritu y la letra del Artículo 5 de la Constitución de la República, que reza:

"El gobierno debe sustentarse en el principio de la democracia participativa del cual se deriva la integración nacional, que implica participación de todos los sectores políticos en la administración pública, a fin de asegurar y fortalecer el progreso de Honduras basado en la estabilidad política y en la conciliación nacional".

Tras significar que otro aspecto positivo del presidente electo es que sus diputados van a cumplir con su misión de legisladores y no ocupar otros cargos públicos, puntualizó que también se ha visto con aceptación y simpatía es que Azcona se dedicará administrar el país y no hacer política sectaria.

ENFILAR TODA LA ATENCIÓN AL AGRO

Entretanto, cree firmemente el secretario ejecutivo del COHEP que el nuevo gobierno debe de enfilar toda su atención en el agro y de plano hacer una revisión total de la legislación que tiene que ver con la producción.

"Inclusive –subrayó– la Ley de Reforma Agraria que ha sido un instrumento negativo para la producción de este país, porque han desaparecido los centros de producción que otrora existieron, resultando negativo el proceso de reforma agraria porque se ha dado más en función política".

Finalmente, insistió en que la devaluación se puede evitar a base de una producción y una productividad bien orientada y eficiente, para que los productos se vendan a bajo precio, a fin de que puedan competir en el mercado nacional.

Joaquín Luna Mejía

"LA TRIBUNA", 3 de diciembre, 1985

EXIGIRÁN DE AZCONA MÁS DE LO QUE PODRÁ OFRECER

Leonardo Godoy

"La crisis económica heredada por los gobiernos anteriores al de Suazo Córdova será arrastrada al mandato del ingeniero Azcona", manifestó José Leonardo Godoy, figura del liberalismo de Atlántida.

Señaló Godoy que "la geopolítica de Centroamérica seguirá incidiendo negativamente en contra de Honduras" y que el diferendo fronterizo con El Salvador "va a llegar al rojo vivo".

El exdirector del INFOP sostuvo que "las diferentes fuerzas sociales y económicas del país reclamarán solución a sus problemas, en mayor medida de la que estará en capacidad de ofrecer el futuro gobierno, y que el adversario político tradicional del Partido Liberal "va a arremeter en forma despiadada antes de 90 días".

Godoy hizo un llamado a consolidar la fuerza liberal en derredor del gobierno y atender de inmediato los grandes problemas socioeconómicos.

Sobre la elección del paisano, José Azcona, como presidente, manifestó: "confluyen dos hechos importantes, el ser liberal y ser ciudadano de Atlántida. Aunque políticamente activamos en una corriente diferente a la del ingeniero Azcona, no dudamos que dará amplia atención a los problemas del departamento".

Hizo hincapié que Atlántida urge de la atención del gobierno central, ya que no puede ni debe seguir dependiendo de las inversiones de la compañía bananera.

"La presencia de Azcona en la Presidencia de Hondura abre grandes expectativas para nuestro departamento, y corresponde a los nacidos o arraigados aquí volcarse con gran entusiasmo y una fuerte dosis de audacia en la búsqueda de un futuro más promisorio, aprovechando en forma inteligente la presencia del civismo en el mando de la nación", dijo.

Finalmente, Godoy comentó que "el liberalismo debe seguir siendo la gran herramienta de cambio progresista del país. Las mayorías tienen fe en nuestros símbolos partidistas y corresponde a los militantes darle contenido en esa fe y traducir la presencia del liberalismo en el poder y desarrollo del país". (FELA, ISABEL DUARTE)

"LA TRIBUNA", 3 de diciembre, 1985

Promete Azcona

Apoyo a Tegucigalpa y San Pedro Sula

De puras especulaciones calificó el presidente electo las informaciones que se han venido brindando sobre la transformación de su gabinete. El ingeniero Azcona manifestó que está analizando el presupuesto de la nación, pero fue claro al manifestar que espera la declaratoria oficial del TNE para conformar una comisión técnica que aborde los problemas económicos. Tegucigalpa y San Pedro Sula merecen un respaldo, expresó, para llevar a cabo las obras de beneficio público que urgen en ambas ciudades.

"LA PRENSA", 3 de diciembre, 1985

Pese al cansancio
Azcona recibe políticos y seguidores de su movimiento

TEGUCIGALPA. –El presidente electo de la República, ingeniero José Azcona Hoyo, desde tempranas horas de la mañana es visitado tanto por connotadas personalidades del mundo político como de centenares de simpatizantes y activistas del Movimiento Azconista.

Su residencia, ubicada en la colonia República Argentina, es rodeada de los liberales que quieren saludar al ingeniero Azcona, luego de su triunfo frente a las corrientes internas del Partido Liberal, que le dio el derecho para salir electo presidente de Honduras, con la suma de votos de los liberales de todo el país.

Vehículos del Estado son vistos en su residencia como para ratificar el tema de los azconistas en la recién finalizada campaña electoral: "En las oficinas con OMA, pero en las urnas y afuera con Azcona".

Después de ese triunfo, su residencia se mantiene en constante actividad tal vez mayor que antes de las elecciones, cuando algunas personas no creían en su triunfo y otras callaban por temor a perder sus empleos ante el asedio del gobierno del doctor Roberto Suazo Córdova, especialmente a los azconistas y bugironistas.

La calle que da acceso a la residencia del ingeniero Azcona, en la colonia mencionada, se mantiene llena de vehículos, propiedad de liberales que llegan a esperar una audiencia con el presidente electo.

Azcona, cuando se trata de dirigentes políticos allegados a su movimiento dialoga con ellos en comisiones y recibe a los ciudadanos que lo visitan en forma colectiva, pues en estos momentos tiene enorme cantidad de trabajo, relacionado especialmente con el presupuesto de la nación, que lo estudia a renglón seguido, por saber cuál es la situación económica actual y lo que espera a su Gobierno.

Los visitantes son recibidos por el presidente electo de los hondureños, pero su agotamiento se nota tomando en cuenta la labor realizada por el futuro mandatario de los hondureños.

"LA PRENSA", 3 de diciembre, 1985

José Azcona del Hoyo:

Tegucigalpa y San Pedro Sula tendrán fuerte respaldo del nuevo gobierno

TEGUCIGALPA. – José Azcona Hoyo, presidente electo, negó la conformación de su gabinete de gobierno calificando los nombres que se anuncian por los medios de comunicación como especulaciones de prensa.

Azcona Hoyo dijo que por el momento no tiene los hombres elegidos para los puestos públicos a nivel de ministerios y otras dependencias estatales del país, aunque reconoció que hay que hacer una buena elección de candidatos.

Manifestó el presidente electo que espera que salga la declaratoria de elecciones por parte del Tribunal Nacional de Elecciones (TNE) para proceder a la conformación de su gabinete, "lo que en estos momentos se diga sobre ministros escogidos son puras especulaciones..."

"Por el momento no se pueden mencionar nombres sobre el gabinete porque tengo que platicar con el equipo de persona que ha venido trabajando conmigo en esta lucha y, por supuesto, seleccionaremos las personas más adecuadas para los cargos públicos en el país".

Entre sus cercanos colaboradores Azcona Hoyo mencionó a Céleo Arias Moncada, Carlos Montoya, Jorge Roberto Maradiaga y otros integrantes de la Alianza Liberal del Pueblo (ALIPO) que también son parte integrante del triunfo azconista.

Sostuvo el ingeniero José Azcona que tendrá prioridad la gente de su grupo, pero las personas que cumplan con los requisitos fundamentales de las otras corrientes internas del Partido Liberal también tendrán participación en su gobierno.

AZCONA ANALIZA PRESUPUESTO DE LA NACIÓN:

El ingeniero José Azcona Hoyo dijo que durante el fin de semana pasado ha estado analizando el presupuesto de la nación, pero que esperará la declaratoria de elecciones para nombrar una comisión técnico-económica para tal fin.

Dijo que hace del conocimiento del pueblo hondureño que se llamó a licitación la carretera La Ceiba-Sabá-Olanchito y Sabá-Corocito y en el presupuesto de la nación no aparecen las partidas para esa carretera, por lo que tendrá que tomar algunas medidas al respecto en vista de que le extraña esa forma de licitar.

Sostuvo que hará las investigaciones del caso ante los personeros del Banco Interamericano de Desarrollo (BID), que es el que se supone está financiando este proyecto, "para que nos informe las causas por las cuales no está contemplado eso en el presupuesto".

"En esas circunstancias hay que investigar sobre estos hechos ante las autoridades competentes y establecer de esa forma si existen los préstamos necesarios para llevar a la práctica esos proyectos tan importantes, o, por el contrario, lo que quiere el actual gobierno es engañar al pueblo de esa zona".

SAN PEDRO SULA Y TEGUCIGALPA MERECEN BUEN TRATAMIENTO ECONÓMICO

A criterio del ingeniero Azcona Hoyo, el hecho de que el gobierno capitalino esté controlado por un nacionalista no significa que se le dará la espalda, "por el contrario, San Pedro Sula y el Distrito Central merecen el respaldo económico para la construcción de obras de beneficio público".

Particularmente considera el presidente electo que de ninguna manera le negará el respaldo a los capitalinos y sampedranos, especialmente a los primeros por el hecho de que haya salido un alcalde nacionalista, por el contrario, su triunfo se debe al pueblo y tiene que servirlo.

Aunque se mostró extrañado el presidente electo por los resultados electorales en el departamento de Francisco Morazán y Cortés en las elecciones recién finalizadas, ya que después de haber ganado en el

119

Distrito Central en las elecciones pasadas con una diferencia de 80 mil votos, ahora se perdió con una diferencia de dos mil votos, pero luego reconoció que el oficialismo de su partido no contribuyó en nada al triunfo del liberalismo en los dos departamentos más importantes del país.

Ingeniero José Azcona Hoyo

"LA PRENSA", 3 de diciembre, 1985

Afirma dirigente olanchano...

"El pueblo tuvo fe en Azcona, por eso ganó las elecciones"

GUALACO, OLANCHO. – El ingeniero Alejandro Castro Ruiz, líder del Movimiento Azconista de este departamento, manifestó que el triunfo del ingeniero José Azcona fue el producto de una lucha que se realizó a través de un grupo de hombres que tuvieron la responsabilidad de la campaña política del presidente electo.

Señaló el dirigente que la escogencia de candidatos a diputados "fue acertada, pues son auténticos líderes y fuertes bastiones, que cuentan con el apoyo de los dirigentes de los municipios y con su arduo trabajo consolidan el triunfo político de Azcona".

Castro Ruiz aseguró que el pueblo hondureño tuvo la oportunidad de conocer al Ing. Azcona, pues "no fue un candidato improvisado, sino el producto de varios años de trabajo y empeño por rescatar el partido y la democracia; además –sostuvo–, los hondureños de fe creemos en su capacidad y sinceridad, condiciones que el pueblo valora en un hombre.

El líder olanchano también señaló que otro de los factores que contribuyeron al triunfo de Azcona fue la imposición del candidato rodista, ya que "no se respetaron los deseos de todo un pueblo, además del antagonismo que se creó entre algunos diputados, quienes por su actuación soberbia y sectaria con los mismos liberales, obligó a estos a votar contra Oscar Mejía Arellano".

Finalizó asegurando Castro Ruiz que Olancho tendrá una atención especial dentro del Gobierno Liberal de José Azcona, pues "como olanchanos que somos, nos interesamos por el desarrollo de nuestro departamento, para lo cual se tienen ya algunos renglones prioritarios, que a su debido tiempo conocerá ese noble pueblo", puntualiza.

El ingeniero Alejandro Castro Ruiz cuando se dirigía a los liberales de Gualaco, Olancho, festejando la victoria del Partido Liberal y el ascenso al poder de la nación del Ing. José Azcona.

"LA PRENSA", 3 de diciembre, 1985

Ahora sí tendrán agua
Urraqueños contentos con triunfo de José Azcona

URRACO, YORO. – Sumamente felices se encuentran los urraqueños por el triunfo del ingeniero José Azcona del Hoyo, quien ha prometido que al llegar a la presidencia se ocupará de esta población.

Roberto Handal, presidente del patronato, manifestó: "Los urraqueños apreciamos mucho a José Azcona. Durante su campaña nos visitó varias veces y nos demostró su afecto, el cual es retribuido por los urraqueños", recalcó.

Por otro lado, Bernabé Pineda Paz, coordinador del movimiento azconista manifestó: "A Azcona le conocemos desde que era pequeño, pues su padre era comerciante y nos venía a suplir productos a los campos bananeros, de allí se deriva que el hoy presidente tenga gran simpatía en este pueblo".

Pineda Paz expresó: "Es digno de admirar cómo muchos urraqueños estaban desesperados por no tener transporte, para ir a votar a El Progreso, y decían 'Si no tenemos transporte nos vamos a pie'". Así expresaban su gratitud al presidente electo a quien vieron crecer y de quien esperan un decidido apoyo. (Luis Aguilar Aroche, corresponsal).

"LA PRENSA", 3 de diciembre, 1985

Lo anunciaron ayer:
REINA Y BÚ GIRÓN APOYARÁN GOBIERNO DE AZCONA

TEGUCIGALPA. –Las corrientes internas del gobernante Partido Liberal y sus excandidatos presidenciales anunciaron ayer oficialmente su apoyo solidario al presidente electo José Azcona Hoyo.

El respaldo a Azcona del Hoyo fue oficializado en horas del mediodía, durante un almuerzo en un hotel de la capital, en el que participaron José Efraín Bú Girón y Carlos Roberto Reina con sus más cercanos colaboradores.

La reunión de los excandidatos presidenciales se celebró por invitación de la señora Eva Reina de Valladares, esposa del abogado Ramón Valladares Soto, expresidente de la Corte Suprema de Justicia.

En el almuerzo, únicamente estuvo ausente el candidato oficialista Oscar Mejía Arellano, quien se había anunciado enviaría un representante a esta primera cita orientada a la unificación del gobernante Partido Liberal.

En la reunión se presumía en medios políticos discutiría la conformación de la junta directiva del futuro Congreso Nacional y la unidad de la bancada liberal, sin embargo los asistentes aseguraron que estos temas no fueron abordados.

Los excandidatos presidenciales Efraín Bú Girón y Carlos Roberto Reina se limitaron a decir que únicamente se trataba de un convivio orientado a la unificación del Partido Liberal.

Bú Girón en un discurso durante el almuerzo dijo que su movimiento nació "para luchar por el rescate de los valores del partido, su tradición histórica y la dignidad del Partido Liberal que se vio bastante ultrajada con las acciones de personas por las cuales nosotros luchamos en las campañas pasadas bajo la bandera gloriosa del Partido Liberal", en una clara alusión a Roberto Suazo Córdova.

"Pero que al llegar al poder, nos traicionaron con su manera de actuar", dijo Bú Girón, quien señaló que él concibe la unidad del Partido Liberal, basad en la "confraternidad, no en los intereses personales o de grupo".

Bú Girón dijo que "nosotros tenemos que rescatar los valores del Partido Liberal que casi desaparecieron durante el régimen de Roberto Suazo Córdova".

"Tenemos que luchar arduamente porque el Partido Liberal siga siendo una institución de prestigio nacional e internacional", dijo el excandidato presidencial señalando que el pueblo debe tener confianza en el Partido Liberal.

El actual presidente del Congreso Nacional expresó su confianza en que el presidente electo José Azcona del Hoyo hará un buen gobierno que beneficie a las mayorías.

"Tengo fe en que el ingeniero José Azcona y el equipo de hombres que van a gobernar este país van a trabajar por el bienestar de Honduras", dijo.

Añadió que "en ese sentido estaremos atentos a apoyarlo siempre, porque para nosotros primero es la patria y después los intereses personales".

Reina también en su discurso ofreció su apoyo solidario al presidente electo José Azcona del Hoyo, el cual reconoció es el "legítimo" mandatario a partir del 27 de enero de 1986. (GP)

"TIEMPO", 4 de diciembre, 1985

Bú Girón, Reina, Maradiaga y Azcona platica amenamente durante la trascendental reunión celebrada ayer.

El presidente electo José Azcona Hoyo dialoga con el presidente del Congreso, Efraín Bú Girón.

"TIEMPO", 4 de diciembre, 1985

José Azcona Hoyo:
ESTOY DISPUESTO A REUNIRME CON SUAZO

TEGUCIGALPA

El ingeniero José Azcona Hoyo aseguró que está dispuesto a reunirse con el coordinador del rodismo oficialista Roberto Suazo Córdova, en su lucha por unificar al Partido Liberal.

Azcona del Hoyo advirtió que esa reunión con el actual mandatario se puede producir en cualquier momento, ya sea antes o después de que asuma la Presidencia de la República.

"Yo creo que ya va a llegar el momento en que se tiene que dar ese encuentro entre el presidente de la República y el futuro presidente", dijo.

"Por lo tanto, nosotros no vamos a rehuir ese encuentro necesario que tendrá que producirse en cualquier momento", señaló Azcona Hoyo.

Por otro lado, el presidente electo estimó que en su gobierno "no creo que vaya a tener problemas con el Congreso Nacional".

Reiteró que respetará la independencia de los poderes del Estado y no intervendrá en los asuntos internos del Congreso Nacional y la Corte Suprema de Justicia. (GP)

"TIEMPO", 4 de diciembre, 1985

Presidente electo:
"Tenemos que actuar con mucha cautela"

TEGUCIGALPA. El presidente electo José Azcona del Hoyo aseguró ayer que hará un gobierno mucho mejor que el de Roberto Suazo Córdova a pesar de que reconoció que su administración se desenvolverá en una situación económica bastante precaria.

En un discurso ante dirigentes del movimiento de José Efraín Bú Girón y Carlos Roberto Reina, Azcona del Hoyo dijo que el Partido Liberal "acaba de pasar una de sus pruebas más difíciles ganando por tercera vez consecutiva y por primera vez en la historia de Honduras unas elecciones frente a su adversario tradicional, el Partido Nacional".

El candidato ganador de las elecciones, de la alianza Azcona-ALIPO, dijo que los comicios del 24 de noviembre dejaron "profundas enseñanzas" entre los parciales del gobernante Partido Liberal.

Indicó que "no bastaron los actos de corrupción, ni la compra descarada ni otros tipos de cosas para impedir que el partido marcara indefectiblemente el derrotero de su historia".

"Por eso –agregó–, podemos congratularnos y celebrar aquí un nuevo triunfo del partido". Azcona lamentó en su intervención la ausencia del candidato oficialista Oscar Mejía Arellano.

El político señaló que en los comicios del 24 de noviembre "nosotros no somos los vencedores sino que el vencedor es el Partido Liberal de Honduras".

Azcona reconoció que su régimen se desenvolverá en una situación económica bastante precaria. "Así lo entendemos, pero eso no va a constituir de ninguna manera que este gobierno liberal pueda ser peor que le que está siendo el gobierno del doctor Roberto Suazo Córdova".

"Creo –señaló Azcona–, que precisamente por ese aspecto precario, por ese aspecto difícil que estaremos en el filo de la navaja, tendremos que actuar con mucha cautela, mucho más apegados a los principios liberales, con prudencia, con honestidad y sobre todo con humildad".

"Esos principios que se han querido a veces pisotear, que han querido manosear", dijo Azcona.

En los comicios del 24 de noviembre dijo "no ha habido ni vencedores ni vencidos, en esta lucha interna del partido. Ni tampoco creemos que hay vencedores ni vencidos en la lucha interna hondureña".

El presidente electo anunció que "vamos a hacer un gobierno apegados estrictamente a lo que informa la Constitución de la República". (GP)

"TIEMPO", 4 de diciembre, 1985

Jóvenes liberales:

ESPERAMOS QUE AZCONA DE MÁS PARTICIPACIÓN A LA JUVENTUD

Cecilio Cruz, Joseph Maldonado, Hernán Sosa y Armando Colomer le piden al ingeniero Azcona, mayor participante de la juventud en la futura administración pública. (Foto Fajardo)

SAN PEDRO SULA. – La Juventud Liberal de Honduras espera que el nuevo presidente, José Azcona Hoyo, le dé una mayor participación a los jóvenes dentro de la administración pública.

Lo anterior fue manifestado por Cecilio Cruz, Joseph Maldonado, Hernán Sosa y Armando Colomer, dirigentes de la JLH, en reciente visita hecha a TIEMPO, en San Pedro Sula.

Los cuatro dirigentes liberales dijeron que no se trata de un capricho sino de un derecho que se acreditaron los jóvenes mediante la lucha que libraron a favor de Azcona Hoyo.

Por otro lado, se pronunciaron condenando las pretensiones del Partido Nacional, que quiere desnaturalizar el pasado proceso electoral al exigir la presidencia para Rafael Leonardo Callejas.

Los dirigentes de la JLH excitaron al Tribunal Nacional de Elecciones para que se pronuncie a la mayor brevedad, haciendo la declaratoria de presidente a favor del ingeniero José Azcona Hoyo.

Las autoridades del TNE deben poner fin a las especulaciones de los nacionalistas, haciendo la declaratoria a favor del candidato del partido que obtuvo la mayoría de votos, el ingeniero José Azcona Hoyo, expresaron. (DRM).

"TIEMPO", 4 de diciembre, 1985

AZCONA PRESIDENTE

Por: OVIDIO CUBIAS

Las cosas están muy claras para que no veamos que el nuevo presidente de Honduras es el ingeniero José Azcona Hoyo y que se pretenda por allí iniciar movimientos que carecen de toda razón de ser.

Las elecciones fueron limpias. Todos votamos como nos indicó nuestro mejor parecer. No hubo aquí o allá ninguna presión para que lo hiciéramos de otro modo. A nadie, en todo el país, se le obligó a votar por quien no quería. Todos votamos por los candidatos de nuestras simpatías personales y políticas.

Los comicios, pues, fueron tal como lo deseábamos y como los habíamos anhelado. El candidato triunfador en el partido, no importa qué partido, sumó a su cuenta los votos de los otros candidatos de su partido. Eso se convino o se acordó y se emitieron reformas electorales para consagrar el método en cada partido. Azcona, en el partido liberal, sumó los votos de los otros candidatos; igual cosa hizo Callejas.

Este procedimiento fue aprobado antes de las elecciones y no después. Es una cuestión convenida para los comicios de autoridades supremas del país con el tiempo necesario para haberse visto bien.

Ahora las cosas solo pueden y deben hacerse tal como se convinieron. Otra actitud está demás y carecería de la justa razón con que se deben hacer cosas tan serias que incluyen el destino del país.

Callejas no es el nuevo presidente de Honduras porque al hacerse la suma de votos, suma convenida de antemano, no es él el candidato que haya triunfado.

Se podrán alegar muchas cosas o cuestiones, ahora, después de las elecciones, pero esas alegaciones carecen del buen sentido que deben tener las soluciones que ordena el pueblo con sus votos.

Lo mejor, entonces, es reconocer que el presidente electo es el ingeniero José Azcona Hoyo. No hay una salida más a esta cuestión. La salida única es la que ya se adoptó en las elecciones. No triunfaron dos candidatos, sino uno y lo tenemos a la vista.

El ingeniero Azcona ha hecho declaraciones muy equilibradas sobre su política nacional e internacional. Nosotros lo escuchamos por la radio hace unos días. Así como en la campaña electoral no prometió nada que no podría cumplir, en las declaraciones ahora que ya es el presidente electo, tampoco prometió nada ilusorio o que después no cumpliría.

Azcona es un hombre de paz. Lo que dijo con respecto a El Salvador y nuestra frontera fue justo. Los salvadoreños no reconocerán jamás su injusta posición con respecto a tierras que son nuestras; y es por eso que tendremos que ir a la Corte Internacional de Justicia para que este alto tribunal diga la última palabra sobre el problema de la frontera. Con Nicaragua o mejor, con el Grupo de Contadora, nosotros tendremos, según expresó el ingeniero Azcona, una posición adecuada a los pueblos. En otros aspectos la política del Gobierno-Azcona también será justa y asentada en la verdad.

Azcona será un buen presidente y nosotros, todos los hondureños, tenemos el deber de colaborar con él para que las cosas sean cada vez mejor.

"TIEMPO", 4 de diciembre, 1985

El "CCEPL" acepta: Azcona presidente

TEGUCIGALPA. – El Consejo Central Ejecutivo del Partido Liberal (CCEPL) anunció ayer que respalda al presidente electo José Azcona Hoyo.

El anuncio fue hecho ayer por el presidente del Consejo Central Ejecutivo del Partido Liberal, Juan de la Cruz Avelar Leiva, quien recalcó que Azcona "es el gran triunfador dentro del Partido Liberal" y este organismo de dirección está en la obligación de apoyarlo".

Avelar sostuvo que Azcona ha "logrado el triunfo dentro de este proceso electoral" y que "estamos dispuestos a defender el triunfo del Partido Liberal".

El dirigente del CCEPL estimó, además, que el recurso de inconstitucionalidad que ha amenazado con presentar el nacionalismo si se declara presidente a José Azcona "no procede".

"Eso ya no procede porque las condiciones en que fuimos a las elecciones generales ya estaban dadas" dijo señalando que "todo sale sobrando cuando ya el pueblo ha dado su veredicto favoreciendo al Partido Liberal".

Por otro lado, al referirse a los resultados obtenidos por el oficialismo en los comicios dijo que "pienso que el Partido Liberal ganó sobre el adversario común y eso pues nos debe llenar de satisfacción a todos los liberales".

Anunció que el CCEPL se reunirá próximamente para analizar en forma global los resultados obtenidos el 24 de noviembre. (GP)

Juan de la Cruz A.

"TIEMPO", 4 de diciembre, 1985

Gabinete de Azcona incluirá a profesionales nacionalistas
- **Pero para quienes le ofendieron "no habrá nada", dice el presidente electo**

El ingeniero José Azcona Hoyo, presidente electo de Honduras en las recién pasadas elecciones, declaró ayer que el gobierno que encabezará a partir del 27 de enero próximo será de unidad nacional porque incluirá en su gabinete hasta el partido opositor, el Nacional.

En sus declaraciones dejó claramente establecido que "es necesario dialogar entre los dirigentes de las corrientes del Partido Liberal para de esa manera conocer las inquietudes de los diversos sectores del país".

El presidente electo por votación popular, dejó claramente establecido que en su gobierno tendrán cabida los elementos del Partido Liberal sin sectarismos de ninguna especie, pero aclaró que aquellos que "me ofendieron no".

Durante sus declaraciones brindadas a los periodistas no descartó que en los próximos días tenga que reunirse con el presidente de la República, Dr. Roberto Suazo Córdova, para conocer del actual mandatario los asuntos del Poder Ejecutivo, pues a partir del 27 de enero de 1986 asumirá esa gran responsabilidad ante la patria.

"Va a llegar ese momento –apuntó el próximo presidente constitucional de Honduras– de tener lugar ese encuentro no lo vamos a rehuir", expuso el Ing. Azcona al referirse a una pronta reunión que puede tener lugar con el Dr. Suazo Córdova.

Destacó que una de sus misiones será no intervenir en los demás poderes del Estado, es decir el Judicial y Legislativo, pero indicó que a lo más que llegará es el de sugerir proponer nombres para integrar la Corte Suprema de Justicia. Sin embargo, en ninguna de las decisiones que adopte ese poder del Estado intervendrá él como presidente de la República.

Sostuvo que todavía no ha procedido a integrar el gabinete de gobierno que lo acompañará en su mandato constitucional, no obstante reconoció que han comenzado a barajarse algunos nombres que podrían ser llamados para que colaboren con él a partir del 27 de enero próximo.

"EL HERALDO", 4 de diciembre, 1985

Juan de la Cruz Avelar:
Oficialistas apoyarán al gobierno de Azcona

El sector oficialista del Partido Liberal apoyará al presidente electo José Azcona Hoyo porque es un gobierno de extracción popular y además representa al liberalismo de Honduras, dijo ayer el presidente del Central Ejecutivo, Juan de la Cruz Avelar Leiva.

El político aseguró que esa decisión el Central Ejecutivo lo tomará en una sesión por ser este un cuerpo colegiado, aunque advirtió que se tienen que analizar ciertos detalles y posibilidades que pueden presentarse en los últimos días.

En cuanto a su posición y de los demás diputados electos ante el Congreso Nacional, Avelar Leiva manifestó que ese aspecto aún no se ha analizado, pero adelantó que la participación del sector oficialista será en base a los intereses de Honduras.

Avelar Leiva reconoce que el ganador de las elecciones es José Azcona Hoyo y por ser este un gobierno liberal dijo que están en la obligación de apoyarlo.

Los análisis de la pérdida del Movimiento Liberal Rodista aún no se han hecho, pero según su criterio, todo está claro: "El pueblo ya dio su fallo".

"EL HERALDO", 4 de diciembre, 1985

Presidente electo se reúne con los colegas derrotados

Los excandidatos a la Presidencia, Carlos Roberto Reina, José Azcona y Efraín Bú Girón, captados ayer durante un almuerzo al que también fue invitado el excandidato por el Rodismo oficialista, abogado Oscar Mejía Arellano, quien prefirió no atender la invitación de un matrimonio ligado al bugironismo. (Foto Efraín Salgado).

"EL HERALDO", 4 de diciembre, 1985

Presidente electo se reúne con sus colegas derrotados

José Azcona del Hoyo, candidato triunfador del Partido Liberal de Honduras, se reunió sorpresivamente con sus correligionarios liberales, José Efraín Bú Girón y Carlos Roberto Reina, aspirantes a la Presidencia de la República en los comicios del 24 de noviembre.

La reunión es la primera que se efectúa con posterioridad a la práctica de las elecciones generales pasadas y su motivación tiene un carácter amistoso, de acercamiento e intercambio de puntos de vista sobre problemas de unidad liberal y de sondeos sobre el futuro inmediato que incluye la conformación de la administración pública bajo la Presidencia del ciudadano Azcona del Hoyo y los retos que esperan al nuevo gobierno bajo augurios de extremada previsión.

Según dijeron los dirigentes citados a un almuerzo servido en un hotel capitalino, la invitación provino de una iniciativa del profesional del derecho, Ramón Valladares Soto, a quien la historia le tiene reservado la designación de ser el presidente de la Corte Suprema de Justicia que nunca ejerció su magistratura debido al encarcelamiento que sufriera, a raíz precisamente de su nombramiento por parte del Congreso Nacional en medio de la debatida crisis institucional del verano anterior.

El abogado Oscar Mejía Arellano, candidato del oficialismo liberal fue invitado al almuerzo de confraternidad liberal, pero, según se comentó en la reunión, él se había excusado por encontrarse enfermo.

Las esposas de los candidatos liberales se hicieron presentes así como también algunos hombres de confianza de los jefes de las facciones en que se ha dividido el Partido Liberal de Honduras.

Un comensal dijo a EL HERALDO que las declaraciones sobre la unidad liberal fueron hermosas y significativamente figuradas. El señor Azcona, de acuerdo a la misma fuente, se proclamó factor de unidad, habló sobre sus tendencias y aspiraciones de engrandecimiento institucional del liberalismo y que todas las fuerzas componentes de su partido tienen derecho a conjuntarse en este momento crucial.

Mientras tanto, uno de los candidatos comentó a diario EL HERALDO que "todo fue muy halagador, pero no quedamos en nada; no hay promesa de próximas reuniones, ni se definieron programas ni estrategias, eso sí fue un buen almuerzo entre amigos".

Un aspecto del almuerzo ofrecido al presidente electo y a los excandidatos presidenciales. (Foto Efraín Salgado)

"EL HERALDO", 4 de diciembre, 1985

Preparan transferencia de poder

Los preparativos para transferencia del poder del actual mandatario Roberto Suazo Córdova, al presidente electo José Azcona Hoyo, comenzaron ayer cuando una delegación del candidato ganador se reunión con el canciller por ley Tomás Arita Valle y sus colaboradores. La comisión de enlace por parte de Azcona es encabezada por su asistente Jorge Roberto Maradiaga. (Foto Oscar Mallorquín)

"EL HERALDO", 4 de diciembre, 1985

Bien pintado estará estadio para ascensión de Azcona H.

El Estadio Nacional estará completamente pintado en el transcurso del mes de diciembre, para el 27 de enero próximo lucir remozado en la toma de posesión del nuevo presidente de Honduras. En la gráfica de Rolando Mondragón se observa cuando obreros utilizando escaleras y rodos, realizan tareas a fin de que esas instalaciones luzcan en el máximo esplendor en la ascensión del entrante mandatario, Ing. José Azcona Hoyo, quien desde un principio afirmó que la banda presidencial no la recibiría en el estadio de La Paz, como ha sido la intención del actual presidente de la República, Dr. Roberto Suazo Córdova.

"EL HERALDO", 4 de diciembre, 1985

OMA aceptará victoria de Azcona hasta cuando la declare el TNE

TEGUCIGALPA. – El excandidato a la Presidencia de la República, abogado Oscar Mejía Arellano, aceptará la victoria del Ing. José Azcona Hoyo hasta que el Tribunal Nacional de Elecciones emita su juicio.

El dirigente rodista que cargó con la derrota ante el Movimiento Azconista, haciendo desaparecer la intentona oficialista de mantenerse en el poder, reafirmó su conducta en cuanto a ubicarse lo más alejado de los comunicadores sociales.

131

No permitiendo mayores consultas del reportero, Mejía Arellano se limitó a indicar que hasta el momento en que el Tribunal Nacional de Elecciones emita la declaratoria señalando al nuevo presidente de Honduras, declarará sobre el particular.

"No tengo nada que decir", fue otra vaga respuesta cuando se le inquirió para que señalara a el o los culpables de la derrota rodista, cuyos máximos exponentes garantizaban que antes de los comicios no tendrían obstáculos en el camino.

Tampoco Mejía Arellano quiso referirse al motivo por el cual no asistió a la "cumbre" de líderes liberales que provocaron una reunión para buscar la unificación del partido y que contó con la presencia de Azcona Hoyo.

A la cita tampoco asistieron representantes de Mejía Arellano, que siempre le sustituyeron en diversas comparecencias públicas antes de las elecciones celebradas el 24 pasado.

Sin embargo, la actitud del excandidato al no llegar a la reunión señalada, coincide con su decisión de no reconocer al presidente electo, hasta que el hecho sea oficializado por el TNE.

Mejía Arellano

"LA PRENSA", 5 de diciembre, 1985

Parlamentarios alemanes se reúnen con Azcona

TEGUCIGALPA. – El embajador de Alemania Federal en Honduras, Eckeherd Shober, y un grupo de parlamentarios germanos visitaron ayer al presidente electo, ingeniero José Azcona, en su residencia de esta capital.

Azcona, como parte de sus actividades políticas, recibe a diario a delegaciones y comisiones políticas, con las que dialoga por largo rato tratando de encontrar mecanismo que sean beneficiosos para su futuro gobierno.

El diplomático alemán y los parlamentarios conocieron algunas actividades políticas del presidente electo, dado el interés que tienen los países amigos de saber las inquietudes del hombre que regirá los destinos de este país, por un periodo de cuatro años.

"LA PRENSA", 5 de diciembre, 1985

LA UNIDAD LIBERAL Y LA ARITMÉTICA POLÍTICA

Un interesante convivio liberal tuvo lugar el miércoles anterior en un hotel capitalino, cuyo aparente trasfondo es la promoción de la unidad del Partido Liberal, en donde persiste la fragmentación de corrientes, aun después del triunfo electoral de la institución rojiblanca.

En esa reunión, como es natural, la figura sobresaliente fue el presidente electo, ingeniero José Azcona del Hoyo, quien con su asistencia puso de manifiesto su actitud unificadora no solo de los liberales sino de todos los hondureños, independientemente de los bandos políticos.

Aparte del vencedor en los comicios, dos de los movimientos personalistas liberales estuvieron representados: el bugironista, que logró tres diputados en el departamento de Santa Bárbara, de donde es oriundo su dirigente, y el M-LIDER, que no pudo conseguir ningún asiento en el Congreso Nacional, pese a los esfuerzos de sus líderes, los hermanos Carlos Roberto y Jorge Arturo Reina.

Dos de las principales corrientes del Partido Liberal –el Movimiento Liberal Rodista, en esta ocasión encabezado por Oscar Mejía Arellano, y la Alianza Liberal del Pueblo (ALIPO), que formó parte de la coalición que dio la victoria al ingeniero Azcona– no participaron en este evento social.

Se ha dicho que el candidato rodista no asistió al convivio, no obstante haber sido invitado, quizá porque todavía no ha tenido el gesto de felicitar al candidato triunfante, electo con todos los votos liberales. En lo que a ALIPO respecta, al parecer fue ignorada, posiblemente bajo la presunción de que bastaba con la representación azconista.

Como se sabe, el Movimiento Rodista ha computado 17 diputados de los 66 que le corresponden al Partido Liberal y la Alianza Liberal del Pueblo (ALIPO) cuenta con 16 diputados de los 46 que acumuló la alianza Azcona-ALIPO.

Coincidiendo con este convivio, se produjeron declaraciones del presidente del Consejo Central Ejecutivo del Partido Liberal (CCEPL), Juan de la Cruz Avelar, señalando que el ingeniero José Azcona del Hoyo "es el gran triunfador dentro de Partido Liberal" y, por lo consiguiente, todos los liberales están dispuestos a defender ese triunfo.

Las declaraciones del presidente del CCEPL vienen, a nuestro juicio, a disolver suspicacias provenientes de las fricciones preelectorales entre el oficialismo y la alianza Azcona-ALIPO, por una parte, y con los movimientos personalistas surgidos al amparo de la "Alternativa B".

Asimismo, el ingeniero Azcona ha externado su disposición de dialogar con el Presidente de la República, doctor Roberto Suazo Córdova, en "un encuentro necesario que tendrá que producirse en cualquier momento".

Todos los hechos destacados en este comentario tienen el significado de señales inequívocas de lo que está aconteciendo al interior del Partido Liberal, ganador de los comicios. Se perfila –al menos así lo esperamos– una tendencia hacia la unificación liberal, a fin de oponerse en forma para estructurar una política coordinada que pueda hacer frente al reto que impone una frágil balanza del poder, habida cuenta el resultado final de las elecciones.

Porque, como es sencillamente lógico, no se puede desconocer la fuerza del tradicional adversario del Partido Liberal, vale decir el Partido Nacional, que pugna por la mayor cuota de poder posible en el reparto integracionista.

Esa balanza del poder, por supuesto, tiene muchas pesas que no pueden ser ignoradas a la hora de la implementación política. Pesos y contrapesos, desde el bloque monolítico nacionalista, pasando por los cuatro votos del PINU y la Democracia Cristiana, hasta los medianos bloques liberales: 30 votos del azconismo, 17 votos del rodismo, 16 votos de ALIPO, y los 3 –que pueden quedar en dos– del bugironismo.

Es dentro de tal realidad donde habrá que encontrar los ajustes y los acomodos, porque a final de cuentas, la política tiene una elemental aritmética: la de sumar y restar.

"TIEMPO", 5 de diciembre, 1985

UN NUEVO PRESIDENTE

La Patria está de fiesta y no es para menos, ya tiene un nuevo presidente electo: el ingeniero José Azcona del Hoyo que tomará posesión el próximo 27 de enero de 1986.

En estos momentos ya el ingeniero Azcona deberá estar pensando qué colaboradores llevará en su gabinete de gobierno. No dudamos que escogerá lo mejor del Partido Liberal, sin distingos de corrientes, porque no fue una sola corriente la que triunfó sino el partido entero por medio de la sumatoria de votos.

Ya es tiempo que se olviden los compadrazgos y sobre todo que desaparezcan las corrientes internas y que quede gobernando el Partido Liberal, pero no dividido, sino sólido, unificado como un solo nudo, como una sola fuerza; en donde no se discrimine a ningún liberal; en donde no se deschambe a un correligionario porque no comulgó con la corriente azconista.

Todos los liberales contribuimos al triunfo del Partido Liberal y no es justo que se siga discriminando a un compañero de lucha, como a sucedido en la actual administración. Cuando el Partido Nacional le ha tocado mandar, no destituye a sus adeptos y más bien da oportunidad a todos sus seguidores por igual sin fijarse en la ideología de cada quien.

Una cosa debemos tener presente: si el Partido Liberal quiere mantenerse en el poder por muchos años más, debe cuidar sus votos. Procurando no resentir a nadie. Porque es costumbre entre los políticos que cuando ya están en el poder, se olvidan de los que le sirvieron de peldaños para subir y escalar la cumbre del poder.

El día que no existan las corrientes internas, entonces habrá unidad, pero esa unidad deberá empezar por el próximo Congreso Nacional. Que se terminen esas indeseables y perjudiciales "Bancaditas".

San Nicolás de Copán, 10 de diciembre, 1985
CIRO ANTONIO CLAROS C.

"TIEMPO", 5 de diciembre, 1985

"TIEMPO", 5 de diciembre, 1985

134

SOY AMIGO DE AZCONA: "OMA"

TEGUCIGALPA. El excandidato presidencial oficialista Oscar Mejía Arellano, que visitó ayer a los miembros del Tribunal Nacional de Elecciones, se abstuvo de decir si apoya al presidente electo José Azcona del Hoyo.

OMA, que se presentó inesperadamente al TNE se reunió con el presidente del organismo Rafael Palacios Tosta, René Corea Cortés, Adán Palacios y Pablo Valladares por más de media hora.

Lo tratado en la reunión entre OMA y los miembros del TNE, según estos, se limitó a recibir una felicitación del exaspirante presidencial del Suazocordovismo.

OMA, en su segunda aparición pública desde la derrota del oficialismo el 24 de noviembre, se mostró nuevamente evasivo ante las preguntas de los reporteros.

A la interrogante de si apoyaba al presidente José Azcona del Hoyo, Mejía Arellano se limitó a decir insistentemente: "yo soy amigo de Azcona" y "como liberal yo lo conozco es buen liberal".

El político intibucano dijo que "yo estoy esperando el resultado oficial del Tribunal Nacional de Elecciones, no quiero adelantar juicios".

Al insistírsele si su movimiento respalda a José Azcona del Hoyo, dijo que "yo no puedo despejar ninguna duda, yo me debo a un equipo y el equipo va a decidir".

Entre tanto, el diputado oficialista por La Paz, Rolando Melghen también asumió la posición de en boca cerrada no entra mosca. Ante las interrogantes de los reporteros, únicamente para decir, el seguidor de Roberto Suazo Córdova, "no tengo nada que decir". (GP)

El excandidato presidencial, Oscar Mejía Arellano, captado en el momento cuando salía de la oficina del presidente del TNE.

"TIEMPO", 6 de diciembre, 1985

Azcona y el presupuesto

El presidente electo, José Azcona Hoyo, expresó recientemente haber estado analizando el presupuesto de la nación y que espera la declaratoria oficial del Tribunal Nacional de Elecciones, para conformar una comisión técnica que aborde los problemas económicos.

Como un ejemplo de la falta de coordinación entre el presupuesto y la política económica planificada, Azcona mencionó el caso de la carretera Ceiba-Sabá-Tacoa-Corocito que, con financiamiento del BID, no aparece la partida presupuestaria correspondiente en el Presupuesto General de la Repúblcia para 1986.

Desde estas notas editoriales hemos insistido en que mientras el sistema de planificación no se incorpore a la fase presupuestaria, será muy difícil coordinar los planes de desarrollo en el país.

Dentro de la política económica planificada, el Presupuesto General de la República es un programa de acción de corto plazo. Hay que cumplir el programa de gobierno del liberalismo, convirtiendo la Secretaría Técnica del Consejo Superior de Planificación en un ministerio de Planificación y Coordinación Económica, incorporándosele las funciones para la elaboración del presupuesto que actualmente están en la Secretaría de Hacienda, que quedaría a cargo de la ejecución del mismo.

Los planes y estrategias de desarrollo que se han formulado en Honduras, hasta ahora no han tenido reflejo presupuestario. Para que el presupuesto se convierta realmente en un programa de acción inmediato es necesario transformar la estructura presupuestaria del sector público, identificándose los programas de gastos con los de desarrollo.

La falta de coordinación entre la planificación y el presupuesto ha creado conflictos en la orientación del gasto público, resultando que la asignación final de los recursos financieros no siempre es congruente con los propósitos y objetivos de la política económica planificada. La falta de coordinación financiera se hace evidente en la estrategia de desarrollo para 1986-1989 recientemente elaborada por CONSUPLANE, pues los planes anuales operativos que elabora no tienen el reflejo presupuestario correspondiente.

A fines de 1981, la Asamblea Nacional Constituyente aprobó un presupuesto desbalanceado para 1982, que llevaba un déficit superior al previsto en el mismo. Por ello, desde 1982 a 1985 el déficit fiscal acumulado es superior a los 2,500 millones de lempiras.

Para evitar los errores de 1981, el Congreso Nacional debe analizar con mayor profundidad el proyecto de presupuesto para el próximo año, especialmente en lo que se refiere al aumento de los gastos corrientes y a la necesidad de reducir el déficit fiscal. Hasta ahora las autoridades financieras se han preocupado más de cómo financiarlo que de su reducción.

Hay que reconocer que el presidente electo ha iniciado con buen pie al dedicar parte de su tiempo al análisis del presupuesto con el que habrá de desempeñarse durante el primer año de gobierno. Tiene la ventaja que como diputado al actual Congreso Nacional puede participar en las deliberaciones para la aprobación de las distintas partidas.

Sin embargo, el Artículo 368 de la Constitución de la República permite prorrogar el presupuesto actual por un periodo determinado para darle más tiempo al nuevo gobierno de revisarlo dentro de la política planificada y según un plan operativo anual.

Frente a la necesidad de reducir el déficit fiscal y preservar el patrimonio nacional controlando la gestión económica y financiera del gobierno central y las otras instituciones descentralizadas del Estado, el análisis del presupuesto de 1986 reviste prioridad y el presidente electo así parece entenderlo.

Sin embargo, por la falta de coordinación interinstitucional en el proyecto presentado a la cámara, no se ha logrado una eficiente asignación de prioridades y una mayor participación en la toma de decisiones relacionadas con el presupuesto, el programa de inversiones y la asistencia técnica y financiera que recibe Honduras.

Por ello esperamos que la comisión especial nombrada al efecto por el poder legislativo analice detenidamente el documento presentado como proyecto de presupuesto, puesto que en él está el arma para enfrentar objetiva y eficazmente el problema económico si encauzamos los recursos hacia el desarrollo y la reducción del déficit fiscal.

"LA PRENSA", 6 de diciembre, 1985

DESCHAMBADOS MANTIENEN SITIADA CASA DE AZCONA

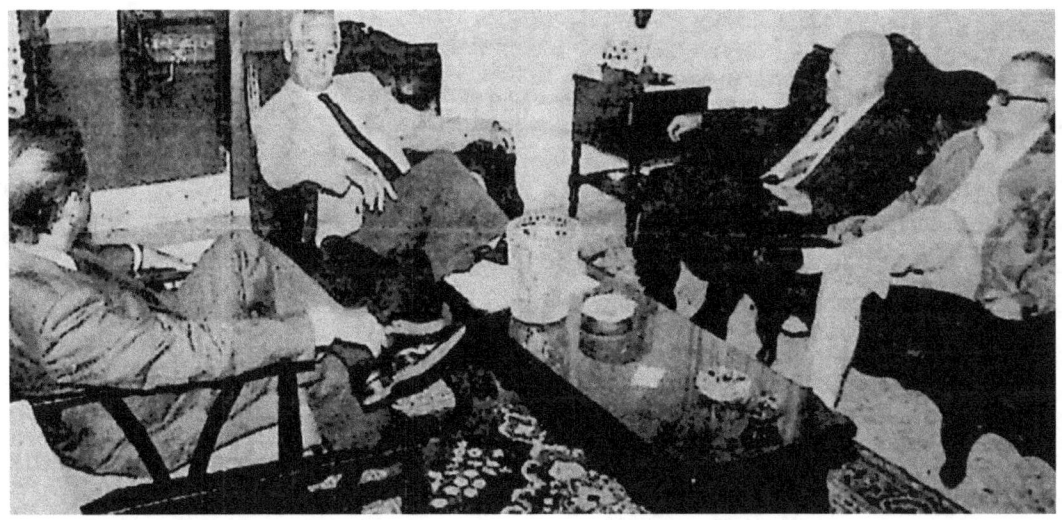

En la gráfica el doctor Enrique Ortez Colindres, el ingeniero Roberto Martínez Ordóñez, con el ingeniero José Azcona Hoyo, cuando lo visitaban para felicitarlo. (Foto Lobo)

TEGUCIGALPA. – El ingeniero José Azcona Hoyo ni siquiera ha sido declarado presidente electo y ya su casa permanece repleta de gente que busca hacerse visible al futuro gobernante para ser tomada en cuenta en cualquier chamba pública.

El antes y después, muy usado en la publicidad de la cosmética, cae como anillo al dedo, porque la ahora visitada casa del ingeniero José Azcona Hoyo no se asemeja en nada a la solitaria vivienda de hace más de un año, cuando una manada de pequeñitos perros recibían a los extraños armando un gran escándalo con sus ladridos.

Antes, el portón de la casa de ingeniero José Azcona Hoyo podía ser cruzado fácilmente por los visitantes. Bastaba arriesgarse a una mordida de los diminutos perros. Ahora, hay una persona que custodia la entrada a la casa, y hay que anunciarse previamente y conseguir el permiso para ingresar.

Ello se debe al continuo asedio de que es objeto el ingeniero José Azcona Hoyo, que sin tener oficialmente el nombramiento de presidente de Honduras, ya tiene que lidiar con aquellos que se acercan a él, esperando ser favorecidos con un cargo en la próxima administración pública.

Por dentro, la casa permanece casi siempre llena de aquellos que fueron durante la campaña sus colaboradores más cercanos, pues la vivienda del ingeniero se ha convertido prácticamente en un centro de operaciones políticas.

Constantemente el ingeniero Azcona recibe la visita de amigos que llegan a felicitarlo por su triunfo en las elecciones del domingo 24 de noviembre. Entre ellos, figuras destacadas del liberalismo, incluso algunos del oficialismo liberal.

En la parte de afuera, la casa está llena de "humildes" ciudadanos, apostados en la acera en espera de una recomendación del ingeniero José Azcona Hoyo.

El teléfono de la casa del ingeniero José Azcona Hoyo, que antes era comúnmente contestado por el propio político, ahora suena intermitentemente sin que nadie lo descuelgue. El asedio telefónico es también insoportable.

Según algunos amigos cercanos a la familia, el futuro presidente no ha tenido descanso desde el día de las elecciones generales. ¡Y eso que no ha llegado a la poltrona presidencial! (VGR)

"TIEMPO", 7 de diciembre, 1985

"COFADEH" espera que Azcona imite a presidente Alfonsín

TEGUCIGALPA. – Los familiares de los desaparecidos solicitaron ayer públicamente una entrevista al presidente electo, José Azcona Hoyo, "para plantear las demandas al futuro gobierno" que esperan imite al argentino Raúl Alfonsín, sancionando los militares implicados en violaciones de los derechos humanos.

La demanda fue conocida ayer durante la movilización mensual que realiza el Comité de Familiares de Detenidos Desaparecidos en Honduras (COFADEH).

Un documento distribuido durante el acto desarrollado en el parque La Merced señala que "el COFADEH considera obligación pronunciarse en torno al resultado de los pasados comicios y las expectativas que los familiares de las víctimas de la represión se hacen en torno al futuro gobierno que encabezará el ingeniero José Azcona Hoyo".

"Queremos destacar –añadió– que el civismo demostrado por el pueblo es una prueba de que en este país quienes no aprenden a vivir en democracia son aquellos que quieren imponer sus concepciones políticas e ideológicas a punta de escuadrones de la muerte, cárceles clandestinas y torturas".

Agregó que la derrota del abogado Oscar Mejía Arellano "es para el COFADEH un voto contra administración represiva, antinacional y antipatriótica de Roberto Suazo Córdova".

Advirtió que "el pueblo tiene que profundizar su repudio y exigir el respeto a las garantías individuales" y "tenemos que seguir exigiendo la libertad para más de 142 personas que fueron secuestradas por oficiales que hoy se pasean por las calles de Tegucigalpa".

En ese sentido, estimó que "Azcona Hoyo tendrá que optar por escoger un sitio: al lado de los victimarios o a la par del pueblo", y añadió que "el gobernante dispondrá del poder suficiente para legitimar el voto del pueblo y convertirlo en un factor real para promover los cambios que demanda Honduras".

Azcona Hoyo como "comandante de las Fuerzas Armadas, si opta por las mayorías que le dieron el triunfo, tendrá que investigar a profundidad todo este periodo de represión", señalaron los familiares de los desaparecidos. (NL)

"TIEMPO", 7 de diciembre, 1985

"LA PRENSA", 7 de diciembre, 1985

Entusiasmo en Tela por el triunfo de Azcona H.

Jorge Chavarría, diputado al Congreso Nacional en representación del Movimiento Azconista de Tela, Atlántida. (Foto de Salomón Aguilar)

TELA, Atlántida. – Un gran entusiasmo privado entre la ciudadanía de este municipio por el triunfo del ingeniero José Azcona, en quien han cifrado buenas esperanzas para que ayude al puerto de Tela, que hasta este momento está huérfano de ayuda gubernamental, dijo a LA PRENSA el diputado electo por el Movimiento Azconista Jorge Chavarría.

Explicó el nuevo diputado al Congreso Nacional que el problema mayúsculo de Tela, Atlántida, es el desempleo, pero que el próximo gobierno presidido por el Ing. José Azcona sabrá fomentar más fuentes de trabajo, no quitando empleados sino que creando más fuentes de labor.

Jorge Chavarría señaló que también le dará una especial atención al sector salud, tratando de proporcionarle el implemento necesario para la buena atención delos pacientes, dotar además de mejores medicamentos a los centros de salud de la zona rural y que el pueblo reciba una verdadera atención médica.

También dijo que en el ramo de educación, el Ing. José Azcona está bien interesado que sea una realidad no más niños sin escuelas ni más maestros sin empleo.

Indicó que otro renglón que recibirá un trato especial será la apertura de nuevos tramos carreteros, principalmente en las zonas productivas y que se encuentran aisladas en tiempo de invierno. Y con estas facilidades los campesinos podrán sacar sus productos a los mercados y comercializarlos a un precio mejor.

Dijo Chavarría que con el triunfo del ingeniero José Azcona será seguro el próximo periodo del Partido Liberal, porque hará un gobierno de una verdadera honestidad.

"LA PRENSA", 7 de diciembre, 1985

Xicaques esperan que J. Azcona les ayude recuperar sus tierras

Rafael Gómez

SAN PEDRO SULA. Las tribus xicaques del departamento de Yoro se preparan para recuperar las tierras que los ladinos les han arrebatado.

Las tribus indígenas confían que cuando el ingeniero José Azcona Hoyo tome posesión les ayude a recuperar el territorio que "jurídica e históricamente les pertenece".

Rafael García Córdova, presidente de la Federación de Tribus Indígenas de Yoro (FETRINY), informó que a cada tribu le pertenecen más de cuatro mil manzanas de tierras.

Fue a través del misionero español Manuel de Jesús Subirana, que las 22 tribus del departamento obtuvieron del Estado la adjudicación de siete caballerías y media de territorio en el año de 1864.

Actualmente esas siete caballerías y media representan más de cuatro mil manzanas, sin embargo, las tribus no tienen ni 200 manzanas ya que sus tierras han sido acaparadas por los ladinos (hondureño común, ganadero o agricultor latifundista).

El jefe de las tribus indígenas dijo que los bosques propiedad de las tribus "han sido arrasados por la voracidad de los que talan árboles para exportar".

Para frenar ese abuso, las tribus acordaron reclamar el 40 por ciento en efectivo por cada metro cúbico de madera cortada en sus bosques. Actualmente el metro cúbico vale 12 lempiras, de los cuales 4.80 lempiras son para la tribu.

Para proteger los bosques, los xicaques no firman contratos mayores a los cinco mil metros cúbicos, condiciones que han sido acatadas por FIAFSA, el mayor aserradero de la zona, y para cuyo cumplimiento hay indígenas encargados de la supervisión. (DRM)

"TIEMPO", 9 de diciembre, 1985

UN GOBIERNO FUERTE Y DEMOCRÁTICO

Por MIGUEL ÁNGEL BONILLA L.

Estimados señores:

Han pasado las elecciones y el pueblo hondureño dio su sabio veredicto, en una forma democrática y pacífica, estos son signos que ya nos estamos acostumbrando a vivir en democracia para el fortalecimiento del sistema democrático de gobierno.

Tenemos todos los hondureños que amamos a nuestra patria el deber de apoyar al nuevo presidente en su gestión administrativa que tiene la buena voluntad de subsanar los errores cometidos por el actual gobierno, que casi lleva a la pérdida al gran Partido Liberal, donde la intriga, el canibalismo, las ambiciones, la prepotencia y la división eran los quehaceres fundamentales de algunos personajes cercanos al presidente.

El nuevo presidente ha dicho y lo ha ratificado, que su gabinete lo conformará con los mejores hombres con que cuenta el país, independiente de su afiliación política, también respetará la independencia de los demás poderes del Estado, respetará las organizaciones políticas y sociales del país, si se hacen realidad todos estos principios tendremos los hondureños un gobierno fuerte y sólido.

Muchos politólogos y analistas han opinado que el gobierno del ingeniero AZCONA va a ser débil, porque va a existir un Congreso que no va a estar a su favor y una Corte Suprema de Justicia, nosotros sostenemos que estos políticos y analistas trasnochados, están equivocados en sus aseveraciones.

Si el ingeniero AZCONA cumple con todo lo prometido al pueblo hondureño, de respetar todos los principios liberales, y dejar que este sufrido país siga sufriendo frustraciones y resentimientos, seguros estamos que tendrá el apoyo unánime del pueblo hondureño. Existen muchos gobiernos donde el presidente no tiene controlado al Congreso, el caso de los Estados Unidos donde el señor Reagan fue reelegido, y con un Congreso controlado por el partido opositor, pero el pueblo norteamericano lo reeligió.

"TIEMPO", 9 de diciembre, 1985

LA VOZ QUE SE HIZO SENTIR

Todavía el Tribunal Nacional de Elecciones no ha dicho nada sobre el resultado de las elecciones generales del 24 de noviembre y ya asoman negros nubarrones, cúmulos que presagian tormentas y la ira de los vientos huracanados.

El profesional de la ingeniería José Azcona del Hoyo, como todos hemos de recordar, es producto del arreglo político que tuvo por marco las instalaciones militares de la Fuerza Aérea Hondureña (FH); es el resultado de la suma de todos los candidatos liberales que participaron en los últimos comicios, precisamente donde pierde el voto su condición de ser "directo y secreto", conforme lo dispone el Artículo 236 de la Constitución de la República.

Y en ese sentido, toda la disidencia de los partidos Liberal y Nacional tuvieron una acogida calurosa ante las fuerzas desgastadas del oficialismo representado para las dos instituciones políticas, en el cetro de una sola corona imperial de color rojo.

En el caso del dirigente Azcona, este creyó necesario unir en torno suyo a todos los grupos opositores al régimen del doctor Suazo Córdova. Por esa vía sostuvo reuniones con los hermanos Reina Idiáquez del movimiento LIDER; con el ciudadano José Efraín Bú Girón, artífice de la llamada crisis institucional que produjo el Acta de Compromiso y con los dirigentes de la Alianza Liberal del Pueblo (ALIPO). Al final, el único acuerdo en firme se llevó a cabo con los dirigentes norteños de la ALIPO.

Para muchos hondureños, el quedar solos la ALIPO y el carismático líder disidente fue motivo de sorpresa y de alcances peligrosos para la propia estabilidad del candidato liberal disidente.

Después de un convivio al que se hicieron presentes el candidato triunfador, el máximo representante del bugironismo y los hermanos Reina que no lograron ni un diputado para proyectarse en la cámara legislativa, los líderes alipistas se hicieron oír como una fuerza política independiente lanzando un voluminoso proyectil con cabeza nuclear, lo que sonó como alarma en el cuartel general del azconismo y puso en estado de alerta y observación a las otras fuerzas políticas.

Hay una queja profunda cuando señalan en su órgano de divulgación oficial que la ALIPO "fue ignorada", en el convivio, creyendo los anfitriones que bastaba con la representación azconista.

Se debe entender perfectamente por qué los alipistas han dejado sentado que el rodismo o Suazocordovismo obtuvo 17 diputados y que de los 46 diputados logrados por Azcona, 16 de ellos les pertenecen, es decir forman el bloque de la ALIPO.

Y como para no dejar suelta la punta del ovillo, dejó sentada la siguiente premisa política al señalar que los componentes políticos ubicados en la balanza del poder tienen "muchas pesas que no pueden ser ignoradas a la hora de la implementación política, pesos y contrapesos..." Y para configurar los términos de referencia que los propios y extraños tienen que tomar en cuenta el momento de repartir la cuota del poder, se afirma que los bloques liberales están conformados así: "30 votos al azconismo, 17 votos al rodismo, 16 votos de ALIPO y los tres –que pueden quedar en dos– del bugironismo".

Y para que nadie se pierda, concluye el análisis: "Es dentro de tal realidad donde habrá que encontrar los ajustes y los acomodos, porque a final de cuentas, la política tiene una elemental aritmética: la de sumar y restar".

De esta forma tenemos que el candidato triunfador, José Azcona del Hoyo, está amarrado con los grupos incorporados en el recuento de votos bloquistas que le dieron el triunfo. Un bloque de votos que disienta en determinado momento y pierde cualquier posición de ventaja, tal la conformación de posiciones dentro del Congreso Nacional.

El candidato liberal triunfador ve así resquebrajada, digamos propiamente, reducida, su propia base de sustentación al señalarle la ALIPO que ella en sí misma es una fuerza que propugna por un trato igualitario e independiente y que su posición, en el juego del poder estatal, tiene sus fronteras precisas que terminan en donde comienzan las fronteras de su asociado Azcona Hoyo.

Ciertamente que la base de poder del líder triunfador en el Partido Liberal es débil y cuanto más se percate de ello, más necesidad habrá de unir en una voluntad patriótica a todas las fuerzas políticas convergentes en un plan nacional que tenga como meta suprema el triunfo definitivo de Honduras, lo que será el singularísimo triunfo del propio gobernante. Hagamos del próximo gobierno, un gobierno del mayor poder para gobernar con patriotismo, de lo contrario, el régimen permanecerá frágil, temeroso y comprometido con una "hondura" que nos precipitará al fracaso.

"LA TRIBUNA" 9 de diciembre, 1985

Proponen gabinete a Azcona

El frente denominado "Unión de Bases Liberales" entregará este día al presidente electo José Azcona Hoyo, un planteamiento mediante el cual dan a conocer un gabinete de gobierno que a su juicio "vendría a unificar a toda la familia hondureña".

El planteamiento fue elaborado durante los días jueves y viernes de la semana anterior en la casa de Reynaldo Díaz, o más bien en el lugar conocido como la Galera Azconista.

En la reunión, donde se tomó la decisión de presentarle la conformación de un gabinete a José Azcona Hoyo, participaron varios dirigentes de bases del movimiento azconista. El texto del planteamiento es el siguiente:

PLANTEAMIENTO

El frente "UNIÓN DE BASES LIBERALES" reunidos en Comisión Especial y con el propósito de encontrar bases sólidas para que el gobierno de nuestro querido y respetado líder, nacido de la entraña misma del pueblo hondureño, demócrata y auténtico unionista de la gran familia hondureña y por ende, del glorioso Partido Liberal de Honduras, emite el siguiente PLANTEAMIENTO:

CONSIDERANDO: Que es obligación ineludible de las bases, unificar criterios y hacer algunas insinuaciones respetuosas a discreción del ciudadano presidente ingeniero José Azcona Hoyo, sugerimos la conformación de un gabinete de gobierno encabezado por las siguientes personalidades:

1. – Ministro de Gobernación y Justicia... Abog. J. Efraín Bú Girón.
2. – Ministro de Defensa y Seguridad Pública... Cnel. y Abog. Efraín L. González.
3. – Ministro de Hacienda y Crédito Pública... Abog. Juan René Rivera.
4. – Ministro de Educación Pública... Lic. Elisa Valle de Martínez P.
5. – Ministro de Salud Pública y Asistencia Social... Doctor Julio C. González.
6. – Ministro de Comunicaciones, Obras Públicas y Transporte... Ing. Alejandro Castro Ruiz.
7. – Ministro de Trabajo y Previsión Social... Abog. Nicolás Cruz Torres.
8. – Ministro de Relaciones Exteriores... Abog. Max Velásquez Díaz.
9. – Ministro de Economía... P. M. Céleo Arias Moncada.
10. – Ministro de Cultura y Turismo... Lic. Juan Sierra Fonseca.
11. – Ministro de Recursos Naturales... Prof. Rodrigo Castillo Aguilar.
12. – Ministro de La Presidencia... Abog. Ramón Valladares Soto.
13. – Presidente de la Corte Suprema de Justicia Abog. Mario E. Rivera López.
14. – El Consejo Superior de Planificación Económica se sugiere que se nombre en Consejo de Ministros, lo mismo que presidentes, gerentes y directores de entidades autónomas y semiautónomas.

Dado en Tegucigalpa, D.C. a los tres días del mes de diciembre de mil novecientos ochenta y cinco.

"EL HERALDO", 9 de diciembre, 1985

El poder de la fuerza...

El ciudadano José Azcona del Hoyo tiene la ineludible responsabilidad de constituir un gobierno fuerte y no de fuerza. Fuerte para hacerle frente a las exigencias nacionales, para abordar con éxito las enormes empresas que urgen en este país, para encontrar soluciones adecuadas a los retos que nos imponen las relaciones regionales e internacionales. Si el señor Azcona fracasa en organizar una base de sustentación popular, amplia y de control, perdería su tranquilidad y Honduras la paz que necesita en el ya largo camino de la reactivación económica y social. En el mejor de los casos, luciría recostado en la fuerza, tratando de silenciar la crítica, obstruyendo el normal desarrollo de la actividad política, desarticulando el sistema de libre iniciativa, sometiendo al pueblo a un nuevo periodo de obscuridad y de tiranía. Es fácil escoger el camino de esta, especialmente en las sociedades como las nuestras, donde parecen concurrir la indiferencia y el desgano en el acometimiento de grandes e históricas jornadas de renovación integral a sabiendas que condenamos a los nuestros a los angustiantes problemas de la miseria...

"EL HERALDO", 9 de diciembre, 1985

Apoyo del COHEP a Azcona condicionado a una buena administración de justicia

TEGUCIGALPA (Nery Arteaga). – El Consejo Hondureño de la Empresa Privada sostuvo que apoyará la gestión gubernamental del futuro presidente José Azcona, pero la condicionará sobre la administración de la justicia y representatividad de los trabajadores.

El doctor Jorge Gómez Andino, presidente del COHEP, sostuvo que solo espera que el Tribunal Nacional de Elecciones haga la declaratoria presidencial para reunirse con Azcona.

Indicó que la política del COHEP es apoyar todo gobierno que busca valores positivos para el desarrollo social y para el desarrollo del nuevo Gobierno.

El COHEP cree que la justicia en este país anda mal, y si hay inseguridad las inversiones se alejan, los diputados tienen que buscar gente honorable y creíble y respetable para la integración de la Corte Suprema de Justicia, dijo Gómez Andino.

El empresario señaló que si la integración de los magistrados será a criterio político nuevamente se haría sentir el vacío de la justicia, los diputados tienen que actuar inteligentemente.

En cuanto a la conformación del próximo gabinete, indicó que ello dependerá de la habilidad de José Azcona.

Es importante que se busque gente honorable con intenciones de trabajar y no hacer política desde su puesto.

Desde el planteamiento que se hará José Azcona lo harán conjuntamente con las centrales obreras y se nombrará una comisión bipartita y además buscará la solución a problemas laborales que vienen ocurriendo y que pueden ser graves.

Sostuvo que los trabajadores coinciden en los tres puntos planteados al inicio: los miembros del gabinete no deben tener cola, que no sean "los eternos chamberos" que lleguen a cargos a solucionar sus problemas y que el que quiera hacer política que abandone el cargo tal como ha sido una costumbre en la administración del presidente Suazo.

Jorge Gómez Andino

GABINETE DE GOBIERNO

No es posible que se siga soportando gobiernos de élite, debemos tener administraciones de responsabilidades compartidas, debe de tomarse todos los sectores políticos incluyendo a los trabajadores, los que merecen ser tomados en cuenta por su capacidad.

"LA PRENSA", 9 de diciembre, 1985

Enfada a la ALIPO actitud independiente del azconismo

- **El presidente electo no consultó a ALIPO antes de conformar su Gabinete de Gobierno, lamenta Jorge Bueso Arias**

El excandidato presidencial, Jorge Bueso Arias, dejó entrever ayer la inconformidad que existe en la dirigencia de la Alianza Liberal del Pueblo (ALIPO), por la forma en que sus aliados, los azconistas, toman algunas decisiones sin pedirles opinión.

En declaraciones exclusivas brindadas a Diario EL HERALDO, el político dijo que "no les gusta a los de ALIPO que no se les tome en cuenta en los pasos importantes que se dan", aunque dijo que no eran definitivos pero "si influirán después de que se haga la declaratoria del presidente".

Bueso Arias consideró que lo anterior no era un "marginamiento, no creemos que esa sea la intención, pues el ingeniero Azcona ha tenido tiempo de conocer la clase de personas que somos y no como nos acusó el oficialismo de ser unos banqueros".

La inconformidad en la dirigencia de ALIPO se ha originado a raíz de que el presidente electo, José Azcona Hoyo, ha discutido la integración de su gobierno con los representantes de su movimiento.

El político dijo que ellos estuvieron en espera que se les consultara sobre el asunto, pero no sucedió así "ojalá las consultas que le hace a su círculo más cercano le sirvan para que todo le salga bien".

Aclaró más adelante que cuando se entró a las negociaciones entre ambos movimientos, se acordó que el presidente tenía plena libertad para seleccionar a sus colaboradores del Poder Ejecutivo, pero que si Azcona pensaba, por capacidad, en un miembro de la ALIPO, estos estaban en condiciones de aceptar cargos en la administración pública.

Reveló que son varios los dirigentes de la ALIPO que les gustaría colaborar con el gobierno, pero quien decidirá ello es el presidente electo José Azcona Hoyo.

NO ACEPTA SER MINISTRO

El licenciado Jorge Bueso Arias dijo que hasta ahora no se le ha propuesto oficialmente por parte de José Azcona Hoyo, ser el ministro de Hacienda y Crédito Público, pero en el caso que se le haga la oferta, manifestó que la rechazaba de antemano.

Su decisión de no participar en la administración pública dijo que se la expresó previa y públicamente a Azcona Hoyo desde el momento que se iniciaron las negociaciones de la alianza.

Lo que sí solicitó al ahora presidente electo es que se le diera acceso a él cuando quisiera manifestar algunas recomendaciones que sugeriría con el debido respeto.

Al máximo dirigente de la ALIPO se le ha venido mencionando como el futuro ministro de Hacienda, lo cual quedó descartado al argumentar que tiene muchos bienes personales que cuidar.

Agregó que la ALIPO nunca ha pensado en tener el control económico del país, como acusó en la campaña electoral el oficialismo y aseguró que sus intenciones es servir al pueblo en general.

En cuanto a la carta enviada por el general Walter López Reyes al diputado Montoya, dijo que esta también va dirigida para que tengan conocimiento muchos otros, entre ellos Azcona, y si no fuera así no la hubieran hecho pública.

El resentimiento de los militares con el diputado Carlos Montoya obedece a que este los ha acusado de ciertos actos y hasta la vez no ha presentado las pruebas como se comprometió hacerlo.

"EL HERALDO", 10 de diciembre, 1985

Planteamiento de obreros al presidente José Azcona

- **Una verdadera reforma agraria, entre los puntos**

La empresa privada y el movimiento obrero, de manera conjunta, presentará un pliego de peticiones relacionadas con la reforma agraria, salud, educación y soberanía, al ingeniero José Azcona Hoyo luego que sea declarado presidente constitucional de la República por el Tribunal Nacional de Elecciones.

En relación a la posición del sector democrático del movimiento obrero, el documento que hicieron llegar ayer al Consejo de la Empresa Privada, a fin de conformar uno solo cuando lo presenten al futuro mandatario, plantea que "la nueva política de empleo deberá estar fundamentada en la transformación del aparato productivo nacional".

Seguidamente la dirigencia sindical de la CTH apunta que el ingeniero Azcona debe "ejecutar una reforma agraria integral que sustituya el latifundio y minifundio como forma de tenencia de la tierra, una reforma forestal para la conservación y uso racional del bosque y una explotación minera y marítima en beneficio del conglomerado nacional".

En otro de los apartados del documento elaborado por la dirigencia del movimiento obrero establece que el nuevo gobierno deberá "dar atención prioritaria a la medicina preventiva, sin descuidar la medicina curativa; la educación debe perseguir como objetivo fundamental formar un hombre crítico y deliberante, moralmente responsable, con principios solidarios, con auténtica identidad nacional y útil a la sociedad".

"EL HERALDO", 10 de diciembre, 1985

EFRAÍN DOMÍNGUEZ: YA NADA PUEDE IMPEDIR ASCENSO DE JOSÉ AZCONA

SAN PEDRO SULA. –El diputado electo por Cortés, Efraín Domínguez, considera que declaraciones como las de su correligionario Carlos Orbín Montoya, no hacen más que crear una fricción inoportuna entre las Fuerzas Armadas y el movimiento azconista.

Sin embargo, cree que esas declaraciones fueron brindadas antes de las elecciones y hasta ahora fueron dadas a conocer, con el fin de crear un cisma que a estas alturas ya no tiene ninguna razón de ser.

Según el entrevistado, el pueblo hondureño está consciente que el ejército fue un bastión importante para ponerle fin a la pasada crisis institucional, y por eso no es posible que ahora pretenda borrar de un plumazo tanto esfuerzo.

Señala que este tipo de declaraciones que en nada benefician al fortalecimiento de la democracia, son brindadas a título personal, ya que el movimiento azconista no tiene voceros, y por eso las Fuerzas Armadas no deben darle tanta importancia.

Cree firmemente que ya no hay nada que pueda impedir el ascenso del ingeniero Azcona a la presidencia de la República, aunque es natural que después de que se pronuncie el Tribunal de Elecciones sobre el resultado oficial, no faltará quien quiera hacer alguna impugnación, pero esta no prosperará.

En cuanto que Azcona no puede ser comandante en jefe de las Fuerzas Armadas por su ascendencia española, manifiesta que la Ley Constitutiva de la entidad castrense no dice nada al respecto, y que en todo caso, la Constitución de la República está por sobre toda ley.

Efraín Domínguez

"LA PRENSA", 10 de diciembre, 1985

Dirigentes del COPEMH se entrevistan con Azcona

TEGUCIGALPA. – Un documento donde se enfocan los problemas de carácter educativo que necesitan pronta solución a criterio del Colegio de Profesores de Educación Media de Honduras, fue entregado al presidente electo, Ing. José Azcona Hoyo.

Azcona Hoyo "mostro receptividad ante lo planteado", declaró el presidente de la organización magisterial, Dagoberto Martínez.

Destaca el dirigente que debe aplicarse una nueva estrategia en la materia "porque tradicionalmente la educación ha venido impartiéndose sin política y eso ha sido el origen de serios problemas", añade.

Para Martínez es indispensable que el nuevo presidente haga una revisión que genere respeto hacia los colegios magisteriales, "porque el asalto a los mismos por el sector oficial ha venido a crear incertidumbre y conflictos en el gremio", sostiene.

FUERA LA CORRUPCIÓN

Azcona Hoyo fue informado al mismo tiempo sobre la crisis que viene atravesando el Instituto Nacional de Previsión del Magisterio, "donde se hace necesario un saneamiento por los actos de corrupción allí descubiertos".

Argumenta que debe respetarse la Ley de Escalafón del Magisterio, y hacer a un lado la práctica del sectarismo político como arma destinada a colocar en posiciones ejecutivas en el ramo, "ineptos que por la recomendación de un diputado desplazan profesionales calificados", afirma.

Considera Martínez que actos como el "impremazo", "lapizaso", "lechazo", y otros signos de corrupción deben anularse, y ello fue explicado claramente al Ing. Azcona", expresó.

Los dirigentes del Colegio de Profesores de Educación Media (COPEMH) dialogan con el presidente electo, José Azcona Hoyo, en su casa de habitación, en donde le exponen la necesidad del respeto absoluto a las leyes educativas del país. (Foto Daniel Toledo)

DIVERSIFICAR NIVEL MEDIO

"Nosotros preferimos evitar cualquier pronóstico sobre la actitud que adoptará el presidente electo, pues sí será el responsable, aunque notamos que está interesado en darle un giro total a la política educativa", indicó.

Asimismo, se le recomendó que la Educación Primaria debe tenerse como área prioritaria y que es indispensable una diversificación en el nivel medio, para que muchos jóvenes puedan cursar carreras técnicas.

"No es posible seguir produciendo en masa peritos mercantiles y bachilleres, que en su mayor parte se quedan estancados porque para ellos las oportunidades son cada vez más limitadas", concluyó el presidente del COPEMH.

"LA PRENSA", 10 de diciembre, 1985

Jorge Bueso Arias:
No nos gusta que Azcona no tome en cuenta a la "ALIPO"

TEGUCIGALPA. "No nos gusta que no se nos tome en cuenta porque, naturalmente, están dando pasos importantes", dijo ayer el licenciado de Jorge Bueso Arias, presidente de la Alianza Liberal del Pueblo (ALIPO), al ser consultado sobre el hecho de que la ALIPO ha sido marginada de cualquier participación en las negociaciones que el azconismo realiza con sectores del Partido Nacional para conformar el nuevo gabinete.

El excandidato presidencial liberal en los comicios de 1970, aseguró además que no está dispuesto a aceptar ningún cargo como ministro en el gobierno de Azcona Hoyo.

Bueso Arias reveló que él con Azcona habló hace cierto tiempo para que le permitiera tener acceso a él como presidente "cuando yo quisiera manifestar alguna recomendación".

El político indicó que en las pláticas sostenidas previas a la alianza entre la ALIPO y Azcona, el presidente electo quedó en libertad "para escoger sus colaboradores en el Poder Ejecutivo".

Jorge Bueso Arias

Bueso Arias dijo que el único requisito que demandó la ALIPO para la integración del Gabinete es que sus miembros llenen los requisitos de capacidad, honradez y eficiencia.

El alto dirigente de la Alianza Liberal del Pueblo reveló que el ingeniero José Azcona Hoyo para la conformación de su Gabinete, únicamente está consultando a su círculo de colaboradores más cercano dentro de su movimiento.

Preguntado sobre si el hecho de que la ALIPO no sea consultada por Azcona Hoyo causa algún malestar en sus dirigentes, Bueso Arias dijo que "no nos gusta que no se nos tome en cuenta porque naturalmente están pensando dar pasos importantes".

Sin embargo, el político señaló que "me imagino que el ingeniero Azcona tendrá que considerar, después de ser declarado electo, como está la correlación de fuerzas y ver cómo ha quedado integrado el Congreso y las perspectivas que ve, pues a medida vaya profundizando sobre la situación del país, irá ampliando su círculo de consulta".

Bueso Arias estimó que "no hay marginamiento" para la ALIPO en la alianza con Azcona. (GP)

"TIEMPO", 10 de diciembre, 1985

Azcona margina a la ALIPO

TEGUCIGALPA. – El licenciado Jorge Bueso Arias, uno de los hombres fuertes de la Alianza ALIPO-Azcona, revela que el presidente electo José Azcona Hoyo, los ha excluido de la discusión de los lineamientos generales de lo que será el próximo gobierno.

Arias agrega que las consultas del ingeniero Azcona Hoyo giran alrededor de su grupo de trabajo, sin tomar en consideración la opinión de los principales dirigentes de la ALIPO.

Esta actitud no deja de causar malestar entre algunos alipistas, pese a que cuando conformaron la alianza se dejó establecido que el presidente electo tendría la plena libertad de escoger a los más cercanos colaboradores de la próxima administración.

Por otra parte, dijo que no pretende optar a ningún cargo público, pero se mostró de acuerdo con un gobierno de integración nacional.

Dice que oficialmente no le han ofrecido la Secretaria de Hacienda, pero de suceder tal ofrecimiento no lo aceptaría.

Reiteró que el presidente electo debe abogar por la unidad del Partido Liberal, y la conformación de un gobierno de integración con la participación de las demás corrientes y partidos políticos que participaron en la contienda electoral celebrada el 26 de noviembre.

Arias se abstuvo de hablar sobre la conformación de la Junta Directiva del Congreso Nacional, de la cual se dice que existen negociaciones con el Partido Nacional.

"LA PRENSA", 10 de diciembre, 1985

Será hasta el martes que el TNE declarará presidente a J. Azcona

El ingeniero José Azcona del Hoyo será declarado electo presidente por el Tribunal Nacional de Elecciones (TNE) a más tardar el martes de la próxima semana, se informó ayer.

"El Tribunal" ya se pronunció cuáles van a ser las reglas del juego para hacer la declaratoria de elecciones", dijo el vicepresidente del TNE dando por descontado que Azcona del Hoyo es el nuevo mandatario a partir del 27 de enero de 1986.

El abogado Pablo Valladares dijo en una entrevista a un grupo de reporteros que el organismo electoral respetará las reglas del juego establecidas a escasas horas antes de los comicios del 24 de noviembre.

"Las reglas del juego están hechas y se van a respetar", dijo Valladares señalando que la declaratoria se hará con la única oposición del representante nacionalista Adalberto Discua Rodríguez.

Mientras los otros miembros del TNE, Adán Palacios Irache, René Corea Cortés, Rafael Palacios Tosta y Valladares respetarán "las reglas del juego" acordadas previo a los comicios.

Valladares dijo que el Tribunal Nacional de Elecciones "no podría estar jugando con el pueblo diciendo una cosa hoy y otra mañana".

Fuentes del TNE aseguraron que la declaratoria oficial de elección si no se hace el viernes de esta semana se efectuará a más tardar el martes de la próxima.

"TIEMPO", 10 de diciembre, 1985

151

"TIEMPO", 10 de diciembre, 1985

Presidente del COHEP:

Nuevo Gobierno será fuerte si deja por fuera a los "eternos chamberos"

TEGUCIGALPA. La empresa privada hondureña reconoció ayer al ingeniero José Azcona Hoyo como nuevo presidente de la República, al tiempo que estimó que su gobierno será fuerte si en su gabinete no incluye como ministros a los "eternos chamberos" que han ocupado cargos en todos los regímenes, inclusive militares.

Esta posición fue oficializada ayer por el presidente del Consejo Hondureño de la Empresa Privada (COHEP), Jorge Gómez Andino, quien anunció que en el momento de que Azcona Hoyo sea declarado presidente por el Tribunal Nacional de Elecciones (TNE) acudirá a exponerle una serie de problemas económicos del país.

Gómez Andino anunció también que planteamientos similares se hará a los nuevos diputados al Congreso Nacional. El empresario indicó que a ese gremio le preocupa lo relativo a la aplicación de la justicia en Honduras, la cual estimó "anda mal".

"Un país sin justicia, es un país inseguro y los inversionistas no vienen a un país donde la justicia no sea adecuada", dijo el dirigente empresarial.

Señaló que los futuros diputados al nombrar a los magistrados deben pensar en que estos sean "gente honorable" que actúen al margen de los intereses políticos.

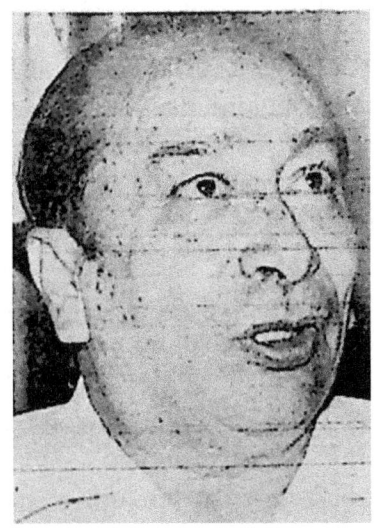

Jorge Gómez A.

Al preguntársele si considerara que el ingeniero Azcona Hoyo, tendrá un gobierno débil debido a la conformación del Congreso Nacional, Gómez Andino dijo que no, agregando que "eso dependerá de la habilidad que tenga el ingeniero Azcona para nombrar un buen gabinete".

Gómez Andino opinó que Azcona debe nombrar como ministros a "los elementos más calificados" que no se dediquen a hacer política como ha sucedido con los gobiernos pasados.

Dijo, además, que es importante que los miembros del Gabinete de Gobierno de Azcona Hoyo "no tengan cola y no san los eternos chamberos que van a un ministerio a resolver su problema económico". (GP).

"TIEMPO", 10 de diciembre, 1985

AÚN NO HE CONFORMADO EL GABINETE DE GOBIERNO: JAH

TEGUCIGALPA. El ingeniero José Azcona Hoyo aseguró que aún no ha conformado su gabinete de gobierno, y que para ello hará "todas las consultas necesarias" para estructurar un equipo de trabajo que trabaje en forma eficiente en función de todos los sectores del país.

El presidente electo brindó ayer declaraciones en su residencia de la colonia Argentina de Tegucigalpa, a un grupo de reporteros.

Azcona Hoyo anunció que para el nombramiento de sus colaboradores más cercanos "se van a hacer todas las consultas necesarias para conformar el gabinete en la mejor forma tomando en cuenta la capacidad de las personas y la necesaria y justa integración" de personas capaces de otros institutos políticos.

El político dijo que no existe ningún distanciamiento entre él y la Alianza Liberal del Pueblo (ALIPO). Anunció que en esta semana se reunirá con la alta dirigencia de la ALIPO presumiblemente para discutir aspectos relativos a las negociaciones políticas que se han desarrollado en los últimos días y a la posible integración del Gabinete de Gobierno.

El presidente electo no descartó la posibilidad de que en altos cargos de su gobierno sean nombrados militantes de la Alianza Liberal del Pueblo.

"Yo siempre lo he dicho, que va a haber un gobierno no solamente de ministros que pertenecen a mi grupo, sino que tienen que haber de otros grupos del Partido Liberal, incluso de otros partidos", dijo.

El nuevo mandatario indicó que para la integración de su Gabinete de Gobierno tomará en cuenta las consideraciones que le formulen la empresa privada y los obreros y campesinos.

CESARÁ INTERVENCIÓN DEL EJECUTIVO EN EL CONGRESO NACIONAL

Azcona del Hoyo anunció que en su administración cesará la intervención del Poder Ejecutivo en los asuntos internos del Congreso Nacional.

"Yo no me voy a aliar en el Congreso con nadie, porque yo no voy al Congreso, yo voy a ser el titular del Ejecutivo", dijo Azcona al responder una pregunta en el sentido de que si piensa entrar en alianzas en la Cámara Legislativa.

"Eso ya corresponde a los diputados. Yo he dicho claramente que voy a respetar la estructura de independencia entre los poderes del Estado y no me interesa tener control sobre el Congreso Nacional".

Azcona estimó que "no creo que los hombres que van al Congreso Nacional, pertenezcan al partido que pertenezcan, van a obstruir el desempeño, del desarrollo de las actividades del próximo gobierno".

"Estoy completamente tranquilo, en ese sentido no tengo ningún temor, sé que todos los diputados que han sido electos son hondureños que quieren a Honduras y que van a trabajar en bien de Honduras".

"Y como yo no voy a pretender de ninguna manera estar manipulando el Congreso para beneficio propio o para que se pasen iniciativas que no están de acuerdo a lo que estipula la Constitución de la República y las demás leyes, no tengo ningún interés en tener control sobre el Congreso Nacional", recalcó.

No obstante, Azcona del Hoyo opinó que la presidencial del Congreso Nacional la debe tener un liberal pues es el partido que obtuvo la mayoría de votos.

"Pero desde luego, yo no estoy manipulando ni estoy interviniendo en la próxima composición de la directiva del Congreso Nacional".

GARANTIZA NO INTERVENCIÓN EN LA APLICACIÓN DE LA JUSTICIA EN HONDURAS

Interrogado sobre si garantizará la integración de una Corte Suprema de Justicia que aplique rectamente la justicia, Azcona, manteniendo su línea de no intervenir en los asuntos internos de los demás poderes del Estado, dijo que "yo lo que voy a garantizar es que no va a haber interferencias del Poder Ejecutivo en la aplicación de la justicia".

"Es hasta donde yo puedo llegar, porque la Corte Suprema de Justicia, de donde dimana toda la organización del Poder Judicial, es electa por el Congreso Nacional, y yo le dije que yo no voy a ser el que va a manejar el Congreso Nacional".

Azcona Hoyo dijo que personalmente aspira a que la Corte Suprema de Justicia sea integrada "con los mejores hombres de leyes que hay en el país, hombres honestos y capacitados".

En el aspecto político, Azcona reiteró su posición de que "las corrientes deben desaparecer en el Partido Liberal". Azcona opinó que las corrientes internas le han provocado mucho daño al gobernante Partido Liberal. (GP)

"TIEMPO", 11 de diciembre, 1985

CONSEJO DE SEGURIDAD TRABAJA EN TRASPASO DE PODERES

TEGUCIGALPA. – El Consejo Nacional de Seguridad, que preside el doctor Roberto Suazo Córdova, trató ayer asuntos relativos al traspaso de poderes al nuevo presidente de la República.

Luego de concluir la reunión del Consejo de Seguridad, el canciller Edgardo Paz Barnica dio a conocer cómo quedarán integradas las comisiones de la cancillería y de las Fuerzas Armadas.

La comisión de las FFAA la integran los coroneles Efraín Lisandro Gonzáles Muñoz, Julio Pérez, Ronny H. Martínez, Héctor Aplicano Molina y Luis Alonso Cardona Macías.

154

Mientras que la comisión de la cancillería la integran Edgardo Paz Barnica, Tomás Arita Valle, Ricardo Arturo Pineda Milla y Roberto Flores Bermúdez. (RMC)

"TIEMPO", 11 de diciembre, 1985

HOY PODRÍAN REUNIRSE LAS COMISIONES POLÍTICAS DE LA ALIANZA ALIPO-AZCONA

TEGUCIGALPA. Las comisiones políticas de la Alianza ALIPO-Azcona se reunirán esta semana en Tegucigalpa para analizar "una serie de aspectos", se anunció ayer oficialmente.

La cita entre las altas dirigencias de la Alianza Liberal del Pueblo (ALIPO) y el grupo de apoyo de José Azcona Hoyo se efectuará el jueves o viernes en la capital. La versión fue confirmada por Carlos Montoya.

Montoya dijo que el azconismo y la ALIPO "no nos hemos reunido después del triunfo" debido a la "avalancha de gente saludando al ingeniero" en su residencia.

Dijo que "se ha tenido que atender a miles y miles de simpatizantes".

Interrogado sobre si se discutirá en la cita de integración del Gabinete de Gobierno, Montoya dijo que a los dirigentes de la ALIPO "se les va a consultar".

Reveló que el ingeniero José Azcona Hoyo tiene como candidato al licenciado Jorge Bueso Arias para ocupar un alto cargo dentro de su gobierno.

Dijo que aunque Bueso Arias ha declinado cualquier nombramiento, el excandidato presidencial liberal "puede ser consejero del presidente de la República".

El político dijo que el economista Jorge Bueso Arias "es un hombre muy valioso para Honduras".

El diputado reconoció que la Alianza Liberal del Pueblo "es una parte importante del partido" que se tiene que tomar en cuenta, al igual que los otros grupos políticos. El azconismo, reveló Montoya, ha entablado diálogo con diputados del sector oficialista, sin precisar con quiénes.

Dijo que la "ALIPO es parte de nuestra victoria y sus miembros tienen plena participación". Montoya admitió, además, sus intenciones de convertirse en presidente del próximo Congreso Nacional, pero aseguró que "no se nos quema la miel" por alcanzar ese alto cargo.

El político aseguró que "el gobierno va a necesitar una consolidación a través de una unidad de los sectores tanto políticos como gremiales".

"Y en ese sentido –apuntó– vamos a realizar un esfuerzo para dialogar con el grupo del Partido Nacional del licenciado Callejas y de su comisión política a fin de crear un congreso fuerte, solidario, efectivo de trabajo, de participación y de integración". (GP)

"TIEMPO", 11 de diciembre, 1985

CARTA ABIERTA AL INGENIERO JOSÉ AZCONA

Excelentísimo señor presidente electo de la República
Ingeniero José Azcona Hoyo
Tegucigalpa, D.C.

Estimado ingeniero Azcona:

Reciba un liberalísimo saludo.

Queremos hacer de su conocimiento y antes de que tome usted el timón de la barca del Estado, un hecho que mancha lamentablemente no solo la imagen del Partido Liberal, sino nuestra integridad como hondureños.

Nuestra ciudad se llama Copán Ruinas, y fue escogida por una de las civilizaciones más grandes de América como su santuario.

Por su importancia turística a nivel mundial es visitada constantemente por turistas de todas las nacionalidades, y al ver nuestras calles limpias y nuestro clima fresco, se llevan una impresión diferente de nuestra vida acá.

Es necesario que usted envíe personas de su entera confianza para que conozcan de cerca nuestra realidad, a diferencia de toda la República, aún vivimos en una época política similar a la del tristemente célebre general Tiburcio Carías.

La Municipalidad ha estado siempre en manos nacionalistas, como también los miembros del ejército son nacionalistas, la FUSEP, la DNI, Migración, Turismo, etcétera.

El señor Raúl Welchez se autodenomina "cacique" y fue cónsul de Guatemala en esta ciudad, alcalde por 19 años, y diputado suplente por el departamento. Aún bajo su égida se ponen y quitan funcionarios públicos aquí y cuenta con el apoyo de las "autoridades" locales.

Pues bien, le mencionaremos solo dos de los muchos casos delictivos que deben ser de su conocimiento para que, repetimos, envíe a alguien de su confianza a investigar aquí, en el terreno de los hechos.

El día anterior a las elecciones, un activista nacionalista amenazó a la señora Alejandra García de la aldea El Corralito que si no marcaba en su voto bajo la fotografía de Rafael Leonardo Callejas, el esposo de ella, Eulogio García Vásquez, sería maltratado. EL exjefe de la DNI, Pedro López, consumó el hecho propinándole una terrible golpiza, a tal grado que al darlo a conocer al capitán Sánchez, cambió de puesto a López, pero su fechoría quedó impune. Y lo peor, un caso que quedará en la historia de esta ciudad manchándola de sangre es el siguiente:

A la señora Filomena Mayorga, única locataria del Mercado Municipal de filiación liberal (a los demás los expulsó la misma Municipalidad), fue citada por la alcaldesa, Bertha Bueso de Dubón a su oficina.

Al llegar a ella se encontró con la presencia de Rosa Elena Ramírez de Espinoza, Santiago Gómez y Erasmo Ramírez, y cosa increíble, ¡entre los cuatro la emprendieron a golpes contra ella, por el único delito de ser liberal!

Como pudo, la golpeada salió huyendo, gritando, cayendo casi inconsciente en el parque frente a la Municipalidad. Se llamó al juez para que procediera legalmente... y hasta el momento ¡nada!

La señora Filomena Mayorga fue atendida médicamente y se encuentra ahora postrada en cama a consecuencia de los golpes.

Ingeniero Azcona, formalmente le hacemos un llamado para que no permita que su gobierno se vea empeñado con esta situación en la primera ciudad turística del país, una ciudad que se ve amenazada por el revanchismo político, sin que hasta ahora nadie haya tomado cartas en el asunto.

¡Por favor, ingeniero Azcona, ayúdenos!

GRUPO AMIGOS DE AZCONA
COPÁN RUINAS

"TIEMPO", 11 de diciembre, 1985

Azcona Hoyo a favor que se disuelvan corrientes internas de los partidos

El controversial diputado del Partido Liberal, Carlos Orbin Montoya, dialoga con el presidente electo José Azcona Hoyo y el embajador de Venezuela Dionisio Macano. (Foto Eleuterio Lanza)

TEGUCIGALPA. – El presidente electo, José Azcona Hoyo se pronunció a favor de la disolución de las corrientes internas en el Partido Liberal "porque resultan negativas para los intereses de la organización".

La declaración de Azcona Hoyo tiene que ver con recientes publicaciones donde se destaca que existen fricciones entre el movimiento que dirige y la Alianza Liberal del Pueblo (ALIPO).

"No hay nada de eso", afirma, considerando que a lo mejor fueron mal interpretadas las palabras emitidas por el dirigente alipista Jorge Bueso Arias, quien supuestamente habría dicho que esa facción ha sido marginada por el azconismo.

Asegura que para su gobierno no son obstáculo los diputados de determinado grupo o partido "porque yo no voy a manejar el Congreso Nacional", indicando que cada poder del Estado debe mantener su propia orientación.

Subraya que situaciones comunes durante el actual gobierno en el sentido apuntado, deben erradicarse porque han sido motivo de conflictos que han puesto en peligro la democracia.

LIBRE DE CULPA

El presidente electo se refirió a recientes declaraciones del Lic. Carlos Orbín Montoya, donde aparentemente acusó al Dr. Roberto Suazo Córdova de promover el continuismo con el apoyo de las Fuerzas Armadas.

157

"Cuando leí eso en el periódico me preocupé y me puse en contacto con Carlos, quien me entregó la grabación y confirmé que él no mencionó a las Fuerzas Armadas", señalando que si el diputado realmente las hubiera involucrado en asuntos continuistas "estaría totalmente en contra de una declaración en ese sentido", recalcó.

YA NO MÁS VISITAS

Por otra parte, Azcona Hoyo anunció que a partir de hoy no recibirá más visitas porque es necesario comenzar a trabajar en la estructuración humana y filosófica de su próximo gobierno.

"He pasado hasta doce horas en entrevistas y el problema es que si no recibo a determinadas personas estas se resienten, pero tienen que comprender nuestra situación", solicitó.

"LA PRENSA", 11 de diciembre, 1985

Según su embajador:
Venezuela dispuesta a incrementar cooperación al gobierno de Azcona

TEGUCIGALPA. –Venezuela está dispuesta a incrementar su cooperación con el próximo gobierno del Ing. José Azcona Hoyo, anunció el embajador Dionisio Marcano, quien ayer se reunió con el presidente electo.

La visita fue calificada como reconocimiento de Venezuela a Azcona Hoyo como futuro gobernante de Honduras, y a quien "estamos dispuestos a apoyar en todo lo que esté a nuestro alcance", reiteró Marcano.

Dice que las autoridades de su país están "muy satisfechas" con el resultado de las elecciones recientemente celebradas, "porque ello reafirma el propósito de esta nación de vivir en un ambiente democrático", agregó el diplomático.

En relación a convenios bilaterales entre ambos gobiernos, Marcano destacó que hasta la fecha vienen materializándose favorablemente "y estamos dispuestos a fortalecerlos con la nueva administración", recalcó.

Dice que la colaboración hacia el mandato de Azcona Hoyo se refleja en áreas financieras, culturales y sociales, "porque para nosotros es un placer favorecer a gobiernos democráticos", concluyó.

La cita entre Azcona Hoyo y Dionisio Marcano se desarrolló por varios minutos estando presente el diputado Carlos Orbín Montoya, uno de los más cercanos colaboradores del presidente electo.
"LA PRENSA", 11 de diciembre, 1985

Azcona visitará a Jaime Lusinchi

Tras recibir una invitación del mandatario venezolano, el socialdemócrata Jaime Lusinchi, el triunfador de los comicios de noviembre, José Azcona Hoyo, viajará a finales de este mes al país sudamericano para sostener una serie de entrevistas con su anfitrión y principales colaboradores.

La información anterior fue confirmada por uno de los principales dirigentes del azconismo, quien además dijo que el presidente venezolano ha ofrecido enviar a Azcona Hoyo un avión especial para que lo traslade a la República de Venezuela.

El presidente electo viajará en compañía de sus colaboradores Jorge Maradiaga, Carlos Montoya, Céleo Arias Moncada y los alipistas Jaime Rosenthal Oliva y Jorge Bueso Arias.
"EL HERALDO", 12 de diciembre, 1985

Vinicio Cerezo se reunirá este domingo con Azcona

El presidente electo José Azcona Hoyo, se reunirá este domingo en esta capital con el nuevo presidente de Guatemala, Vinicio Cerezo, quien estará de visita en Honduras.

Cerezo será recibido en el aeropuerto de esta capital por Azcona Hoyo y una comitiva que estará integrada por los dirigentes liberales Jorge Maradiaga, Jaime Rossenthal Oliva, Céleo Arias Moncada, Jorge Bueso Arias y otros.

La entrevista, según se informó, entre los dos nuevos mandatarios de Honduras y Guatemala se hará en el Salón Diplomático del aeropuerto, aunque se dijo que el local podría variar si el visitante así lo deseaba.

La reunión cumbre entre ambos presidentes electos recientemente será aprovechada por José Azcona Hoyo para invitar a Vinicio Cerezo a su toma de posesión el 27 del próximo mes de enero; igual sucederá con el nuevo mandatario de Guatemala quien le formulará similar invitación para el 14 de enero.

Vinicio Cerezo y Azcona Hoyo hablarán además sobre las conveniencias de la región centroamericana de continuar viviendo en democracia y otros temas de interés de ambos países.

Azcona Hoyo

Vinicio Cerezo

"EL HERALDO", 12 de diciembre, 1985

GABINETE DE INTEGRACIÓN NACIONAL

Mi idea respecto a la forma más adecuada en la formación del futuro Gabinete de Gobierno del ingeniero José S. Azcona, es la siguiente:

1. – Secretario privado de la Presidencia de la República: Doctor Jorge Roberto Maradiaga M.

2. – Ministro de Gobernación y Justicia: Abogado Efraín Bú Girón.

Viceministro: Abogado Héctor Orlando Gómez Cisneros.

3. – Ministro de Relaciones Exteriores: Abogado Carlos Roberto Reina.

Viceministro: Abogado Salomón Jiménez Castro.

4. – Ministro de Educación: Profesora Graciela Pineda Cardona.

Viceministro: Profesor Juan Ambrosio Sabio o Dagoberto Martínez.

5. – Ministro de Economía y Comercio: Licenciado Edmond L. Bográn.

Viceministro: Licenciado Efraín Díaz Arrivillaga.

6. – Ministro de Hacienda y Crédito Público: Licenciado Jorge Bueso Arias.

Viceministro: Céleo Arias Moncada.

7. – Ministro de Recursos Naturales: Ingeniero Luis Alonso Quezada.

Viceministro: Ingeniero Carlos Alfonso Bartolí.

8. – Ministro de Salud: Doctor Fernando F. Azcona Hoyo.

Viceministro: Doctor Walter Reichmann.

9. – Ministro de Comunicaciones, Obras Públicas y Transporte: Ingeniero Jack Arévalo Fuentes.

Viceministro: Ingeniero José Dalmiro Caballero M.

10. – Ministro de Trabajo y Asistencia Social: Licenciado Germán Leitzelar Vidaurreta.

Viceministro: ciudadano Céleo Gonzáles.

11. – Presidente de la Corte Suprema de Justicia: Abogado Ramón Valladares Soto. Magistrados: José Pineda Gómez, Arturo Santos Delgado, Francisco Darío Lobo, Orlando Lozano Martínez, Nicolás Cruz Torres, entre otros.

12. – Director Ejecutivo de CONSUPLANE: Abogado Gautama "Buda" Fonseca.

13. – Representantes financieros en los Estados Unidos de América: Licenciado Rafael Leonardo Callejas y Waleska Pastor Melghem.

14. – Asesores Económicos del Gobierno Central: Licenciado Mario Rietti Matheu, Aníbal Delgado Fiallos y Juan Pablo Urrutia Raudales.

15. – Presidente del Banco Central: Licenciado Jaime Rosenthal Oliva. Gerente: Licenciado Delmer Urbizo Panting.

16. – Superintendente General de la Empresa Nacional Portuaria: Ingeniero Juan Fernando López Leiva.

ALGUNOS MINISTROS DIPLOMÁTICOS

17. – Embajador en las Naciones Unidas: Doctor Hernán Corrales Padilla.

18. – Embajador en la Organización de Estados Americanos: Doctor Enrique Aguilar Cerrato.

19. – Embajador en Francia: Doctor Enrique Ortez Colindres.

20. – Embajador en México: Doctor Jorge Ramón Hernández Alcerro.

21. – Embajador en Guatemala: Escritora Argentina Díaz Lozano.

22. – Embajador en Costa Rica: Profesora Alejandrina de Villeda Morales.

Atentamente,   *JUAN JOSÉ FUNES SALAZAR*

La Ceiba, Atlántida, Dic. 6, 1985

"TIEMPO", 12 de diciembre, 1985

TRIUNFO LIBERAL INDISCUTIBLE

Por: JORGE DURÓN PASTRANA

"Por qué tanto brinco estando el suelo tan parejo"
Anónimo

Los nacionalistas agrupados en el MONARCA están en los cuernos de la luna al pretender un triunfo muy lejos de haber logrado en las pasadas elecciones generales.

Argumentan ellos que su candidato Rafael Leonardo Callejas, logró triunfar sobre sus contrincantes y que la ley señala la simple mayoría para ser proclamado electo presidente de la República.

Se sabe que la Constitución de la República se refiere a los partidos políticos legalmente constituidos y de ninguna manera a CORRIENTES, como es el caso actual.

Que nosotros sepamos solamente hubo dos candidatos, los médicos Hernán Corrales Padilla, por la Democracia Cristiana y Enrique Aguilar Paz, por el Partido Innovación y Unidad, los demás eran precandidatos para elecciones internas en sus respectivos partidos; la cosa tiene claridad meridiana.

Así que el Partido Liberal eligió a José Azcona de Hoyo, y el nacionalismo a Rafael Leonardo Callejas, afirmando que este goza de popularidad dentro de su partido.

Pero enfrentados los dos colosos tradicionales, le ganó el Partido Liberal al Nacional porque las cuatro facciones rojiblanco sumaron sus votos, lo mismo que los nacionalistas y allí resultó lo lógico: El liberalismo le ganó por amplia mayoría.

Es lamentable que habiendo muchos abogados en el Partido Nacional pretendan irracionalmente reclamar un triunfo muy lejos de haber obtenido. Pero, como dijo Pablo Neruda: "Alta es la noche y Morazán vigila".

El espíritu del paladín está encarnado en el pueblo hondureño.

"TIEMPO", 12 de diciembre, 1985

Cerezo se reunirá con J. Azcona

TEGUCIGALPA. –El presidente electo de Guatemala, Vinicio Cerezo, se entrevistará el próximo domingo con el ingeniero José Azcona Hoyo, candidato triunfador en las elecciones celebradas el 24 de noviembre.

Vinicio Cerezo cumplirá en Honduras una escala de su gira por los cinco países centroamericanos, como paso previo a su visita a la capital de los Estados Unidos, en donde se reunirá con el vicepresidente George Bush.

El presidente electo de Guatemala también planea entrevistarse en Honduras con el actual presidente Roberto Suazo Córdova, pero no se ha confirmado si este ha accedido a recibirlo durante su estadía en este país. (VGR)

"TIEMPO", 12 de diciembre, 1985

LOS LIBERALES TENEMOS QUE APOYAR GOBIERNO DE AZCONA

TEGUCIGALPA. – El diputado oficialista Antonio Ardón Fuentes dijo que "los liberales tenemos que apoyar el régimen el presidente electo, José Azcona Hoyo, al tiempo que aseguró que Roberto Suazo Córdova se está preparando para entregar el poder el 27 de enero próximo".

Ardón Fuentes, uno de los políticos allegados al actual mandatario Roberto Suazo Córdova, reveló además que ha sostenido pláticas con el ingeniero Azcona Hoyo, por la vía telefónica, a quien ha felicitado por su triunfo en los comicios del 24 de noviembre.

El político en una entrevista con un grupo de periodistas en el Tribunal Nacional de Elecciones (TNE), dijo refiriéndose a José Azcona que "yo siempre he estado cerca de él, somos amigos personales y somos liberales".

El diputado liberal por el departamento de Ocotepeque aseguró que los 17 diputados oficialistas que lograron una curul en el próximo Congreso no se han reunido con Azcona Hoyo, porque este no los ha llamado "para una plática".

"Se supone que el ganador siempre llama cuando quiere unificar un partido", dijo el político, señalando que los 17 diputados oficialistas se han reunido para definir que "vamos a hacer", pero negándose a revelarlo.

Ardón Fuentes señaló que el Partido Liberal tiene 66 diputados en el Congreso Nacional "que si hablamos tenemos que trabajar juntos" en las decisiones que se adopten en el Poder Legislativo.

El político indicó que los 17 diputados oficialistas no han tomado aún una decisión sobre qué actitud asumirán frente al régimen de Azcona Hoyo, pero recalcó que "como liberales tenemos que apoyarlo".

Al referirse a las derrotas del candidato suazocordovista Oscar Mejía Arellano, Ardón Fuentes dijo que "habrá muchos fracasos en la vida" y apuntó que "no todos pueden llegar a la Presidencia de la República".

Ardón Fuentes, no obstante, dijo que "yo me siento triunfador porque mi partido ha triunfado" con el ingeniero José Azcona Hoyo a la cabeza.

El político atribuyó la derrota del Suazocordovismo a "la falta del liderazgo de algunas gentes" que iban en las planillas de la fórmula presidencial de Mejía Arellano. (GP)

"TIEMPO", 12 de diciembre, 1985

AZCONA DE HONDURAS: ORGULLOSO, CONSERVATIVO, Y QUIZAS SORPRESIVO

Por Dennis Volman, escritor del CHRISTIAN SCIENCE MONITOR, de los Estados Unidos.

Tegucigalpa: El hombre que seguramente será el próximo presidente de Honduras parece revivir el retrato de un estadista centroamericano del siglo 19. Alto, soberbio, de cabello blanco y liso peinado hacia atrás, de una frente pronunciada, José Azcona Hoyo tiene porte presidencial.

Una reputación de escrupulosa integridad financiera y una ideología conservadora y tradicional combinado con una igualmente tradicional preocupación por el pobre, completa indudablemente la foto idealizada de un prócer latino.

Y aún más sorprendente, este hombre despertó algún temor antes de las elecciones entre grupos de la ala derecha en la oligarquía, la armada, y el gobierno de los Estados Unidos.

Azcona fue desacreditado en parte por su famoso orgullo, el cual sus enemigos llaman arrogancia, e inflexibilidad, la cual muchos analistas americanos creen que lo pueden convertir en un ejecutor de la política americana menos digno de confianza que la manejable administración hondureña actual.

Azcona será debilitado en la realización de sus programas, puesto que él recibió solo el 30 por ciento del sufragio popular y una minoría de asientos en la Asamblea Nacional. Su oponente principal, Rafael Leonardo Callejas del Partido Nacional, ganó el 40 por ciento de los votos. El sistema electoral provee que el candidato líder del partido con el máximo de votos gana.

La victoria de Azcona será probablemente debatida en corte por los líderes de oposición.

El saliente presidente Roberto Suazo Córdova, ha sido mundialmente percibido como un cómplice completo de los deseos norteamericanos de convertir a Honduras en una base de ayuda norteamericana para los rebeldes nicaragüenses, más conocidos como "Contras" con el fin de atacar el gobierno de izquierda sandinista de Nicaragua.

Ultraconservadores desconfían del grupo de asesores que rodean a Azcona, un grupo que cubre áreas sumamente amplias que incluye desde políticos tradicionales del Partido Liberal, banqueros que se consideran a si mismos progresistas en asuntos sociales, y a exmarxistas rápidamente moviéndose a la derecha.

Existen entrevistas con varios de los principales asesores de Azcona que hacen ver claramente que varios grupos importantes alrededor del líder hondureño favorecen políticas que oponen los Estados Unidos pero dada la extrema dependencia económica y militar en los Estados Unidos y de la naturaleza mixta del grupo que rodea a Azcona, la gran pregunta es la siguiente: ¿Hasta qué grado prevalecerán esas políticas controversiales? El articulista se refiere al problema del retiro de los contras de Honduras y a la fuerte oposición de la política fiscal de devaluar el lempira. Varias fuentes cercanas a Azcona dicen que ni el futuro presidente que asume su cargo en enero, ni la mayoría de sus asesores están contentos con la presencia de contras en Honduras. Se sienten incómodos con una presencia militar foránea que puede crecer así tan grande como las Fuerzas Armadas de Honduras que tiene aproximadamente veintidós mil elementos de tropas, también temen que los Estados Unidos puedan hacerse eventualmente para atrás en una política sin éxito respecto a los contras, dejando a Honduras cargando con exiliados nicaragüenses armados dentro de su territorio. El problema, dice un asesor clave de Azcona que no es identificado, es el siguiente: ¿Cómo nos deshacemos de los contras sin deshacernos de la ayuda norteamericana?

Aunque los Estados Unidos no muestre señales de moverse de su postura al insistir que Honduras sirva como base para los contras, algunas fuentes del Partido Liberal especulan que en un año o para esas fechas, después de encontrar o al darse cuenta que los contras no están más cercanos de derrocar a los sandinistas de lo que lo están hoy en día, los Estados Unidos pueden estar anuentes y hacer un trato; tal trato (dicen las fuentes) pudiese ser el posible establecimiento de una base naval oficial norteamericana en Puerto Castilla a cambio de retirar a los contras. Pero otros líderes del Partido Liberal creen que no es realista que ocurra tal cosa o tal arreglo.

Los chances de la política económica de Azcona serán en alguna manera independientes de los dictados norteamericanos, es mayor de los de la saliente administración. Washington y el Fondo Monetario Internacional argumentan que la devaluación hace más baratos los productos de un país y por ende más fácil de venderlos en el exterior, pero en un país que tiene poco que exportar, la devaluación no es ninguna panacea, dicen algunos hondureños que se oponen a la devaluación. En vez, dice el asesor de Azcona, Jaime Rosenthal, la devaluación conduce a una ronda sin fin de inflación y más devaluación. El señor Rosenthal es un líder entre la facción ALIPO. Él dice que la devaluación es inflacionaria porque muchos de los productos comestibles básicos y productos industriales consumidos en Honduras son importados.

Cuando sus precios suben, los salarios deben subir y además la devaluación causa que inversionistas mantengan sus dineros en dólares y mantengan su dinero fuera del país. La más liberal facción de ALIPO se espera que tenga una fuerte voz en la política económica de Azcona, ya que un líder de ALIPO, Jorge Bueso Arias, será el ministro de Hacienda.

Aquellos alrededor de Azcona quieren que la deuda externa de Honduras sea renegociada con mejores términos de pagos y tasas de interés más bajas. Ellos dicen que eventualmente el problema puede ser resuelto dentro del contexto de la solidaridad latinoamericana. Los otros políticos claves fuera de grupo ALIPO, estarán cerca de Azcona, ellos son: Jorge Maradiaga, un joven abogado cuya política está levemente a la izquierda de la de ALIPO y Carlos Montoya, un exmarxista que se ha vuelto considerablemente un conservador. Observadores políticos en Honduras ven una fuerte lucha de poder desarrollándose entre ambos hombres. La mayoría de los analistas locales creen que aparte de algunos que quedan en la vieja guardia del Partido Liberal, Azcona y sus asesores serán más honrados y más eficientes que la saliente administración y que el grupo de Azcona quiere políticas de empleo masivo y revivir el estancado programa de reforma agraria.

Muchos analistas en Honduras dudan de que el grupo podrá llevar un cambio de la clase social necesaria para sacar de la pobreza a la mayoría de los hondureños.

"TIEMPO", 12 de diciembre, 1985

Mala imagen le hacen al presidente electo

Javier Barahona, a la izquierda, quien se ha dedicado más que todo a funciones de custodio, es la persona que tramita las entrevistas que conceden al ingeniero José Azcona Hoyo y esposa. Carente completamente de todo conocimiento sobre relaciones humanas, trata groseramente a todo aquel que se acerca a casa del candidato triunfador.

El fotógrafo del periódico "El Heraldo" trabajando tranquilamente en la residencia del ingeniero Azcona, a la cual no tienen acceso los representantes de otros medios de comunicación.

TEGUCIGALPA. Al presidente electo José Azcona Hoyo le están proyectando una mala imagen, incluso con los medios de comunicación, algunos de que se llaman sus "colaboradores" y que por lo tanto, deberían ser los primeros en velar porque el candidato triunfador siga gozando de la simpatía popular que supo granjearse a lo largo de dos años de campaña política.

Javier Barahona, quien al parecer ha tenido funciones de custodio, dice que ha sido encargado para tramitar todas las peticiones relacionadas con entrevistas con el ingeniero José Azcona Hoyo, ya se trate de personas particulares o representantes de los medios de prensa.

El mencionado sujeto, que no tiene ninguna idea de cómo se manejan unas positivas relaciones con los medios de comunicación, ha puesto en práctica una política de parcialismo hacia ciertos periódicos, permitiendo únicamente el ingreso a la residencia de ciertos fotógrafos y periodistas, con los que se quiere quedar bien.

Naturalmente que lo anterior hace posible que ciertos periódicos compitan, informativa y gráficamente, con ventajismo.

Mientras, por dos días consecutivos, se le ha negado el ingreso a la residencia al fotógrafo Obdulio Lobo, de Diario TIEMPO, un fotógrafo del periódico El Heraldo y un camarógrafo de la televisión tienen libre acceso al lugar.

La casa del ingeniero José Azcona Hoyo, a punto de ser declarado presidente electo de Honduras, es fuente de constante información, pues hasta allí llegan constantemente funcionarios, diplomáticos, y reconocidos políticos, algunos para felicitarlo y otros para hacer planes sobre la futura gestión gubernamental.

El ingeniero José Azcona Hoyo, tan ocupado como se encuentra después de su triunfo electoral, no ha tenido oportunidad de enterarse de la forma grosera y pesada con que está siendo tratada alguna gente que llega a buscarlo.

Indudablemente que un guardaespaldas no es la persona apropiada para gestionar entrevistas de prensa, ni para recibir los "formularios", como él los llama, de los periodistas que quieren ver al ingeniero José Azcona Hoyo.

"TIEMPO", 12 de diciembre, 1985

EN AVIÓN PRESIDENCIAL IRÁ AZCONA A VENEZUELA

- ### *También visitará EU y Europa*

El secretario general de la Alianza Liberal del Pueblo (ALIPO), Antonio Ortez Turcios, confirmó ayer que el próximo martes partirán hacia Caracas, Venezuela, en viaje oficial el presidente electo de Honduras, José Azcona Hoyo y el máximo líder de la ALIPO, Jorge Bueso Arias.

Ortez Turcios dijo que de la ALIPO, además de Bueso Arias irá al futuro designado a la Presidencia, Jaime Rosenthal Oliva y por parte del Azconismo, Jorge Maradiaga, Céleo Arias Moncada y Carlos Orbín Montoya.

Informó que para tal efecto, el presidente de Venezuela, Jaime Lusinchi, enviará su avión presidencial el martes en horas de la mañana y en esa misma nave retornarán el sábado en horas de la tarde.

"Lo primero que se hará será colocar una ofrenda floral ante la estatua del Libertador Simón Bolívar", dijo Ortez Turcios, quien señaló que el programa oficial comprende una serie de entrevistas con las máximas autoridades venezolanas, lo que calificó como "de mucha importancia".

Informó que, posteriormente, Azcona Hoyo y posiblemente los mismos acompañantes, visiten los países del Pacto Andino, Europa y Estados Unidos, expresando que una visita a Argentina y Chile aún no se ha concretado.

"LA TRIBUNA", 13 de diciembre, 1985

PLANTADOS POR AZONA

Aunque la gente casi no los distinguía porque estaban envueltos en la penumbra de una sala de cine –en el Aries, particularmente– Céleo Arias, Plinio Díaz, Roberto Galindo y otros activistas de la corriente de la victoria, armaron una fuente movilización cuando esperaban que José Azcona se sentaría con ellos, en un área previamente reservada. Pero el presidente electo se ubicó junto a los desconocidos que había en la sala y sus cercanos seguidores se fueron inmediatamente hacia allí. Todos habían sido invitados a una proyección privada de "El año del dragón", que se refiere a la forma de operar de la mafia china en su barrio de Nueva York...

"LA TRIBUNA", 13 de diciembre, 1985

Este domingo

CEREZO VISITARÁ A SUAZO Y LUEGO A JOSÉ S. AZCONA

Suazo Córdova	Azcona	Cerezo

TEGUCIGALPA.- El presidente electo de Guatemala, Vinicio Cerezo, visitará este domingo al gobernante hondureño, Roberto Suazo Córdova, en la ciudad de La Paz.

Cerezo arribará a las 4 de la tarde al aeropuerto militar de "Palmerola", donde será recibido por el canciller Edgardo Paz Barnica.

El electo mandatario, quien realiza una gira por el resto de países centroamericanos, llegará procedente de El Salvador, tras reunirse con Napoleón Duarte.

El presidente Cerezo, ese mismo día, llegará a Tegucigalpa para conversar con altos dirigentes políticos, dándose como un hecho su encuentro con el también presidente electo, ingeniero José Azcona Hoyo.

El lunes, Cerezo abandonará la capital para viajar a Nicaragua. (RMC).

"TIEMPO", 13 de diciembre, 1985

En busca de los más aptos... y honrados

Honduras es un país en el que los planteamientos son como el pan nuestro de cada día. Por doquier se ven los enormes documentos que redactaron con singular entusiasmo grupos de diversa índole, dándole, por no decir dictándole, las pautas al destinatario, que generalmente suele ser el presidente de la República o alguno de sus ministros, cuando no el jefe de las Fuerzas Armadas.

En esta época que antecede a la declaratoria oficial, no es nada extraño que circulen, como las hojas sueltas de antaño, las listas del presunto gabinete de gobierno o las recomendaciones para que se siga tal o cual política en materia económica, laboral o de salud.

Son los días en que el presidente electo se encuentra más rodeado de los que son sus más cercanos amigos políticos, pero son también los días en que está más sometido a presiones, tratando de conciliar a unos con otros y no queriendo quedar mal con nadie.

Aun cuando el presidente preconizado, porque todavía no lo han declarado oficialmente, no ha dicho anda en torno a esos hombres y mujeres que lo acompañarán en la difícil tarea de gobierno, se suenan algunos nombres que dejan mucho que desear.

El Gobierno que está por entregar el mandato, ha tenido en sus filas a personas que jamás debieron ocupar un cargo público, gente que se caracterizó por su falta de escrúpulos bajo un ropaje de honradez. Fue así como surgieron aquellos escándalos que enlodaron nuestra buena imagen y que nunca debieron haberse perdonado, aunque vinieran de personas que estaban cercanos al gobernante.

Visto esto que dentro de lo positivo puede servir para que no se reincida en ese error, creemos que la primera de las condiciones que tiene que buscar el presidente, para confiarle altos cargos es ver si junto a la capacidad va aparejada la honradez.

Las circunstancias actuales nos hacen entender que se debe gobernar con gente capacitada porque la responsabilidad es llevar a cabo una administración que sea la más apta, que procure el bienestar de todo el conglomerado.

Parece que la frase "Gobiernos de unidad nacional" no tiene mucho prestigio. Decimos esto porque en los dos intentos formales en que se buscó ponerlos en funcionamiento se llegó al más rotundo de los fracasos, recordamos la repartición de carteras ministeriales que hiciera don Julio Lozano Díaz, al principio de su régimen de facto y en lo que terminó aquel intento: sencillamente en una dictadura.

La segunda oportunidad fue en la administración del doctor Cruz Uclés donde se hizo célebre el pactito que dividió entre los dos partidos tradicionales todo el presupuesto de la nación y que más tarde llevó por la ambición desmedida, al fracaso y posterior derrocamiento del mandatario.

Por ello, creemos que sin necesidad de hacer esas manifestaciones tan ostentosa como comprometedoras, ni que sea necesario tampoco fruto de negociaciones que impliquen una división matemática de los puestos, lo más sencillo es buscar a la gente que reúna condiciones de idoneidad junto a las de ua probada honradez.

En el candidato Azcona Hoyo, la gente vio que durante su paso por el Ministerio de Comunicaciones, Obras Públicas y Transporte dejó una estela de honradez que no pudo ser puesta en duda. Entonces, conociendo su rectitud y su inclinación a respetar su buen nombre, es lícito pensar que se dejará llevar más por su conciencia que por los consejos de quienes se creen con derecho a insinuarle nombres, quizá sonoros, pero a la vez que no son necesariamente garantía de decencia.

Así de sencillo tiene que ser el criterio para escoger un gabinete, ese debe ser el filtro por el que deben pasar los aspirantes a los más altos cargos del Estado. Si José Azcona Hoyo quiere empezar con buen pie su gestión administrativa, debe rodearse por encima de todo de personas que sientan la necesidad y tengan el orgullo de ser decentes. Si no es así, aunque el presidente sea honrado, de nada servirá su presencia al frente del Ejecutivo porque estará rodeado de algunos sujetos que no tienen la misma afición por el cumplimiento de uno de los diez mandamientos, el que ordena no hurtar.

Por ello, estimamos que por encima de los grupos de presión, de los mensajes recomendados a tal o cual persona por simples méritos políticos, se vea si detrás de tantas cacareadas virtudes está la de oponerse a la corrupción y a los malos manejos, de lo contrario, las ilusiones bien pronto se pueden ir abajo y no es eso lo que deseamos.

Queremos tan solo que el presidente se rodee de gente que sea como él ha proyectado su imagen: con capacidad y con acrisolada decencia.

"LA PRENSA", 13 de diciembre, 1985

Un rato de entretenimiento

Con inteligencia y tacto enfrenta Azcona la "fuerza destructora"

TEGUCIGALPA. – El presidente electo, José Azcona Hoyo, se retiró ayer de las actividades oficiales como tal para dedicarse al entrenamiento asistiendo a una proyección cinematográfica en horas de la mañana.

Azcona Hoyo, con algunos de sus cercanos colaboradores, estuvo presente en la proyección privada de la película "Fuerza Destructora" protagonizada por el nuevo hombre duro en la pantalla, Chuck Norris.

El futuro gobernante de los hondureños cumplió su promesa en cuanto a disminuir el número de citas mediante las cuales atendía a varios de sus correligionarios que permanentemente llegan a su residencia para felicitarle y hasta lograr un puesto en la próxima administración pública.

La película, al parecer, mantuvo bien entretenido a Azcona Hoyo, quien comentó favorablemente la cinta.

Lógicamente, Azcona Hoyo no andaba aprendiendo una lección porque la lucha cuerpo a cuerpo no tendrá que ver en su próximo cargo, donde la inteligencia, el tacto y la decisión serán las armas en su poder.

Concluida la exhibición de la cinta, el presidente electo fue invitado por la gerencia de la empresa a un coctel para celebrar el buen éxito de la proyección.

En horas de la tarde después de reposar un par de horas, Azcona Hoyo volvió a su ritmo de vida, siguiendo su extensa agenda de visitas.

El presidente electo, José Azcona Hoyo, fue invitado ayer a ver una función cinematográfica privada.

"LA PRENSA", 13 de diciembre, 1985

(EDITORIAL)

EL PRIMER PASO EN FIRME DEL PRÓXIMO GOBIERNO DE AZCONA

Uno de los problemas que mayor preocupación ha causado en la nación hondureña en los últimos tiempos es la insistencia extra nacional en que nuestra moneda debe ser devaluada, siguiendo la práctica del resto de los países centroamericanos y de algunos de América Latina, como mecanismo para ajustar sus economías.

La experiencia, sin embargo, ha sido adversa en todos estos países que escogieron el camino de la devaluación –o los obligaron a realizarla–, no obstante tener características económicas diferentes de las hondureñas y que permitían, al menos, considerar esa opción aparentemente niveladora.

El presidente de la República, doctor Roberto Suazo Córdova, perfectamente informado de la situación de Honduras, en que una devaluación traería, de inmediato, un desastre económico porque, en vez de ajustar, más bien multiplicaría le efecto de la deuda externa y nos colocaría en una vorágine inflacionaria – perjudicando gravemente, de paso, a la gente pobre–, tomó la decisión de no devaluar bajo ninguna circunstancia el lempira.

Las presiones internacionales del gobierno norteamericano y las transnacionales bananeras del Fondo Monetario Internacional (FMI) y de los sirvientes criollos nucleados en la famosa Asociación para el Progreso de Honduras (APROH), fueron enormes. El presidente Suazo Córdova y las autoridades del Banco Central de Honduras supieron resistirlas con entereza y convicción.

Diario TIEMPO, el Diario de Honduras, dio un apoyo irrestricto a esta política, y dirigentes de la Alianza Liberal del PUEBLO (ALIPO) como el ingeniero Jaime Rosenthal Oliva (ahora designado a la Presidencia de la República) y los licenciados Edmond L. Bográn (ahora diputado) y Jorge Bueso Arias asumieron una actitud beligerante en defensa del lempira. El ingeniero Rosenthal, incluso, envió una carta pública al entonces embajador de los Estados Unidos, John Dimitri Negroponte, rebatiendo con sólida argumentación sus pretensiones de devaluación de nuestra moneda.

El resultado de la no devaluación está a la vista: Honduras, aun con graves problemas económicos, no tiene las dificultades de tipo monetario y de inflación que vive el resto de América Central, que no pudo resistir la presión devaluacionista.

Ahora, de cara al futuro, el ingeniero Rosenthal Oliva ha declarado con autorización del presidente electo, ingeniero José Azcona del Hoyo, que nuestra moneda no será devaluada en el próximo gobierno. Esa es una importantísima decisión política que viene a dar en estos momentos una gran confianza a nuestro pueblo, que empezaba nuevamente a inquietarse con la posibilidad de una devaluación.

Naturalmente, no se trata solamente de decir que el gobierno no devaluará le lempira, pese a la persistencia de algunos sectores del gobierno de los Estados Unidos en un reajuste de la paridad de nuestra moneda en relación con el dólar. Para sostener la política de sostén de la paridad actual del lempira es menester, por supuesto, tomar medidas que permitan el ajuste económico por otras vías, y así lo sostiene el ingeniero Rosenthal Oliva, quien ya ha tenido –a título informal– conversaciones con funcionarios del Departamento de Estado norteamericano y del Fondo Monetario Internacional.

En otro orden de ideas, la posición anti devaluadora del lempira es un imperativo político, que, ciertamente, está sustentada con los imperativos económicos, pues Honduras es esencialmente un país importador y cuyas importaciones tradicionales están sujetas a cuota. El pueblo hondureño no aceptaría jamás una devaluación del lempira, sin que se produjera una hecatombe social. Por eso la devaluación es, en Honduras, un tabú. "El gobierno que devalúe el lempira se cae", es la sentencia común desde muy antiguo.

De tal suerte que la definición anti devaluadora del lempira es el primer paso en firme del nuevo gobierno, que se recibe con aplauso. Viene a justificar el triunfo en las urnas del ingeniero Azcona del Hoyo y, a contrario sensu, la derrota del callejismo.

"DIARIO TIEMPO" 13 de diciembre, 1985

JOSÉ AZCONA: DEFENDEREMOS A MONTOYA

TEGUCIGALPA. – El presidente electo José Azcona del Hoyo dijo ayer que si Carlos Orbín Montoya "está de parte de la ley, no creo que nadie pueda quitarle el derecho a ser diputado".

"El licenciado Carlos Orbín Montoya va a ser diputado al Congreso Nacional y nadie puede quitarle lo que el pueblo le ha dado", dijo.

Añadió que "tenemos que defenderlo porque él es uno de los hombres fuertes en nuestro movimiento que ha luchado por el triunfo obtenido el 24 de noviembre. No podemos nosotros dejarlo por fuera en este momento".

"Nosotros creemos que la jurisdicción de esa brigada no abarca Francisco Morazán. Pero eso tendrá que desmentirse si es así", apuntó.

Aseguró que Montoya es víctima de una "persecución" desde hace varios años, y recordó que primero se le impugnó su inscripción por haber sido expulsado del Partido Liberal, "después porque el parentesco político con un alto jefe de las Fuerzas Armadas".

Azcona refiriéndose al oficialismo dijo que "los que perdieron las elecciones dentro del Partido Liberal siguen creyendo que ellos son los que tienen el poder dentro del partido y que lo están usando en una forma muy fuerte en contraposición con nosotros que hemos aceptado el triunfo con toda humildad".

El presidente electo dijo que "el sector oficialista todo esto lo ha entendido como una debilidad de nuestra parte porque creen que porque tienen 17 votos en el Congreso Nacional nosotros vamos a someternos a todo lo que se nos diga".

"Y desde ahora –advirtió Azcona– que eso no es así. No tengo miedo a un enfrentamiento de ellos contra mi gobierno en el Congreso Nacional". (GP)

"TIEMPO", 17 de diciembre, 1985

AZCONA VIAJA HOY A VENEZUELA

TEGUCIGALPA. El presidente electo, José Azcona Hoyo, viajará hoy a Venezuela a donde permanecerá hasta el viernes atendiendo una invitación del presidente de ese país, Jaime Lusinchi.

Azcona Hoyo y la comitiva que le acompaña serán transportados a Caracas en un avión venezolano enviado por el mandatario Jaime Lusinchi.

Al mandatario electo de Honduras, que asumirá oficialmente el cargo el 27 de enero próximo, le acompañan su designado Jaime Rosenthal Oliva, el diputado electo Jorge Roberto Maradiaga y Carlos Montoya.

Azcona, que sostendrá una entrevista con el presidente Jaime Lusinchi y otros funcionarios del gobierno venezolano, retornará a Tegucigalpa el viernes.

Un portavoz de José Azcona Hoyo indicó que con Lusinchi, el presidente electo discutirá aspectos tales como la cooperación económica de Venezuela hacia Honduras, especialmente en materia de suministros de petróleo.

Asimismo, lo relativo a las gestiones de paz del Grupo de Contadora en búsqueda de una solución pacífica a la crisis centroamericana. (GP)

"TIEMPO", 17 de diciembre, 1985

VUELVEN DE LUNA DE MIEL...

Los azconistas y los alipistas han vuelto a la normalidad, pues se les ha visto platicar y reunirse muy a menudo después de las declaraciones del banquero Jorge Bueso Arias. Para el caso anteayer en un buen restaurante de la capital, se les vio almorzando al presidente electo José Azcona Hoyo con Jaime Rosenthal Oliva, Jorge Maradiaga y un señor de apellido Jaramillo.

CELEBRAN TRIUNFO

La máxima dirigencia del movimiento de José Azcona Hoyo está cargando sus baterías para celebrar con una gran concentración y caravanas de vehículos la declaratoria que el Tribunal haga a favor del líder del rodismo. Si asegura que ese día habrá de todo por lo que recomendamos a los activistas del señor Azcona que si quieren tener cohetes y morteros, visite a Carlos Handal, quien tenía comprados más de 180 mil lempiras para reventarlos en caso que ganara OMA.

"EL HERALDO", 13 de diciembre, 1985

EL TNE ME DECLARARÁ PRESIDENTE: J. AZCONA

TEGUCIGALPA. El presidente electo José Azcona del Hoyo, expresó ayer su seguridad de que el Tribunal Nacional de Elecciones (TNE) lo declarará como tal y desestimó peticiones de una facción del nacionalismo reclamando la presidencia del país.

Azcona del Hoyo dijo en declaraciones a un grupo de periodistas que él se va a "someter a lo que digan las autoridades competentes en materia electoral".

Refiriéndose a un pronunciamiento de la comisión política del Partido Nacional, dijo que estos "tratan de mantener la guardia en alto".

"Los dirigentes actuales del Partido Nacional tienen que demostrar al pueblo y a sus seguidores de que ellos están luchando por lo que ellos consideran un triunfo del partido".

"Pero la verdad es que el Partido Liberal ganó las elecciones con 85 mil votos de mayoría y eso el Partido Liberal lo va a hacer valer", sostuvo Azcona.

El presidente electo dijo que su movimiento no está en capacidad de exigir al TNE que se pronuncie en cuanto a la declaratoria de elecciones, pues este organismo aún está dentro del plazo establecido dentro de la ley para hacerlo.

Sin embargo, opinó que "para tranquilidad del pueblo hondureño, ya se debería haber salido esa declaratoria de elecciones".

Explicó que 4 de los miembros del TNE han expresado con claridad que la declaratoria de elecciones se formulara "en base a las reformas a la Ley Electoral y no creo que a estas alturas nadie pueda cambiar".

Azcona señaló que el único voto que tendrá en contra será el del callejista Adalberto Discua Rodríguez. (GP)

"TIEMPO", 17 de diciembre, 1985

AZCONA SERÁ DECLARADO PRESIDENTE DE HONDURAS

TEGUCIGALPA. El Tribunal Nacional de Elecciones (TNE) reiteró ayer que el ingeniero José Azcona Hoyo será declarado presidente en apego a las reformas a la Ley Electoral y de las Organizaciones Políticas.

El organismo electoral dejó sentada su posición ante un documento emitido por la Comisión Política del Partido Nacional que reclama la presidencia para Rafael Leonardo Callejas a pesar de que ese instituto político sacó 85 mil votos que el gobernante Partido Liberal.

"Ya el Tribunal Nacional de Elecciones tomó su decisión el 23 de noviembre y dijo que es lo que iba aplicar si era la reforma o la Constitución".

"Quedamos –dijo el miembro del TNE, Adán Palacios– de que era un compromiso nacional de todos los líderes políticos, los obreros, las Fuerzas Armadas y la misma Iglesia en la opción B y por eso es que las reglas de juego están ya establecidas".

Palacios en alusión directa a el documento de los nacionalistas dijo que cualquier otra versión "me parece son conjeturas que está perjudicando lo bueno que estuvo el Proceso Electoral" del 24 de noviembre.

El funcionario reconoció, además, que ha habido tardanza por parte del TNE en la declaratoria oficial de las nuevas autoridades del país, encabezadas por el presidente electo José Azcona del Hoyo.

"Estamos preocupados y reconocemos la preocupación del pueblo en cuanto a lo que ellos han calificado cierta tardanza en dar la declaratoria de elecciones", dijo.

En ese sentido, Palacios reveló que el TNE solicitó ayer a la Comisión Electoral que se encarga del análisis matemático de los resultados presente su informe a más tardar hoy.

El miembro del TNE anunció que después de recibir este informe se convocará hoy a una junta con representantes de los partidos y corrientes políticas para explicarles la forma en que se hará la declaratoria de elecciones.

"Acto seguido –anunció– sería la publicación de la declaratoria de elecciones" la cual, se aseguró, en algunas fuentes del TNE podría ser hecha esta misma semana, a pesar de que se había anunciado para el lunes 23 de diciembre. (GP)

"TIEMPO", 17 de diciembre, 1985

Solo el TNE se abstiene
Todos han reconocido a Azcona como presidente

TEGUCIGALPA. –La comisión política de la coalición Azcona-ALIPO defenderá hasta la última consecuencia al licenciado Carlos Montoya, quien ha sido cuestionado ante el Tribunal Nacional de Elecciones mediante una oposición presentada por el abogado Jorge Reyes Díaz.

Los comisionados políticos se reunieron en casa del designado presidencial Céleo Arias Moncada, quien funge como coordinador del movimiento azconista.

En la reunión participó el ingeniero José Azcona, para analizar algunas gestiones que se harán en su ausencia del país, pues viaja hoy a Venezuela.

Además de Azcona y Arias Moncada, estuvieron presentes Jorge Bueno Arias, Oscar Melara, José Pineda Gómez, Orlando Gómez Cisneros y Jaime Rosenthal Oliva.

Rosenthal Oliva, designado presidencial, sostuvo que en la reunión se analizó el comunicado del Partido Nacional en el que se declara electo como presidente a Rafael Leonardo Callejas.

Sostuvo que se sujetarán a la declaratoria que hará el Tribunal Nacional de Elecciones. Expresó, además, que no tienen por qué opinar sobre asuntos internos del Partido Nacional.

Expresó que todos los sectores de Honduras han reconocido a Azcona como presidente.

"Las Fuerzas Armadas lo tratan como tal, –explico– lo acepta la embajada de los Estados Unidos, las embajadas de México, Venezuela y otros países. Únicamente el tribunal persiste en no hacer la declaratoria presidencial", agregó.

Exigió al TNE que dé este paso lo más rápido posible.

Sobre las reuniones con sectores del Partido Nacional manifestó que en el diálogo no se negocia el resultado de las elecciones.

"Los resultados son claros, y aunque revisen los votos durante 100 años, el resultado será el mismo. El pueblo hondureño está cansado de maniobras y chismes y no permitirá que se siga cuestionando a José Azcona", concluyó.

"TIEMPO", 17 de diciembre, 1985

"TIEMPO", 17 de diciembre, 1985

Azcona:
Evitaremos a cualquier costa la devaluación

TEGUCIGALPA. – El presidente electo, José Azcona, sostuvo que evitaría a cualquier costa la devaluación de la moneda, en una barbacoa ofrecida por un grupo de sus allegados.

Azcona dijo que se siente sumamente satisfecho por la forma en que los liberales le han demostrado su respaldo incondicional y que en esas circunstancias tiene que darle prioridad a los hechos que no afecten los intereses de la nacionalidad.

A criterio de Azcona, las experiencias sufridas por los países del área centroamericana, nos deben servir de ejemplo para que hagamos hasta lo imposible sin acondicionamientos de ninguna naturaleza, para que se mantenga la paridad de nuestra moneda.

DEFENDERÉ A MONTOYA, LIBERALES NO QUIEREN UNIDAD

El ingeniero José Azcona sostuvo que defenderá a su amigo y correligionario Carlos Orbín Montoya, hasta las últimas consecuencias, pues fue un bastión para el triunfo de la coalición ALIPO-Azcona, que ganó internamente al oficialismo suazocordovista del Partido Liberal.

Dijo Azcona que la actitud de los oficialistas contra los liberales ganadores es notoria y no tiene otro fin más que perjudicar su futuro Gobierno, pretendiendo afectar hombres capaces de poder contribuir al desarrollo integral de este pueblo.

"Lo anterior demuestra una vez más y que quede constancia ante el pueblo hondureño, que esas personas no son liberales de convicción definida, pues después de lo que ocurrió en las elecciones internas todos somos liberales y por ello un solo Gobierno", dijo.

"En reiteradas ocasiones he manifestado, dijo Azcona, que no tengo rencores contra nadie y que mi Gobierno será integrado por los hombres más capaces sin importar su color político, desde luego dándole prioridad a los que me acompañaron desde el inicio de mi lucha y que cumplen con los requisitos establecidos para cargos de relevancia", agregó.

Finalmente, dijo que "los oficialistas que no cesan en sus intenciones de afectarnos, dejan a las claras su mala intención contra liberales dignos y honestos que lo único que eremos es el bienestar de la nación".

Reiteró que Carlos Orbín Montoya, "cuenta con todo mi apoyo y espero que lo mismo harán mis amigos de lucha, y si por razones puramente legales aunque las considero extemporáneas, no puede ser diputado ante el Congreso Nacional, existen innumerables cargos de gran valía que puede desempeñar el diputado electo y que está siendo cuestionado".

A criterio de Azcona, los que se han metido a ejercer esas maniobras deben pensar en el futuro del país y no en sus intereses particulares, ya que dentro del contexto de las naciones tenemos que actuar con principios ideológicos serios y no de intrigas infecundadas.

No quiso enjuiciar a nadie en particular el ingeniero Azcona, pero confía en la determinación del máximo poder electoral del país en que al momento de tomar una determinación la haga pensando en la justicia para todos los hondureños, concluyó.

"LA PRENSA", 17 de diciembre, 1985

Presidente electo viaja este día a Venezuela

TEGUCIGALPA. – El presidente electo, José Azcona Hoyo, partirá hoy hacia Venezuela en compañía del embajador de ese país en Honduras, Dionisio Marcano Gutiérrez.

El doctor Jaime Lusinchi recibirá al candidato más popular del Partido Liberal en las pasadas elecciones y se espera que se realicen importantes pláticas para futuros acuerdos.

Azcona Hoyo se hará acompañar de Jaime Rosenthal Oliva, Jorge Bueso Arias, Jorge Maradiaga, Céleo Arias Moncada y Carlos Montoya, cuya candidatura a diputado ha sido cuestionada.

El viaje de Azcona se prolongará por una semana y posiblemente la declaratoria del Tribunal Nacional de Elecciones coincida en su ausencia del país, pues el TNE anunció que el próximo lunes 23 de diciembre hará la declaratoria presidencial.

"DIARIO EL HERALDO" 17 de diciembre, 1985

AZCONA ES PARTIDARIO DE QUE SE REESTRUCTURE EL "CCEPL"

TEGUCIGALPA. – El ingeniero José Azcona reveló ayer que es partidario de que se reestructure la dirigencia del Consejo Central Ejecutivo del Partido Liberal (CCEPL), que preside actualmente Juan de la Cruz Avelar.

Sin embargo, agregó que él no está dispuesto a asumir nuevamente la presidencia del CCEPL, del cual fue depuesto en una oscura maniobra del suazocordovismo.

Azcona dijo que "lo que procede en este momento" es que se reúnan los 7 miembros del CCEPL elegidos en la convención de abril de 1983 y se elija a un nuevo presidente.

El presidente electo dijo que no se puede desconocer la autoridad de Avelar, Fausto Castillo y Edana Kieffer de Alfonzo, "pero tampoco podemos dejar de dar beligerancia plena al Consejo Central Ejecutivo conformado en abril de 1983".

"DIARIO EL HERALDO" 17 de diciembre, 1985

AZCONA VIAJÓ A VENEZUELA

- *Dijo antes de partir: Contadora tiene la autoridad moral para pedir a C.A. que deponga actitudes que ponen en precario la estabilidad de la región.*

TEGUCIGALPA. –El presidente electo, José Azcona Hoyo, declaró ayer antes de partir rumbo a Venezuela que las naciones que integran el Grupo de Contadora tienen "la autoridad moral" para pedirle a los países centroamericanos que depongan actitudes que ponen "en precario la estabilidad política de Centroamérica".

Azcona abandonó el país en las primeras horas de la mañana en un avión propiedad del estado de V1enezuela atendiendo una invitación personal del presidente de esa nación, Jaime Lusinchi.

El presidente electo que partió del aeropuerto internacional de Toncontín de Tegucigalpa, viajó acompañado por el designado Jaime Rosenthal Oliva, el excandidato presidencial Jorge Bueso Arias y los diputados Carlos Montoya y Jorge Maradiaga.

Azcona, en su estadía de 4 días en Caracas, sostendrá conversaciones con el mandatario venezolano Jaime Lusinchi y otras autoridades de ese país.

Entrevistado en el Salón Diplomático del aeropuerto, Azcona indicó que "Honduras tiene nexos políticos, nexos comerciales" con Venezuela.

Señaló que Honduras ha "recibido ayuda de ese país" y últimamente se ha suscrito un convenio de préstamo en el que se garantiza el suministro de asfalto para la pavimentación de carreteras en los próximos 2 o 3 años.

El líder político apuntó que Venezuela forma parte del grupo pacificador de Contadora, cuyos miembros estimó "han hecho un esfuerzo muy grande para que haya paz en Centroamérica".

"Para que la república hermana de Nicaragua se herrumbe por la ruta de la democracia, que saque una constitución pluralista", dijo Azcona.

El presidente electo dijo que "no cabe duda que Panamá, Venezuela, México y Colombia que integran el Grupo de Contadora, tienen la autoridad moral suficiente para pedirle a las repúblicas centroamericanas que depongan actitudes que ponen en precario no solamente la estabilidad política de Centroamérica sino de todo el continente".

Azcona indicó que en sus pláticas con los funcionarios venezolanos se abordará en forma general lo relativo a las relaciones económicas con Honduras.

"Pero la verdad es que si no hemos vendido más a Venezuela muchas veces ha sido porque no se le ha podido ofrecer los requisitos que ellos exigen, dijo Azcona al ser consultado sobre los niveles de intercambio comercial entre las dos naciones.

Señaló que Venezuela anteriormente era un comprador grande de madera hondureña y han expresado en diferentes oportunidades su deseo de comprar a Honduras productos como el frijol negro "pero tal vez Honduras no ha demostrado el suficiente interés para aprovechar ese gran mercado".

Dijo, además, que Honduras debe tener relaciones con "los países de los cuales se derive alguna conveniencia" y en ese sentido dijo que Honduras ya sostiene relaciones comerciales con Polonia, Checoslovaquia y Rumania, naciones de una órbita socialista.

Azcona y su comitiva, se anunció, retornarán a Tegucigalpa, el viernes en horas de la tarde. (GP)

"TIEMPO", 18 de diciembre, 1985

Esperanzador viaje de Azcona a Venezuela

TEGUCIGALPA. – El presidente electo, José Simón Azcona Hoyo, viajó ayer a Venezuela, atendiendo invitación del mandatario de esa nación, Jaime Lusinchi, en aras de solidificar acuerdos de beneficio para el país.

Azcona se hizo acompañar del doctor Jorge Roberto Maradiaga, Carlos Orbín Montoya y Céleo Arias Moncada.

Miles de liberales lo fueron a despedir al Aeropuerto Internacional de Toncontín, pese a la hora temprana en que abandonó el país para dirigirse a esa nación.

Azcona dijo que esa visita contiene una agenda muy amplia y se aprovechará para mejorar las relaciones existentes entre ambos países, luego que Azcona tome las riendas del poder en Honduras.

Entre otras cosas, Azcona señaló que en el ámbito económico se pueden lograr muchos objetivos, pues no debemos desconocer que Honduras ha sido beneficiada a través del Fondo de Inversiones de Venezuela, y los documentos existentes señalan la ayuda como factor importante para el desarrollo de nuestra patria.

Azcona Hoyo

Uno de los temas trascendentales que analizará Azcona en su visita a Jaime Lusinchi, es sobre la factura petrolera que puede contribuir a mejorar ostensiblemente nuestra economía.

De la disponibilidad que tenga el mandatario venezolano depende en parte los logros progresivos para nuestro país, puesto que es lo primero que me interesa dijo el presidente electo.

Por su parte Maradiaga dijo que no se puede negar ante el mundo que el futuro presidente de los hondureños es José Azcona, ya que ha sido invitado por otros mandatarios de distintos países identificándolo como el sucesor del doctor Roberto Suazo Córdova.

Una comitiva de hombres que entienden sobre aspectos económicos y políticos que acompañó al ingeniero Azcona, podría en pocos días dar alentadoras esperanzas para el pueblo hondureño.

"LA PRENSA", 18 de diciembre, 1985

Azcona recibido por canciller de Venezuela

CARACAS, 17 (AP). – El presidente electo de Honduras, José Azcona del Hoyo, llegó hoy en visita de tres días por invitación del mandatario Jaime Lusinchi.

Azcona llegó a la Base Aérea Francisco de Miranda, y fue recibido por el ministro de Relaciones Exteriores, Simón Alberto Consalvi, con quien se reunió posteriormente.

El visitante llegó acompañado de Céleo Arias, actual vicepresidente de Honduras; Jaime Rosenthal, vicepresidente electo; los parlamentarios José Maradiaga, Carlos Montoya, Jorge Bueso y el embajador venezolano Dionisio Marcano.

La paz en Centroamérica y las gestiones del Grupo Contadora serán los temas centrales de su conversación de mañana con Lusinchi, en el Palacio de Miraflores.

"LA PRENSA", 18 de diciembre, 1985

Mañana dirá "TNE": Azcona presidente

TEGUCIGALPA. El Tribunal Nacional de Elecciones declarará como presidente electo mañana al ingeniero José Azcona Hoyo, se aseguró ayer en fuentes bien informadas de ese organismo.

La declaración oficial del TNE será leída por el presidente del organismo en una cadena nacional de radio y televisión en una hora que aún no ha sido determinada.

La versión fue confirmada por el profesor Adán Palacios Irache miembro del TNE, quien dijo que "podemos salir el viernes de esta semana" con la declaración oficial de las nuevas autoridades del país electas el 24 de noviembre.

Los miembros del Tribunal Nacional de Elecciones recibieron en las últimas horas de la tarde de ayer el informe de la Comisión Electoral que hizo un análisis matemático de los resultados obtenidos en los pasados comicios.

El TNE tiene un periodo de 30 días para efectuar la declaratoria oficial de elecciones que concluye el 24 de diciembre de la próxima semana.

Palacios confirmó que el ingeniero Azcona Hoyo es la persona que será declarada presidente electo por el Tribunal Nacional de Elecciones.

"En eso no hay ninguna duda, el 23 de noviembre se estableció el procedimiento que se iba a utilizar para elegir al nuevo presidente de la República", dijo el funcionario.

Fuentes del TNE indicaron que seguramente hoy o mañana los miembros de ese organismo se reunirán con los excandidatos presidenciales o sus representantes para explicarles sobre las bases en que se formulará la declaratoria de elecciones. (GP)

Adán Palacios
"TIEMPO", 19 de diciembre, 1985

"TIEMPO", 19 de diciembre, 1985

Una "ayudadita" a Azcona

Quiero expresarme sobre la supuesta confirmación de la integración del Gabinete de Gobierno que se ha publicado, no en este, en la prensa nacional.

En una nota política de un diario capitalino se habla insistentemente de que el Dr. William Hall, diputado azconista por Yoro, será el secretario privado del nuevo mandatario.

Es importante señalar que reúne todas las cualidades para desempeñar dicho cargo, pero a un político como él no puede encerrársele entre cuatro paredes por mucho tiempo.

Con toda la capacidad política de Hall sería un buen sustituto de Ubodoro Arriaga Iraheta, en el Ministerio de la Presidencia, porque justamente quedaría como anillo al dedo.

Como seguidor de la política vernácula tengo pocas referencias de Hall. Solo sé que es un amigo leal de Azcona desde que aquél comenzó su movimiento.

En el Ministerio de la Presidencia habría más libertad para Hall, para atender todas las peticiones del pueblo al presidente, y manejaría con mucho talento esa dependencia.

También sería ideal Jorge Maradiaga en el Ministerio de Trabajo; Arturo Rendón, como Ministro de Salud; Juan Fernando López, en SECOPT; Amílcar Santamaría, en el Ministerio de Cultura y Turismo; Carlos Montoya, como procurador general; Efraín Bú en Gobernación y Céleo Arias como secretario privado de Azcona.

Atentamente, Amparo de Moya

"LA PRENSA", 19 de diciembre, 1985

HONDURAS SEGUIRÁ ARMÁNDOSE PARA PROTEGERSE: J. AZCONA

CARACAS, Dic. 1 (UPI). – El presidente electo de Honduras, José Azcona del Hoyo, afirmó hoy que Honduras seguirá armándose para enfrentar el "armamentismo" de Nicaragua en Centroamérica.

"Los propios nicaragüenses hacen alarde de tener siempre miles de hombres en armas y así pues, definitivamente también Honduras tiene que hacer sus previsiones en ese sentido. Honduras tiene que armarse y protegerse", manifestó Azcona del Hoyo.

En su primer viaje oficial desde las elecciones del 24 de noviembre, Azcona del Hoyo llegó a Caracas anoche para sostener conversaciones con el presidente Jaime Lusinchi y dirigentes políticos venezolanos, en torno a la difícil situación por la que atraviesa Centroamérica.

Azcona del Hoyo, cuyo gobierno se inaugurará el 27 de enero, llegó acompañado por el vicepresidente del Gobierno en ejercicio, Céleo Arias, el designado electo, Jaime Rosenthal y de Jorge Maradiaga, Carlos Montoya, Jorge Bueso Arias y del embajador venezolano en Honduras, Dionisio Marcano.

El Gobierno hondureño ha criticado al Gobierno de Nicaragua, sosteniendo a la vez que las fórmulas de Contadora han sido inadecuadas para asegurar el control del armamentismo en la zona.

Según Azcona del Hoyo, Nicaragua es un "enclave totalitario" en Centroamérica.

A partir de la llegada del presidente Ronald Reagan al poder, Honduras cuenta con una fuerte presencia militar norteamericana. Además, operan en su territorio varios millares de "contras" financiados por Estados Unidos que lanzan continuos ataques contra territorio de Nicaragua, según informes de la prensa estadounidense.

"TIEMPO", 19 de diciembre, 1985

Azcona se entrevista con presidente Lusinchi

CARACAS, 18 (AP). – **El presidente electo de Honduras, José Azcona del Hoyo, afirmó hoy que su país apoya al Grupo de Contadora y no desea la guerra con Nicaragua, pero que se arma para contrarrestar el armamentismo de los nicaragüenses.**

"El Gobierno de Honduras tiene el derecho de defenderse contra la posición de Nicaragua, que se arma a pasos acelerados", dijo, y citó al ministro de Defensa nicaragüense, Tomás Borge, quien hace dos noches habría reconocido ante una concentración de jóvenes que su país "se está armando cada día más".

Afirmó también que su país no apoya a las guerrillas que combaten al gobierno nicaragüense.

José Azcona llegó ayer de visita a Caracas, y se reunió hoy con el presidente Jaime Lusinchi en el Palacio de Miraflores, luego de lo cual dijo que su país continuará apoyando las gestiones del Grupo de Contadora, "pese a que las mismas no han dado hasta ahora todos los frutos esperados".

"No vamos a desanimarnos, vamos a insistir para ver si a través de las iniciativas del Grupo de Contadora podemos llegar a la tranquilidad y paz en Centroamérica", añadió.

Explicó que Honduras estaba lista para firmar el Acta de Paz propuesta por Contadora hace algún tiempo.

"Creo que fue rechazada por Nicaragua. Estoy seguro que al final saldrá una versión que será aceptada por todos, es lo que nosotros aspiramos", dijo.

Manifestó también la opinión de que Contadora es la vía más importante para lograr la paz, pero no la única, y que otras iniciativas que surjan en ese sentido deberían ser puestas en práctica.

Observó que algo muy importante, si se firma el Acta de Contadora, es que los compromisos que se asuman se cumplan, "porque si se firma solamente para llenar el protocolo, no se dará ninguna tranquilidad a nuestros pueblos".

Consultado sobre la política del presidente Ronald Reagan, en Centroamérica, Azcona dijo no compartirla plenamente, porque estima que se debe buscar una salida política a la situación centroamericana".

"Por otro lado, el presidente Reagan tiene algún derecho, como presidente y líder de este hemisferio, de velar por la no intromisión de la otra potencia mundial dentro del corazón de América, como es el caso de Centroamérica".

Con relación a la supuesta ayuda que otorga su país a los rebeldes que combaten contra el gobierno sandinista, Azcona recalcó que "el Gobierno actual de Honduras no está ayudando a las fuerzas antisandinistas y mi Gobierno tampoco lo hará".

Puntualizó que oportunamente se ha hecho saber al Gobierno de Estados Unidos que "ni el pueblo hondureño, ni el Gobierno actual y ni el próximo Gobierno quieren la guerra con Nicaragua, pero esta decisión es independiente de nuestros anhelos de que el pueblo nicaragüense disfrute de la democracia y la libertad que disfrutamos nosotros".

Puntualizó, asimismo, que el Gobierno sandinista permanentemente hace alarde de tener miles de hombres en armas, y eso hace que Honduras tome previsiones y tenga armas para protegerse.

"El Gobierno de Nicaragua tiene que entender que está situado en una posición geopolítica y geográfica que no le permitirá mantener un enclave totalitario en Centroamérica", dijo Azcona.

"Sabemos que en Nicaragua no hay prensa libre, hay un estado de emergencia y hay hostigamiento a sectores de la empresa privada. Es decir que sucede todo lo contrario a lo que, ante la OEA, dijo el sandinismo que ocurriría (cuando buscaba apoyo hemisférico para acabar con el régimen de Anastasio Somoza)", dijo.

Azcona recalcó que a pesar de las dificultades que enfrenta América Central, la región se encuentra en una situación política excepcional, pues en enero, por primera vez en muchos años, habrá cuatro países regidos por gobiernos resultantes de elecciones democráticas.

Azcona Hoyo
"LA PRENSA", 19 de diciembre, 1985

AZCONA SERÁ PROCLAMADO PRESIDENTE MAÑANA: TNE

CARACAS, Venezuela. – El presidente electo, José Azcona Hoyo, fue recibido en el Palacio de Miraflores, de esta capital, por el mandatario Jaime Lusinchi, con quien dialogó sobre la situación del área centroamericana, el futuro de Contadora y el peligro para el istmo de la consolidación de un Estado totalitario. (AP)

LA PRENSA", 19 de diciembre, 1985

Mañana proclamarán a Azcona Hoyo presidente de Honduras

TEGUCIGALPA. – El Ing. José Azcona Hoyo será declarado nuevo presidente de Honduras el próximo viernes 19 de diciembre, aseguraron cuatro de los cinco miembros que integran el Tribunal Nacional de Elecciones.

La única oposición que se espera recaiga sobre la declaratoria es la de Adalberto Discua Rodríguez del Partido Nacional, quien el 23 de noviembre, cuando faltando 7 horas para las elecciones, se opuso a que el nuevo presidente se proclamara en base a las reformas a la Ley Electoral.

Adán Palacios, de la Democracia Cristiana, reiteró que el votará por las reformas, lo mismo que Pablo Valladares, del PINU.

El abogado René Corea Cortés señaló que "el próximo presidente de Honduras será José Azcona Hoyo, los azconistas y los liberales deben estar seguros que nuestro partido será declarado vencedor".

Asimismo, el abogado Rafael Palacios Tosta sostuvo que él no es hombre de dos palabras, "mi compromiso es hacer la declaración en base a las reformas a la Ley Electoral y así lo haremos".

En pleno los cinco miembros del Tribunal Nacional de Elecciones deliberando detalles para la Declaratoria del Presidente de los hondureños. (Foto Oswaldo Ramos)

La Declaratoria Presidencial se conocerá a través de una cadena nacional de radio y televisión. Según Adán Palacios, esperan hacerlo el día viernes para que a más tardar el martes 24 de diciembre el decreto sea publicado en el Diario Oficial La Gaceta para su vigencia.

"LA PRENSA", 19 de diciembre, 1985

"LA PRENSA", 20 de diciembre, 1985

A asunción de Cerezo
Suazo y Azcona viajarán a Guatemala

GUATEMALA, 19 DIC. (DPA). – El presidente de Argentina, Raúl Alfonsín, y el del Perú, Alan García, serán dos de los presidentes de la llamada "Nueva Latinoamérica", que asistirán a la asunción del presidente electo de Guatemala, Vinicio Cerezo, el próximo 14 de enero, se informó hoy en Guatemala.

También asistirán los presidentes Jaime Lusinchi, de Venezuela; León Febres Cordero, de Ecuador; Belisario Betancur, de Colombia; Luis Alberto Monge, de Costa Rica y José Napoleón Duarte de El Salvador.

También han confirmado su asistencia, según informaron voceros del Partido Democracia Cristiana de Cerezo; Miguel de la Madrid, de México; Roberto Suazo Córdova, de Honduras; Daniel Ortega, de Nicaragua; el vicepresidente de los Estados Unidos, George Bush y el presidente electo de Honduras, José Azcona.

Desde Europa llegarán, según las informaciones, el primer ministro español, Felipe González, y altos representantes de los gobiernos de Alemania Federal e Italia, agregándose que en los próximos días se tendrán seguramente otras confirmaciones de jefes de Estado y primeros ministros.

En Guatemala se han iniciado los preparativos de la transmisión del poder de manos militares a civiles, con la presencia de personalidades mundiales, ya que es la primera vez que se reúnen en Guatemala tal número, siendo el de la seguridad uno de los aspectos que están atendiendo con más interés las autoridades.

Actualmente se discute sobre la posibilidad de efectuar el acto a la total vista del pueblo en el estadio "Mateo Flores" de la capital, con capacidad para unas 45 mil personas, o realizarlo en el Monumental Teatro Nacional que dispone de mayores condiciones para la comodidad de los visitantes y para la realización del acto. En ambos casos será transmitido por la televisión en una cadena latinoamericana.

"LA PRENSA", 20 de diciembre, 1985

Antes de la declaratoria el TNE se reunirá con expresidenciables

TEGUCIGALPA (Por Nery Arteaga). – Este día el Tribunal Nacional de Elecciones se reunirá con la mayoría de los excandidatos presidenciables para informarles ampliamente sobre la forma en que se hará la Declaratoria Presidencial.

Rafael Leonardo Callejas, el candidato presidencial que obtuvo unos seiscientos cincuenta mil votos en las pasadas elecciones, ingresa a Honduras esta mañana a las ocho en vuelo comercial, y estará en la reunión.

José Azcona Hoyo, que obtuvo cuatrocientos veinte y un mil votos de los setecientos ochenta y siete mil con que el Partido Liberal ganó las elecciones, arribará hasta mañana a Honduras con procedencia de Venezuela. No estará en la cita.

Han confirmado su presencia, Oscar Mejía Arellano, por medio de sus representantes: Carlos Roberto Reina, Efraín Bú Girón, Juan Pablo Urrutia, Fernando Lardizábal, Hernán Corrales Padilla y Enrique Aguilar Paz.

Los miembros del TNE discutirán en forma conjunta la declaratoria y cuál es la razón para que se ratifique la resolución a favor de José Azcona Hoyo.

Una vez concluido este trámite, el TNE procederá a convocar por medio de una cadena nacional de radio y televisión, los detalles de la declaratoria, incluyendo al presidente, los tres designados, los diputados y la forma como se integran las alcaldías en todo el país.

El borrador de la declaratoria fue revisado ampliamente ayer por la tarde, pero no se envió al diario oficial "La Gaceta" para su publicación esperando hacer un agregado de la reunión de los expresidenciables que será un compromiso para futuros amparos.

De todas maneras la declaratoria si no se hace este día por cualquier problema, se publicará el lunes en "La Gaceta" para su publicación esperando hacer un agregado de la reunión de los expresidenciables que será un compromiso para futuros amparos.

De todas maneras la declaratoria si no se hace este día por cualquier problema se publicará el lunes en "La Gaceta" y simultáneamente ese mismo día en la madrugada o en la noche se hace la declaratoria.

"LA PRENSA", 20 de diciembre, 1985

Bueso Peñalba:

Podría haber "gato encerrado" en declaratoria presidencial

TEGUCIGALPA. – La declaratoria del futuro presidente de Honduras tiene que inclinarse a favor del Ing. José Azcona Hoyo "porque las reglas del juego quedaron establecidas antes de las elecciones", aseguró el expresidente del Consejo Central Ejecutivo, del Partido Liberal, Romualdo Bueso Peñalba.

Dijo sentirse extrañado por la tardanza del Tribunal Nacional de Elecciones sosteniendo que el retraso no tiene razón de ser porque los resultados del proceso ya están confirmados.

Subraya que a estas alturas, Azcona debió ser declarado presidente electo, acusando al Partido Nacional de "hacer triquiñuelas", que solo vendrían a obstaculizar el proceso democrático en la nación.

"Fuimos a una elección combinada y por lo tanto nadie tiene derecho a cuestionar a Azcona, quien oficialmente tiene que ser el presidente electo", subrayó Bueso Peñalba.

Recalca que podría existir "gato encerrado" en el asunto y "todo por maniobras" del principal partido de oposición.

"En la democracia a veces se pierde y otras no y eso deben entender los nacionalistas", concluyó el representante de Intibucá en el Congreso Nacional.

Bueso Peñalba

"LA PRENSA", 20 de diciembre, 1985

El ingeniero José Azcona Hoyo regresó ayer en horas de la tarde al país después de la visita que por invitación del presidente Lusinchi hiciera a Venezuela donde se entrevistó con el mandatario, con altos funcionarios del Gobierno y con autoridades de organismos continentales que tiene su sede en Caracas. El presidente electo arribó primero a San Pedro Sula para continuar viaje a Tegucigalpa donde le esperaban, según muestra la gráfica, numerosos liberales. (Foto Serrano)

"LA PRENSA", 21 de diciembre, 1985

Hizo escala en el Villeda Morales:
REGRESA PRESIDENTE ELECTO

SAN PEDRO SULA. –El presidente electo José Azcona Hoyo hizo escala ayer aquí en su viaje de retorno al país tras reunirse con el presidente de Venezuela, Jaime Lusinchi.

Azcona Hoyo llegó acompañado del designado Jaime Rosenthal Oliva, del diputado Carlos Montoya; del dirigente Jorge Bueso Arias, del diputado electo, Jorge Maradiaga; del embajador de Venezuela en Honduras, Jaime Marcano y de uno de los tres designados del actual presidente Roberto Suazo Córdova, Céleo Arias.

La comitiva presidencial arribó al aeropuerto "Ramón Villeda Morales" a las 3:35 de la tarde a bordo de una avioneta bimotor propiedad de la embajada venezolana.

Una multitud de liberales estuvo a recibir al ingeniero Azcona, pero solo pocos tuvieron oportunidad de saludarle personalmente y hasta de posar con él para las cámaras de televisión.

Entre las figuras de relieve que recibieron a Azcona estaba el alcalde electo de San Pedro Sula, ingeniero Gerónimo Sandoval, la esposa del designado Mirian de Rosenthal Oliva, el doctor Reginaldo Panting y su esposa y varios diputados por el departamento de Cortés.

Tanto Azcona Hoyo como las personas que lo acompañaron dijeron venir satisfechos de los resultados de la reunión con el señor Lusinchi. (DRM)

Gerónimo Sandoval (Izq.), alcalde electo de San Pedro Sula, también llegó a recibir al presidente de los hondureños. (Foto Juan de Dios)

Centenares de personas estuvieron a recibir en el aeropuerto a Azcona Hoyo y su comitiva. (Foto Juan de Dios)

"TIEMPO", 21 de diciembre, 1985

Prensa venezolana mal interpretó mis declaraciones: Azcona

- **"En la primera semana de enero anunciaré mi Gabinete", dijo**

SAN PEDRO SULA. – El futuro presidente hondureño, José Azcona Hoyo, aún no ha pensado en reunirse con el presidente de Nicaragua, el comandante sandinista Daniel Ortega.

Así lo confirmó el ingeniero Azcona Hoyo al arribar al aeropuerto "Ramón Villeda Morales", luego de concluir la visita de cortesía que hizo al presidente de Venezuela, Jaime Lusinchi.

Azcona Hoyo dijo a los periodistas que su gobierno mantendrá estrechas relaciones con los gobiernos democráticos en Centroamérica.

Azcona confía en que mediante esas relaciones amistosas se podrá crear un clima adecuado para que progresen las gestiones de paz del Grupo Contadora.

Azcona dijo que la prensa venezolana mal interpretó sus declaraciones al haberle atribuido que en su administración el país se armaría más del o que está para enfrentar la amenaza sandinista.

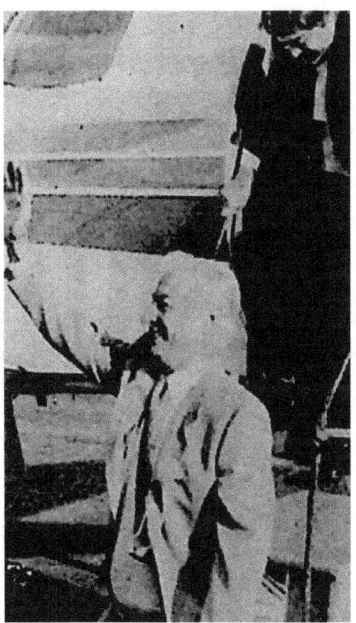

Azcona Hoyo saluda a sus seguidores al momento de abandonar la nave. (Foto Juan de Dios Fajardo)

Dijo que Honduras solo adquirirá las armas que el ejército necesita para defender la paz y la soberanía del país y no para convertirse en una pequeña potencia en la región.

Preguntado sobre cuándo anunciará el nombre de las personas que formarán su gabinete de gobierno, dijo que posiblemente ese anuncio lo haga en la primera semana de enero.

Azcona dijo que ya tiene en mente algunos nombres de sus futuros colaboradores pero se negó a revelar nombres "para evitar especulaciones".

Se le consultó si antes de tomar posesión del nuevo gobierno se reunirá con el presidente Roberto Suazo Córdova, y dijo que posiblemente para tratar algunos asuntos sobre seguridad y política exterior.

Azcona Hoyo prometió que en su periodo no habrá tiempo ni espacio para odios. "Vamos a hacer un gobierno sin pasiones bastardas, no hay tiempo para rencores", dijo Azcona.

Los periodistas insistieron en preguntarle si confiaba que el Tribunal Nacional de Elecciones lo declararía presidente, y dijo que no abrigaba ninguna duda al respecto. (DRM)

"TIEMPO", 21 de diciembre, 1985

LUSINCHI ESTARÁ EN TOMA DE J. AZCONA H.

SAN PEDRO SULA. – El embajador de Venezuela en Honduras, Jaime Marcano, confirmó que el presidente de su país, Jaime Lusinchi, estará en la toma de posesión del nuevo presidente, José Azcona Hoyo.

El señor Marcano acompañó al ingeniero Azcona Hoyo en el viaje que este hizo a Venezuela para negociar importantes convenios con el mandatario sudamericano.

El diplomático venezolano dijo que el señor Lusinchi le prometió al ingeniero Azcona que el 27 de enero próximo estaría en Tegucigalpa en el traspaso de poderes. (DRM)

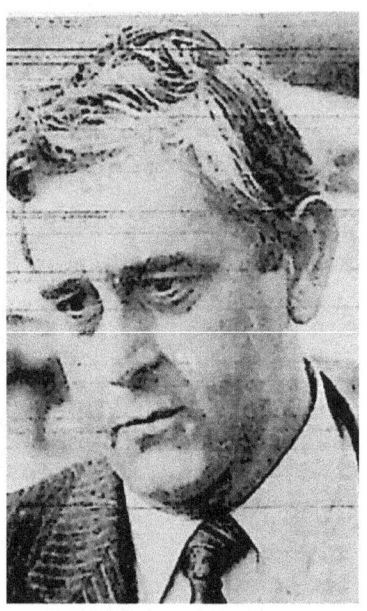

Jaime Lusinchi

"LA PRENSA", 23 de diciembre, 1985

Hay que aceptar el resultado de comicios porque fueron limpios

TEGUCIGALPA. – El Partido de Innovación y Unidad PINU se mostró de acuerdo con la declaratoria presidencial en favor de José Azcona Hoyo que se realizará el próximo 23 de diciembre.

Según el excandidato presidencial y diputado electo por Francisco Morazán, Enrique Aguilar Cerrato, las elecciones que se practicaron fueron limpias y honestas por lo que el resultado tiene que aceptarse.

En cuanto a su función en el próximo congreso y si se inclinará por hacer oposición, expresó que el PINU de hecho es un partido de oposición pero no será una oposición obstinada, haremos análisis serios para saber cómo se maneja la cosa pública.

Indicó que en su actuación se tratará de eliminar las fallas y errores que se presentarán en el futuro gobierno, en cuanto a la labor del PINU en El Congreso indicó que fue meritoria porque analizaron y criticaron la actuación del presidente Roberto Suazo, indicándole que aún era tiempo de corregir los errores.

En cuanto a los votos obtenidos por el Partido de Innovación calificado como "votos de castigo", Aguilar Cerrato sostuvo que el hecho de aceptar la alternativa "B", colocó al PINU en oposición contra ocho candidatos, se polarizó la elección en la forma tradicional y la entrega de la deuda política, mermó, por esas razones perdimos los votos que pensábamos obtener, concluyó.

"LA PRENSA", 21 de diciembre, 1985

AZCONA, ESPERANZA PARA LA CEIBA

CAMILO CRUZ ALVARADO

Para los ceibeños que en su estado exacto de nacimiento, desarrollo y vivencia en la ciudad de Las Palmeras, para aquellos que estamos muy adheridos a nuestra parcela del Litoral Atlántico, y aún más para los que por muchos años hemos militado y continuamos bregando en las filas del Partido Nacional, la llegada al solio presidencial de un coterráneo, es considerado por el mismísimo espíritu nativo como la llave que abrirá las esperanzas hacia un resurgimiento de esta querida ciudad a un horizonte de mejores perspectivas económicas, ya que en los últimos tiempos nuestra comunidad ha sido tan duramente golpeada y desgarrada por los cierres y despidos continuos de la fuente mayor empleadora como lo es la transnacional Standard Fruit Company, al grado tal que nos mantiene en la actualidad de rodillas en el aspecto monetario, como así se lo hicimos saber hace dos años a personeros gobernantes en una reunión del Gabinete Ministerial que nos visitó, prometiéndonos una ayuda mercantil millonaria que hasta el momento actual se continúa añorando. Sin embargo, para la buena suerte de los paisanos y para aquellos que conviven en toda la ribera del Mar Caribe e Islas de la Bahía, habrá en la Casa Presidencial un ceibeño al cual se sindica en el sentido de la amplitud de la esperanza, como alguien que hará salir del letargo y estancamiento financiero a nuestra comunidad, al litoral y resto del país, dentro de las posibilidades económicas e inclinaciones de planes de trabajo y desarrollo del mandatario en conjunción con el resto de su aparato gubernamental.

Nadie por muchos años que haya vivido lejos del suelo nativo puede olvidarse del mismo, estando siempre en la colación del recuerdo y remembranzas por obligatoriedad, el chispazo de días lejanos de la niñez que obligan y condicionan a despertar sentimientos escondidos y encontrados hacia lo que constituye la síntesis del cariño permanente al lugar donde uno ha nacido. Por ello, y por las declaraciones que hemos escuchado del candidato liberal al cual se le ungirá con la banda presidencial, de que impulsará ciertos proyectos de desarrollo por los cuales hemos estado luchando por mucho tiempo en unión de los capitalinos licenciados Mauricio Torres Molinero y Rodrigo Wong Arévalo en Radio América, siendo tales planes la pavimentación de la carretera de La Ceiba hacia Olanchito, entonces veremos como toda la zona norteña se levantará triunfante, haciendo fuerte el andamiaje del progreso y desarrollo en todas sus órdenes por donde pase dicha vía.

Como ceibeño nato y tomándome como mío propio el deseo del resto del litoral, espero que otros proyectos se implementen en el nuevo gobierno como son: la apertura de un parque industrial, es decir, una Zona Libre para condicionar el uso de mano de obra y así ocupar a tanto desempleado que transita por esas calles de Dios implorando un trabajo sin poderlo encontrar por la pésima situación económica local, concatenándose con ello la rotura del cordón umbilical que por tanto tiempo nos ha unido con la compañía extranjera.

Que esas buenas intenciones se hagan una realidad, así como el ordenamiento de una ruta directa entre La Ceiba y Tegucigalpa, que el pasado Ministro de Comunicaciones no nos la quiso conceder a pesar de las múltiples peticiones que se le hicieron por distintos medios y en la famosa sesión ministerial en esta ciudad, contestándonos con una manera fuera de orden en el sentido del respeto y urbanidad. Que las esperanzas puestas en las manos y buenas intenciones de un paisano, de toda una región rica de nuestra nación sean cristalizadas, no solo para galardón del que la conceda, sino también para el país, ya que La

Ceiba es un polo de desarrollo para todo el Litoral Atlántico, y es prudente y digno el saberlo impulsar. Es la oportunidad única de un nativo por sacar adelante a su ciudad y a la zona riquísima del Caribe.

Que no se pierda el deseo de realizar estas obras que son magníficas perspectivas y una necesidad para nuestra querida ciudad.

"TIEMPO", 23 de diciembre, 1985

REAGAN, MITTERRAND Y NAKASONE DESEAN ÉXITOS A JOSÉ AZCONA

Ing. José Simón Azcona del Hoyo
Presidente electo de Honduras
Tegucigalpa, D.C.

Estimado señor presidente electo:

Es para mí un gran placer felicitarle por su elección como próximo presidente de Honduras.

Como usted sabe, un elemento clave de la política de los Estados Unidos de Centroamérica es fomentar y apoyar el establecimiento y la continua institucionalización de la democracia constitucional en la región. Recibí con placer el informe de nuestra delegación de observadores a las elecciones, la cual tomó nota especial de la dedicación y entusiasmo demostrado por el pueblo hondureño el 24 de noviembre. Su toma de posesión el próximo 27 de enero y la transferencia constitucional del poder entre presidentes civiles electos democráticamente será un evento histórico y cívico para Honduras y para toda Centroamérica.

Honduras y los Estados Unidos comparten muchas metas y objetivos. Hemos trabajado juntos durante mi administración dentro del marco de una relación cada vez más estrecha y mutuamente productiva. Anticipo poder tener una relación similarmente cálida con su administración y tener una oportunidad para reunirnos y cambiar impresiones sobre los muchos asuntos de interés mutuo para nuestros dos países.

Atentamente,
Ronald Reagan

EXCELENTÍSIMO SEÑOR
JOSÉ SIMÓN AZCONA HOYO
PRESIDENTE ELECTO DE LA REPÚBLICA DE HONDURAS,
TEGUCIGALPA

ME COMPLACE ENVIAR A VUESTRA EXCELENCIA MIS SINCERAS FELICITACIONES CON MOTIVO DE SU ELECCIÓN COMO PRESIDENTE DE LA REPÚBLICA DE HONDURAS Y FORMULO LOS MEJORES VOTOS POR LA CRECIENTE PROSPERIDAD DEL PUEBLO HONDUREÑO Y POR EL CONTINUO DESARROLLO DE LA AMISTAD Y COOPERACIÓN ENTRE NUESTROS DOS PAISES.

EXPRESO A VUESTRA EXCELENCIA LAS SEGURIDADES DE MI MÁS ALTA CONSIDERACIÓN.

YASUHIRO NAKASONE
PRIMER MINISTRO DEL JAPÓN

Tegucigalpa, 25 de diciembre de 1985
N°. 192

La Embajada de Francia presenta sus atentos saludos al honorable Ministerio de Relaciones Exteriores –Dirección del Ceremonial Diplomático– y tiene el honor de transmitirle el texto del mensaje de felicitación dirigido por el señor Francois Mitterrand, presidente de la República Francesa, a su excelencia el señor ingeniero D. JOSÉ AZCONA DEL HOYO, presidente electo de la República de Honduras.

Texto original en francés:

Je vous adresse mes félicitations pour votre accession á la présidence de la République du Honduras et formule lex voeux les meilleurs pour que l´accomplissement de votre tache contribue au développement de votre pays, á la prospérite de votre peuple et au renforcement de la démocratie et de la paix.

Je suis convaincu que sous votre autorité, les relations d´amitié entre nos deux nations iront iront en renforcant. Je m´y emploierai par ma part".

Francois MITTERRAND

Traducción en castellano:

"Presento a usted mis felicitaciones por su elección a la Presidencia de la República de Honduras y formulo los mejores votos porque el cumplimiento de su mandato contribuya al desarrollo de su país, a la prosperidad de su pueblo y al fortalecimiento de la democracia y de la paz.

Estoy convencido que, bajo su autoridad, las relaciones de amistad entre nuestras dos naciones continuarán estrechándose. Por mi parte, me dedicaré a ello". Firmado:

Francois MITTERRAND

La Embajada de Francia ruega a la Dirección del Ceremonial Diplomático tener a bien hacer llegar este mensaje a su alto destinatario y aprovecha la oportunidad para reiterar al honorable Ministerio de Relaciones Exteriores las muestras de su más alta y distinguida consideración.

**HONORABLE MINISTERIO DE RELACIONES EXTERIORES
DIRECCIÓN DEL CEREMONIAL DIPLOMÁTICO**

25 de diciembre, 1985

Sandoval integrará plan de trabajo con nacionalistas

SAN PEDRO SULA (Tulio Renán Martínez). – El ganador de la alcaldía sampedrana en las elecciones del domingo, Jerónimo Sandoval, informó aquí que antes de comenzar su gestión se reunirá con los regidores liberales y nacionalistas para integrar los planes de gobierno de ambos y tomar las mejores decisiones en beneficio de la comunidad.

De acuerdo a los resultados electorales, el nuevo gobierno municipal estará integrado solo por azconistas y callejistas, pues las otras corrientes y partidos no alcanzaron ni un regidor.

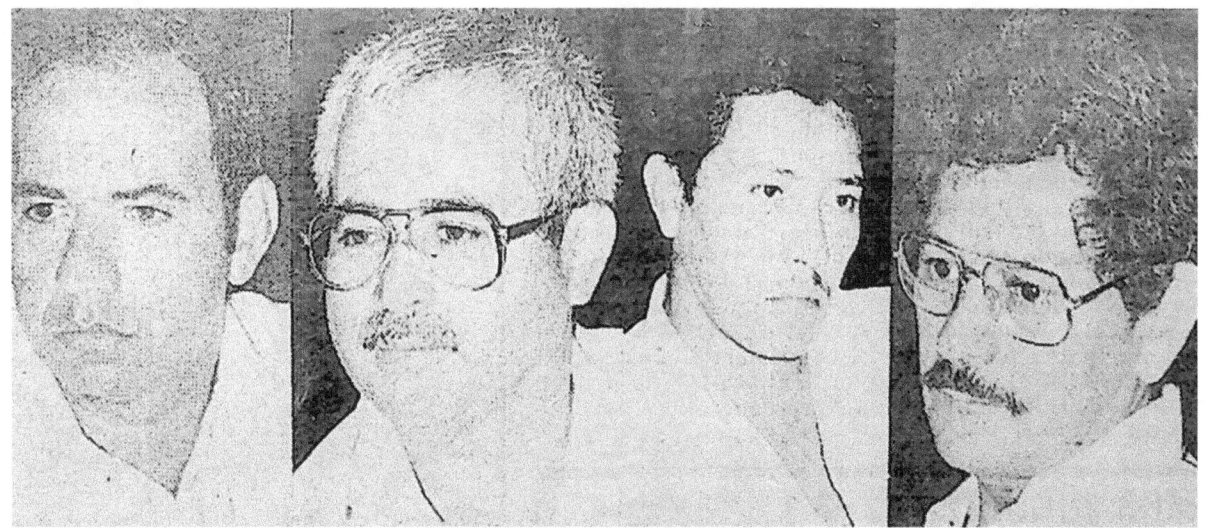

Cuatro de los munícipes que integrarán la nueva Corporación Municipal de San Pedro Sula, de izquierda a derecha: Guadalupe Fajardo, síndico; Fabián Fernández, regidor segundo; José Lisandro Paz, regidor cuarto y Jorge Viara Matute, regidor sexto. (Foto Raúl Morales)

Dice que llega a la municipalidad sampedrana sin el ánimo de "hacer barridas" de empleados, pero que pedirá una revaluación del servicio civil en cuanto a cargos y salarios de acuerdo a ello, procederá a hacer unos cambios en los puestos ejecutivos.

También hará una revisión del presupuesto y tratará de reducir al máximo el gasto corriente, tanto en la Corporación como en la unidad ejecutora de la División Municipal de Aguas (DIMA).

Agregó que va a acelerar el procedimiento empleado en el desarrollo del proyecto de agua potable, que comenzó la municipalidad de Juan Fernando López, para llevar en brevísimo plazo el líquido a los barrios marginados.

VENDEDORES AMBULANTES

Sobre el problema de los vendedores ambulantes instalados en las principales calles de la ciudad, manifestó que para resolverlo es necesario saber cuál es su origen. "Como los vendedores ambulantes hacen su negocio especialmente con los pasajeros de los buses urbanos e interurbanos, considero que una de las medidas a tomar, sería cambiar las rutas de esos buses para que no pasen por el centro de la ciudad", señaló.

Una vez hecha esta modificación, se instalará a los vendedores ambulantes en un sitio que ya fue establecido, pero que no dio a conocer para no entorpecer los planes que ya se comenzaron a hacer, según manifestó.

Considera que la mitad de estos vendedores no son vecinos de San Pedro Sula y por no ser contribuyentes "no tienen derecho que les resolvamos su problemas y por consiguiente no serán reubicados, así que tendrán que ver qué camino toman".

Considera que el problema de los vendedores ambulantes es parte de un fenómeno social que proviene del enorme desempleo que existe en la ciudad y por consiguiente, debemos respetar la iniciativa de esta gente que ha buscado el camino adecuado de ganarse la vida".

También dice que tiene en mente llevar a cabo la descentralización de los mercados para descongestionar el centro de la ciudad, y que para ello construirá pequeños mercados sectoriales para que haya redistribución del comercio.

"LA PRENSA", 27 de noviembre, 1985

Impugnar el proceso sería un paso negativo: Julín Méndez

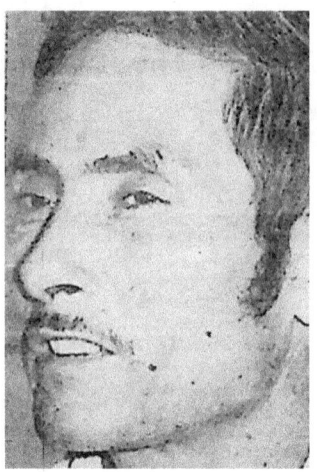

Julín Méndez

SAN PEDRO SULA

"Las elecciones del domingo 24 son un ejemplo para Centroamérica y el mundo", manifestó el presidente de la Asociación Nacional de Campesinos de Honduras (ANACH), Antonio Julín Méndez.

"Es un ejemplo porque hemos demostrado que los hondureños nos interesa la democracia que estamos experimentando, y por eso el pueblo acudió a las urnas a elegir sus autoridades para el periodo 86-90", agregó el dirigente campesino.

Refiriéndose al resultado, Julín Méndez dijo que "ha quedado demostrado una vez más que el Partido Liberal es mayoritario en el país, y el Partido Nacional tiene que aceptar que fue legalmente derrotado en las urnas". "Me parece –agregó–, que debe de acatar la resolución que tome el TNE, ya que está en base al Acta de Compromiso suscrita en mayo pasado".

El presidente de la ANACH considera que si se impugna el proceso electoral "sería un paso negativo e improcedente del Partido Nacional, porque estaba claro desde antes de las votaciones cómo se iba a elegir al presidente".

"Yo creo que los ciudadanos tienen derecho a opinar, y la verdad es que se debe de respetar el Acta de Compromiso y la decisión del pueblo de votar por el Partido Liberal y no le queda más a los nacionalistas que seguir trabajando para que puedan alcanzar el poder algún día a través de los votos", terminó manifestando Julín Méndez. (RM)

"TIEMPO", 27 de noviembre, 1985

Extesorero de la FESITRANH:
EL PRESIDENTE DE LA "CTH" TENDRÁ QUE RENDIR CUENTAS

SAN PEDRO SULA. Mariano de Jesús González y Andrés Víctor Artiles no pueden hablar en nombre del movimiento obrero porque son dirigentes sin base social de sustentación, declaró ayer Rafael Ferrera, extesorero de la Federación Sindical de Trabajadores de Honduras (FESITRANH).

Ferrera dijo que Mariano González acompañó a Rafael Leonardo Callejas durante la campaña electoral a título de presidente de la Confederación de Trabajadores de Honduras.

"La CTH es una organización de tercer grado dentro del movimiento organizado de los trabajadores que no debe ni puede ser utilizada con fines electoreros", afirmó Rafael Ferrera.

Y añadió que Mariano de Jesús González tendrá que rendir cuentas por haber comprometido a la CTH con Rafael Leonardo Callejas, "candidato de un partido conservador y el menos amigo de los trabajadores".

Con igual drasticidad criticó la complicidad que asumió el secretario general de la CTH, Andrés Víctor Artiles.

Rafael Ferrera aseguró que Artiles "se hizo el loco" porque cuando Mariano González acompañó a Callejas en la campaña electoral, "ya había un acuerdo entre ellos".

Ferrera, expresidente del Sindicato de la Medicina, Hospitales y Similares, sostiene que como Artiles pensaba salir de segundo diputado por el PINU, iba a poner en manos de Mariano González la secretaría general de la CTH.

"O sea –explicó Ferrera–, que cuando Andrés Víctor Artiles acabara su periodo como secretario general de CTH, también acababa el de Mariano González como presidente, solo que Artiles iba a proteger a Mariano promoviéndolo para secretario general".

Mariano González, añadió Ferrera, no puede ostentar ninguna representación de los trabajadores porque ya le dieron las prestaciones en la Standard Fruit Company. (DRM)

"TIEMPO", 27 de noviembre, 1985

Presidente del SITRATERCO:
NACIONALISTAS TIENEN QUE RESPETAR EL PACTO

Luis Yanes

LA LIMA. "El ingeniero Azcona en su campaña política prometió a los obreros y campesinos darles participación en los distintos programas de proyección social que ejecutará su futuro gobierno, por lo que ahora esperamos que no nos defraude", dijo ayer aquí el presidente del poderoso Sindicato de Trabajadores de la Tela Railroad Company (SITRATERCO), Luis Yanes.

Yanes, quien se identificó como militante del Partido Liberal, agregó que la voluntad del SITRATERCO es de que el nuevo gobierno sea de integración nacional, "debido a que es la única forma de poder afrontar y solucionar los grandes problemas que aquejan al país".

Indicó que la voluntad del pueblo quedó expresada en el triunfo del Partido Liberal y que un cambio de gobierno es saludable y beneficioso para todo el pueblo hondureño, especialmente para los obreros y campesinos que son los que anhelan cambios, tales como nuevas reformas al Código de Trabajo, el fortalecimiento de la Reforma Agraria y la incentivación a la empresa privada, a fin de combatir el alarmante índice de desempleo que agobia al país.

Tras calificar el celebrado proceso eleccionario como limpio y honesto, el dirigente dijo que existe consenso en el SITRATERCO sobre la forma en que fue elegido el futuro presidente de los hondureños.

"La sumatoria de votos –agregó– fue el acuerdo a que se llegó en la reunión sostenida entre los representantes de los distintos partidos políticos y los sectores obreros campesinos. "Esas fueron las condiciones de la apertura política que favoreció a los candidatos de las corrientes de los distintos partidos y el SITRATERCO como firmante de ese pacto tiene que respetarlo".

"Casualmente, fue la demanda de los obreros y campesinos de participar en los programas de desarrollo a nivel nacional que obligó a estos sectores, lo mismo que a los políticos, a firmar el acta de compromiso que introdujo tales reformas a la Ley Electoral y de las Organizaciones Políticas", subrayó Yanes.

Por otra parte, el presidente del SITRATERCO dijo que con el ejemplo de civismo dado por el pueblo hondureño en las recién pasadas elecciones, está manifestando una vez más su ferviente deseo de querer seguir viviendo en un clima de paz y tranquilidad social.

"Este ejemplo –dijo– ha estado a la vista de la numerosa delegación de observadores internacionales que fueron acreditados en nuestro país para presenciar los comicios electorales, y ellos y no nosotros, serán los que se encargarán de pregonar en el mundo entero la honestidad de nuestras votaciones y el empeño y sacrificio que hacemos los hondureños por seguir manteniendo y fortaleciendo la democracia, a fin de conservar la paz social que vivimos". (CH)

"TIEMPO", 27 de noviembre, 1985

Accidentes de tránsito se redujeron a cero: Chinchilla

SAN PEDRO SULA. A pesar de la excesiva circulación de vehículos que se registró en todo el país con motivo de la celebración del proceso eleccionario, los accidentes de tránsito estadísticamente se redujeron a cero, pues los escasos percances viales que ocurrieron fueron leves y no reportaron víctimas que lamentar, informaron ayer las autoridades de Tránsito.

El teniente Miguel Ángel Chinchilla, director Noroccidental del Tránsito, dijo ayer aquí que la causa principal que ayudó a neutralizar los accidentes de tránsito durante las elecciones, fue la atinada disposición gubernamental de prohibir en todo el país las bebidas alcohólicas entre los días viernes y lunes, previos y posteriores al evento electoral.

"El no tener que lamentar víctimas por accidentes de tránsito, se debió básicamente a tal prohibición, pues de lo contrario los percances viales se hubiesen multiplicado, ya que estadísticamente está comprobado que el mayor índice de accidentes automovilísticos es provocado por la ingestión de bebidas alcohólicas", sostuvo el teniente Chinchilla.

Por otra parte, Chinchilla dijo que antes, durante y posterior a las elecciones, ese cuerpo policial implantó un sistemático e intensivo patrullaje en toda la ciudad, especialmente en las carreteras en entradas y salidas, con el objeto de evitar el contrabando de bebidas alcohólicas y drogas, así como la portación de armas.

Asimismo, Chinchilla dijo que ese cuerpo policial bajo su mando dio fiel cumplimiento al boletín informativo No. 0006-85, emitido por la Dirección Nacional de Tránsito, mediante el cual se giró instrucciones enérgicas a las autoridades de Tránsito en todo el país, de no interrumpir la movilización de las rutas urbanas, interurbanas e interdepartamentales que se desplazarán transportando a los ciudadanos que se movilizarán con fines electorales.

Por último, el oficial agradeció a la ciudadanía, especialmente a los conductores, por haber colaborado en respetar las disposiciones y leyes de tránsito y de esa forma haber contribuido a evitar accidentes lamentables. (CAH).

Miguel Ángel Chinchilla
"TIEMPO", 27 de noviembre, 1985

"EL HERALDO", 28 de diciembre, 1985

Gobierno de conciliación pide COHEP a Azcona

TEGUCIGALPA. – Los directivos del Consejo Hondureño de la Empresa Privada (COHEP) presididos por Jorge Gómez Andino, entregaron ayer al presidente electo José Azcona Hoyo un extenso documento donde solicitan reuniones periódicas con el mandatario y la conformación de un gobierno de conciliación nacional sin élites de partido.

El presidente electo José Azcona se reunió con la dirigencia nacional de la empresa privada. (Fotos Oswaldo Ramos)

"LA PRENSA", 28 de diciembre, 1985

Azcona recibió con alegría respaldo de los empresarios

TEGUCIGALPA. –El presidente electo José Azcona Hoyo dijo ayer que había recibido con satisfacción el respaldo que llegó a ofrecerle el Consejo Hondureño de la Empresa Privada (COHEP), señalando al mismo tiempo que analizará con detenimiento el documento que le entregaron los empresarios del país.

Azcona manifestó, además, que en ningún momento se hablo de cargos otorgados a personas dentro del engranaje administrativo y negó que los empresarios le hayan sugerido como ministro de Hacienda al licenciado Jorge Bueso Arias.

"No hemos hablado de puestos ni de cargos para ninguna persona, ni para el licenciado Bueso Arias ni para nadie", dijo Azcona, repitiendo que él dará a conocer la integración del gabinete en la debida oportunidad.

El presidente electo se limitó a señalar que se abordaron diferentes tópicos con los empresarios, entre ellos la estabilidad del lempira, problemas fiscales y de deuda externa, y que dará a conocer sus criterios sobre el planteamiento empresarial en la debida ocasión.

"LA PRENSA", 28 de diciembre, 1985

Los hombres del presidente

Ahora que el Tribunal Nacional de Elecciones declaró oficialmente presidente electo constitucional de Honduras, para el periodo de 1986 a 1989, al ciudadano José Azcona, han terminado las especulaciones absurdas que sobre Honduras se hacían en el exterior y afectaban la imagen de nuestro país.

El futuro primer magistrado de la nación, recibió con humildad, serenidad y tranquilidad lo que la gran mayoría del pueblo hondureño esperaba.

En declaraciones de LA PRENSA, el presidente electo afirmó que está haciendo los estudios del caso para la conformación de su Gabinete, pero que todavía no tiene nada definido sobre ese particular. Por ahora su principal preocupación es luchar por el mejoramiento de la situación del país en todos su órdenes y cumplir con la responsabilidad de gobernar a Honduras durante los próximos 4 años con honestidad y disciplina para cumplir así con la verdadera revolución del trabajo y la honestidad.

Para promover el desarrollo económico y social del país, el gobierno que presidirá Azcona tiene la gran responsabilidad de integrar primero a la familia hondureña y cumplir con el ideario y el programa de Acción Política de su partido en base a los principios que le dan vida y sustentación popular.

La escogencia de los hombres del presidente, es decir, de aquellos que integrarán su Gabinete de Gobierno y la dirección de otros organismos de la administración pública, no es una tarea fácil. Ojalá los principales colaboradores del futuro gobernante puedan tener las cualidades de honestidad, capacidad, responsabilidad y dinamismo que abundan en don José Azcona Hoyo.

El verdadero líder es aquel que tiene la capacidad de organizar y dirigir un equipo de trabajo, tomar decisiones, delegar responsabilidades y algunas veces efectuar el trabajo que otros de sus colaboradores no puede cumplir.

El presidente Suazo Córdova prefirió tener incondicionales y agentes políticos que verdaderos funcionarios públicos que le discutieran los problemas y le presentaran diferentes opciones para la solución de los mismos. Por ello fue que en el presente gobierno se siguió un sistema de parchos y remiendos para encarar los desafíos planteados por la realidad.

El Gobierno de Honduras ha perdido credibilidad ante las instituciones financieras internacionales por presentar cifras e informaciones diferentes sobre la realidad económica del país. Para que se puedan plantear soluciones que tengan el respaldo de las grandes mayorías del pueblo hondureño es preciso recuperar primero la imagen del gobierno en el exterior.

Reconociendo la honestidad, capacidad de trabajo y experiencia del futuro gobernante, los problemas que enfrentará el gobierno demandan, además de ello, la integración de un verdadero equipo de trabajo que pueda presentarle opciones y que participe directamente en la implementación de las medidas y acciones de política económica que sean necesarias para superar la crisis actual.

El presidente electo hasta ahora está rodeado de un buen equipo de hombres dentro del liberalismo. Los designados electos a la Presidencia de la República, que acompañan al ingeniero Azcona, son ciudadanos serios y competentes que se han destacado en sus actividades académicas, políticas, administrativas, económicas y sociales.

El presidente debe corregir los errores del pasado y delegar en sus designados responsabilidades para ayudarle a trabajar en su gobierno.

Los designados deben ser verdaderos colaboradores del presidente y nunca convertirse en resignados a la presidencia.

Los nombres que se han comenzado a barajar sobre los futuros miembros del Gabinete de Gobierno, son aceptables para la gran mayoría de los hondureños. El licenciado Jorge Bueso Arias es un hombre honesto, capaz y responsable para conducir las finanzas públicas. Don Juan Fernando López tiene la capacidad y experiencia para la Secretaría de Comunicaciones, Obras Públicas y Transporte. Don Céleo

Arias Moncada, como fundador del rodismo, tiene experiencia y capacidad política para desempeñarse como ministro de la Presidencia, Jorge Maradiaga, con un doctorado en Derecho Mercantil y autor del libro "La Sindicación de Acciones", podría desempeñarse en cualquier ministerio o en la presidencia de la Corporación Nacional de Inversiones (CONADI) o del Banco Central de Honduras. El abogado Carlos López Contreras tiene la experiencia para ser un buen canciller de la República, el doctor Rubén Villeda, un buen ministro de Salud Pública y don Rodrigo Castillo ua desempeñó con eficacia la cartera de Recursos Naturales. Solo faltan los otros miembros del Gabinete Económico que deben ser cuidadosamente seleccionados.

En nuestra opinión, el criterio básico para escogerlos no debiera ser la afiliación política (sea esta partidaria o de corriente interna) sino la capacidad profesional y experiencia.

Como hemos dicho en más de una ocasión, la economía es el punto más vulnerable de nuestro país y, por ende, debe ser atendida con creatividad, espíritu innovador, dedicación y verdadero amor a Honduras...

"LA PRENSA", 28 de diciembre, 1985

Reagan felicita a Azcona

- **Le dice en su mensa que "espero reunirnos para cambiar impresiones sobre los asuntos de interés mutuo"**

Estimado señor presidente electo:

Es para mí un gran placer felicitarle por su elección como próximo presidente de Honduras.

Como usted sabe, un elemento clave de la política de los Estados Unidos en Centroamérica es fomentar y apoyar el establecimiento y la continua institucionalización de la democracia constitucional en la región. Recibí con placer el informe de nuestra delegación de observadores a las elecciones, la cual tomó nota especial de la dedicación y entusiasmo demostrado por el pueblo hondureño el 24 de noviembre. Su toma de posesión el próximo 27 de enero y la transferencia constitucional del poder entre presidentes civiles electos democráticamente será un evento histórico y cívico para Honduras y para toda Centroamérica.

Honduras y los Estados Unidos comparten muchas metas y objetivos. Hemos trabajado juntos durante mi administración dentro del marco de una relación cada vez más estrecha y mutuamente productiva. Anticipo poder tener una relación similarmente cálida con su administración y tener una oportunidad para reunirnos y cambiar impresiones sobre los muchos asuntos de interés mutuo para nuestros dos países.

Atentamente, RONALD REAGAN
Ing. José Simón Azcona del Hoyo
Presidente electo de Honduras
Tegucigalpa, D.C.

"TIEMPO", 28 de diciembre, 1985

"TIEMPO", 28 de diciembre, 1985

AZCONA ES LA PERSONA

Por:
ANDRÉS ALVARADO LOZANO

Esas cuatro palabras produjeron buena impresión en las masas sufragantes de las recién pasadas elecciones. Las injurias en política son como bumerang, tarde o temprano regresan al injuriador... Dice un conocido lema: por mi raza hablará el espíritu (cabe saber, que hay espíritus malignos).

Desde el día (1982) que el ingeniero Azcona del Hoyo, por malas artes fue arrojado de la presidencia del Consejo Central Ejecutivo del Partido Liberal y se le obligó a renunciar el Ministerio de SECOPT, se cometió una discriminación política contra su persona. Supo Azcona soportar la caída, a nadie injurió, le guardó el respeto debido al presidente Suazo Córdova, lucho reagrupando a las eternamente jóvenes milicias liberales que hoy lo llevan a la presidencia de la República. Cabe recordar que Azcona fue el que dirigió la campaña política que llevó a la presidencia al doctor Roberto Suazo Córdova.

Fuimos de los primeros en hablar de la "pluralidad ideológica". Alguien me dijo: Con esas pluralidades perjudica al mismo Partido Liberal. Yo le contesté a ese liberal amigo: Si los partidos tradicionales, Liberal y Nacionalista, se vuelven fósiles, dejan de evolucionar en armonía con los tiempos, como aconsejó el león del liberalismo, doctor Zúñiga Huete: tenga la seguridad que los partidos nuevos desplazarán a los viejos como ha sucedido en algunos países vecinos...

El experimento pasado será democrático, pero NUEVE candidatos cuestan millones de millones de dólares o lempiras, para nada y que salen de la escuálida bolsa del contribuyente hondureño. Nunca estuve de acuerdo con las corrientes internas de los partidos políticos. La corriente interna no define nada, resulta ser el asidero de la lucha por el poder a la sombra del mismo partido a que se pertenece, debilitándolo en beneficio de otras corrientes.

Son preferibles los partidos nuevos que las corrientes internas de marras. Para el caso, la Democracia Cristiana tiene su ideología y programas bien definidos y de acercamiento al pueblo hacia el bien común de las masas. La Democracia Cristiana y Social Democracia científicamente estructuradas en Europa, se han presentado con éxitos como la alternativa entre la EXTREMA IZQUIERDA Y LA EXTREMA DERECHA... Las democracias tienen que ingeniárselas para sobrevivir en ambientes adversos...

En el PINU hablan algunos militantes de que no es suficiente la proclama de GUALALA, hay que ir más lejos y adoptar la ideología socialcristiana sin perder tiempo (ya sabe Andonie). Uno de los epígonos de los hermanos REINA, un M-Líder, dejó manifestado que mejor es formar un partido nuevo que la tal corriente interna liberal. Y esto, por haberles negado sus diputados de minoría. De las corrientes internas solamente Bú Girón logró sacar diputados de los cafetales de Santa Bárbara y aplastar, según me dijeron, a Manfredo Fajardo Aguirre y otros... Por ahora, PINU, Democracia Cristiana y M-Líder se encuentran revisando posiciones políticas y rectificando estrategias... Todos felicitaron al ingeniero Azcona.

El Tribunal Nacional de Elecciones el 23 pasado proclamó presidente electo de HONDURAS al ingeniero JOSÉ AZCONA DEL HOYO. El presidente Roberto Suazo Córdova en un gesto que le enaltece y le aprueba la Virgen del Perpetuo Socorro de La Paz, ha felicitado al ingeniero Azcona. Conocemos dos casos históricos: El doctor Vicente Mejía Colindres congratuló al general Carías Andino y le entregó la presidencia. El licenciado Jorge Bueso Arias felicitó y reconoció el triunfo de su contrincante el doctor Ramón E. Cruz. Eso es democracia, señores del jurado...

El líder nacionalista Rafael L. Callejas Romero, reconoce lo resuelto por el Tribunal de Elecciones, que declaró presidente electo a Azcona, pero no "descarta" algún recurso de sus conmilitones... Callejas Romero levantó al nacionalismo que estaba postrado y se ha perfilado como el dirigente máximo. Cualquier recurso tonto o aventura política descabellada de sus epígonos serviría para quemar a Callejas Romero y desacreditar al nacionalismo a nivel nacional...

Los nacionalistas aceptaron el PACTO avalado por la Iglesia, las Fuerzas Armadas, obreros y campesinos, hoy deben reconocer que AZCONA ES LA PERSONA y que actuará como el presidente de los hondureños, como dijo el doctor Villeda Morales. Para qué buscarle tres pies al gato...

San Pedro Sula, diciembre de 1985

"TIEMPO", 28 de diciembre, 1985

"LA TRIBUNA", 28 de diciembre, 1985

"LA PRENSA", 31 de diciembre, 1985

MENSAJES AL PRESIDENTE ELECTO
Honduras y EUA comparten muchas metas, dice Reagan

Estimado señor presidente electo:

Es para mí un gran placer felicitarle por su elección como próximo presidente de Honduras.

Como usted sabe, un elemento clave de la política de los Estados Unidos en Centroamérica es fomentar y apoyar el establecimiento y la continua institucionalización de la democracia constitucional en la región. Recibí con placer el informe de nuestra delegación de observadores a las elecciones, la cual tomó nota especial de la dedicación y entusiasmo demostrado por el pueblo hondureño el 24 de noviembre. Su toma de posesión el próximo 27 de enero y la transferencia constitucional del poder entre presidentes civiles electos democráticamente será un evento histórico y cívico para Honduras y para toda Centroamérica.

Honduras y los Estados Unidos comparten muchas metas y objetivos. Hemos trabajado juntos durante mi administración dentro del marco de una relación cada vez más estrecha y mutuamente productiva. Anticipo poder tener una relación similarmente cálida con su administración y tener una oportunidad para reunirnos y cambiar impresiones sobre los muchos asuntos de interés mutuo para nuestros dos países.

Atentamente, Ronald Reagan

Debe estrecharse relación entre Francia y Honduras

TEGUCIGALPA, 25 de diciembre de 1985

La Embajada de Francia presenta sus atentos saludos al honorable Ministerio de Relaciones Exteriores –Dirección del Ceremonial Diplomático– y tiene el honor de transmitirle el texto del mensaje de felicitación dirigido por el señor Francois Mitterrand, presidente de la República Francesa, a su excelencia el señor ingeniero D. JOSÉ AZCONA DEL HOYO, presidente electo de la República de Honduras.

Traducción en castellano:

"Presento a usted mis felicitaciones por su elección a la Presidencia de la República de Honduras y formulo los mejores votos porque el cumplimiento de su mandato contribuya al desarrollo de su país, a la prosperidad de su pueblo y al fortalecimiento de la democracia y de la paz.

Estoy convencido que, bajo su autoridad, las relaciones de amistad entre nuestras dos naciones continuarán estrechándose. Por mi parte, me dedicaré a ello". Firmado: Francois MITTERRAND

"Diario LA TRIBUNA" 31 de diciembre, 1985

Presidente de Francia felicitó a Azcona H.

TEGUCIGALPA. – El presidente de Francia, Francois Mitterrand, y el primer ministro de Japón, Yasuhiro Nakasone, felicitaron al presidente electo de Honduras, José Azcona Hoyo, por haber sido proclamado como tal.

En su misiva, Mitterrand le dice a Azcona Hoyo que "formulo los mejores votos porque el cumplimiento de su mandato contribuya al desarrollo de su país, a la prosperidad de su pueblo y al fortalecimiento de la democracia y de la paz".

El gobernante francés añade que "estoy convencido que, bajo su autoridad, las relaciones de amistad entre nuestras dos naciones continuarán estrechándose, por mi parte me dedicaré a ello".

Mientras, Nakasone expresa en su mensaje que "me complace enviar a vuestra excelencia mis sinceras felicitaciones con motivo de su elección como presidente de la República de Honduras y formulo los mejores votos por la creciente prosperidad del pueblo hondureño y por el continuo desarrollo de la amistad y cooperación entre nuestros dos países".

Las congratulaciones de Mitterrand y Nakasone para Azcona Hoyo se suman a la del mandatario norteamericano Ronald Reagan, llegada el pasado 24 de diciembre y en la que le expresa su deseo de "tener una oportunidad para reunirnos y cambiar impresiones sobre los muchos asuntos de interés mutuo para nuestros dos países".

"EL HERALDO" 31 de diciembre, 1985